U0154499

公僕管家心
制度環境、任事態度與績效行為

胡龍騰 著

The Stewardship of Civil Servants

Institutional Environments,
Prosocial Attitudes,
and Performance Behavior

自 序

　　轉瞬之間，返國任教已逾十八年。在這期間，除校內的教學與輔導外，也藉由研究和公共服務的機會接觸公部門實務，期望對政府實務運作能有更多的瞭解。在向實務界學習與互動的過程中，不僅認識越來越多在其崗位上謹守本分，兢兢業業的公務先進，更越來越深刻地體會到，無論在中央或地方政府部門中，都有許多非常值得我們敬佩和效法的公務首長和同仁。他們或許只是這偌大政府體系中的大小螺絲，但卻是維繫這龐大機器持續運轉而不可或缺的重要功臣。相對地，報章媒體對於政府文官的批評未曾稍歇，坊間也有數本關心、卻又針砭官僚體系沉痾的書籍上市，錯亂雜沓的認知與想法不斷在筆者腦中相互衝擊著，經常苦惱著、也嘗試著理出些許頭緒。

　　在一次次與公務夥伴們因著績效管理課題而產生的對話之中，慢慢體悟到，我們的公務同仁們經常受到未盡完善的制度所束縛著，服務的熱情或創新的想法卻被許多相互矛盾的制度枷鎖綑綁著，年輕時的熱血多已變成「依法行政」的口頭禪，以及「多做多錯、少做少錯、不做不錯」的「公務人生體會」與消極心態，儘管聊到起勁時，仍可看見他們眼裡靈魂深處的火光，但沒多久，嘴上又會轉回保守的語彙，隱藏起那顆幾乎被重新點燃的熱情的心。這是多麼令人感到可惜的場景和現象！一個個熱情的靈魂卻被層層疊疊的制度枷鎖所禁錮。因此，期盼能有個機會，透過自己的研究，從某個角度，將這實際現象呈現出來，這樣的想法和念頭便在心中一直盤旋不去。

　　感謝科技部專題研究計畫（MOST 103-2410-H-305-031-SS3）的補助

支持，也感謝當時匿名審查人的玉成，讓我有機會將這想法付諸實現，同時也讓我得以有機會重新思考，如何協助公務同仁們卸下一些身上的枷鎖。此一過程，自己毋寧是收穫最多的受益者。萬分感謝在百忙之中，願意抽空接受訪談的各個地方機關首長，以及願意參與問卷調查和焦點團體座談的全國各地的公務夥伴們，沒有各位的無私分享，無以描繪出此一公務機關中的真實景象。此外，也要感謝五南圖書出版股份有限公司，及劉靜芬副總編輯、張若婕編輯和文字排版鄭美香的全力支持與協助，方能讓本書順利付梓。

　　自忖不是一個天資聰穎的學術工作者，因此要特別感謝學界諸多師長、前輩、同儕的提攜、教誨和砥礪，不僅時時給予我繼續前進的動力，更讓後學能有從各位身上學習的機會，以及反思自己的不足。感謝臺北大學公共行政暨政策學系所給予良好的教學和研究環境，以及助教們的多方協助，讓我得以在這舒適宜人的學術環境中，盡情地汲取養分及沉澱思考，並且在與師長、同事們的相互激盪學習中，獲得成長。此外，也要感謝在研究計畫執行過程中，昱綸、友義、珈瑄等研究助理所付出的心力與辛勞，以及諸多幕後協助的工讀同學們，因為各位的投入與付出，才能讓這龐大的資料蒐集工作得以順利圓滿完成。而臺北大學公共行政暨政策學系碩士在職專班同學們在問卷預試階段所給予的協助，亦一併致謝。另外，也要感謝世新大學行政管理學系所提供的學術發展沃土，讓我在初入學界時，便能養成良好的學術習慣和不斷學習、建立基礎。

　　最後，則要感謝我的家人，及其所給予全心的支持和包容，讓一個雖然年紀漸增，但卻仍然不是好先生、好兒子的學術工作者，能夠一步步完成一些小小的努力。只能藉此奉上無限的感激和感謝！

　　期望本書能為關心政府部門發展之學術與實務各界，提供一個不同的觀點和理解。書中若有錯誤、疏漏或不足之處，尚祈讀者和學術、實務先進們能不吝給予指正！

胡龍騰謹誌
臺北大學公共事務學院

目　錄

表目錄

圖目錄

第一章　緒　論

「政府全面性的改革努力乃取決於不易觀察的官僚行為。」

—Moynihan & Lavertu（2012）

「當我要離開，孫（運璿）院長執意要送我到大門口，看護用輪椅把他推到大門口後，他竟然使勁地掙扎站起來送我。當他和我握手時，我不禁流下眼淚，他做的真是超越孔子所說『君使臣以禮』之境界。我相信任何身為晚輩的人，被長者如此重視，能不受感動，不擔下責任，盡心盡力做事呢？」

—石滋宜（2013.12.13 聯合報）

　　為何原意為「成果導向」之績效管理制度，最終卻演變成另一徒具形式的新「鐵牢籠」？是環境？制度？還是人員個人的問題？

第一節　緣起：嘗試解開懸而未決的迷團

　　當前絕大多數的政府部門可以說皆已進入一個「績效管理至上」的年代（Moynihan & Pandey, 2005）。除了媒體早已慣用各類指標或施政滿意度調查對政府機關進行評價或排名外，各國政府亦推陳出新地提出不同的績效管理與評核制度，例如美國柯林頓政府於1993年之「政府績效與成果法」（Government Performance and Results Act, GPRA）、小布希政府於2004年提出之「計畫評估評等工具」（Program Assessment Rating

Tool, PART），及歐巴馬政府於2011年簽署公布之「GPRA現代化法」
（Government Performance and Results Act Modernization Act of 2010）；英
國政府於1991年提出之「公民憲章」（Citizen's Charter）、後自1998年至
2010年所推行之「公共服務協議」（public service agreements, PSAs）；澳
洲政府於1993年實施之「政府服務評鑑」（Review of Government Service
Provision）及晚近之「成果與計畫績效報告架構」等（張四明、施能傑、
胡龍騰，2013），在在顯示各國皆處於政府績效管理之熱潮中。

　　這波隨著新公共管理與政府再造浪潮而興起的全球性政府績效管理
運動（performance management movement），乃高舉著理性規劃模式的重
要性與必要性（Boyne & Chen, 2007; Newcomer, 2007），也就是說，政府
績效管理與評核制度的導入，原本便有其基本假定，即透過事前的施政規
劃，藉由預期目標轉化為績效指標，再運用績效指標針對施政成效進行績
效衡量，同時並假定施政者必會將衡量結果之績效資訊應用於後續施政改
善或調整的決策之中（Taylor, 2011）。然而，政府部門在績效管理與評核
制度的實際推動情形上，真的如同前述假定這般理性地運作著？

疑點一：為何績效管理與評核制度淪為一種形式主義？

　　筆者近幾年除執行科技部專題研究計畫案外，亦有機會參與幾項與政
府績效管理或評核制度有關之委託計畫案，因而可藉由計畫案之執行，與
公部門之實務工作者近距離互動並深入瞭解他們對於績效管理制度的觀點
與看法。在某次訪談過程中，有一位高階行政主管便直言，「績效管理在
我眼中就是『報表管理』！」這樣一句簡潔有力的話語，從這位資歷極深
的機關高階主管口中吐出，實在令人震撼，亦在筆者腦中久久盤旋不去。
的確，無論是自身業管或是配合辦理之範疇，行政機關終日執行許多的施
政計畫或公共服務輸送，每項施政計畫或服務都需產生無數的報表，或應
付研考、主計、審計等多元而不同的「績效查核或評比」需求，當業務單
位和研考人員皆疲於應付報表生產的同時，卻可能已無力再細細深究報表
內所隱藏的重要資訊，甚更無以思考如何搭配管理作為或將相關資訊應用

於決策之中。而這，或許才是政府機關面對績效管理與評核制度的實情。但，吾人要問的是，何以致之？

毋庸贅言，經過績效管理與評核程序所產生的績效資訊，原本便是設想決策者可從此獲知施政成效良窳之機會，並進而做出更好的決策（Taylor, 2011）。然而，真實世界中的政府績效管理作為似乎並不如想像中的美好。從公部門的績效管理改革的推動經驗來看，常見到先前的改革方案雖昭示著欲使政府更具績效導向精神之目標，推動數年後，便遭受來自各界改革無力及施政成效未能提升的批判，但後續執政者卻又繼續朝向同一目標提出新的革新方案，而使政府部門一直陷在同樣的改革泥沼中（Moynihan & Lavertu, 2012），甚有學者將之稱為徒勞無功的「薛西佛斯宿命」（Sisyphean fate）（Yang, 2011）。這當中問題何在？為何績效管理改革方案總是無法獲致令人滿意的結果？

事實上，當代政府績效管理與評核制度的設計與推動，存在著「課責矛盾」（accountability paradox）（Dubnick, 2005）及「績效悖理／績效矛盾」（performance paradox）（Bouckaert & Halligan, 2008；蘇偉業，2009）的現象與困境。學者Dubnick（2005）便曾直指，在新公共管理思潮下，強調公共管理者或公共服務提供者必須對其績效負責，進而主張「透過強化課責機制以達績效提升目的」如此的假定關係，亦即所謂的「課責─績效」鏈結關係（accountability-performance link），惟如是的鏈結關係並未獲得學術界仔細地分析或以實證方式進行驗證，仍存有許多待確認的空間。

首先，在課責概念中，便隱含著一位（或一群）委託人將其責任委任給一位（或一群）受託者，令其執行該項受託事務的委託關係；此時，該受託者便須有向委託人呈報其執行績效的責任，也因此，課責便意謂著一種績效的解釋或辯護（Boyne et al., 2002）。然而，「課責」與「績效」二者之間，無論是在邏輯或運作層次上，皆存在著固有的緊張關係（inherent tension），亦即若單純期望透過課責機制藉以提升改善績效的努力，有時會帶來反效果；因為課責機制本身及其被視為驅導所欲績效水準的要求力量，常常反倒成了減緩甚至終止績效改善的主要原因，而形成

「課責矛盾」的結果（Dubnick, 2005）。

這裡面最主要的關鍵樞紐，便是在於機關績效的提升乃有賴於組織內部管理與決策的改善，亦即所謂「績效─管理」的鏈結關係（performance-management link）。但是，在機關實際運作中，卻可能發生投注了諸多心力在績效管理之上，手中握有越來越多的績效資訊，卻越是無力妥善分析這些資訊，亦無法從中獲得好的績效結果，或是儘管機關取得了好的績效「成績」，但其實質績效成果和感受卻未必獲得民眾認同，呈現「績效悖理或矛盾」的現象（Bouckaert & Halligan, 2008）。例如，績效管理制度中所強調的績效評核機制，機關必須依照事前（ex ante）的施政規劃進行事後（ex post）的績效控制，而需要官僚於事後回報績效資料，但施政的不確定性卻帶來官僚的夢魘，甚至使得許多行政機關形成事前與事後績效機制變成兩條不同業務線的分立情況（Bouckaert & Halligan, 2008）。也無怪乎學者會提出政府部門或可思考採行「事後評價的績效評量制度」之呼籲（蘇偉業，2009）。

又例如學者Moynihan（2005a）曾對美國諸多州政府採行「成果導向管理」（managing for results）改革制度，但卻未能呈現預期效果的現象，產生懷疑並進行研究，結果發現，這些民選首長之所以願意採行這項改革制度，乃是因為這制度隱含著一種象徵性意義，但卻又不需花費太多成本或努力，也不會造成民選首長權力的喪失；而另一方面，機關內的管理者之所以願意採行這制度，也是因為他們將改革幅度控制於他們行政權威可以接受的範圍內，因而產生與績效管理原理相悖的奇特現象。換句話說，從現象層面來看，原本期待藉由績效管理與評核制度的引進，發揮「課責─績效─管理」由上而下的鏈結效果（accountability→performance→management link），但卻由於「管理─績效─課責」（management→performance→accountability link）間由下而上的斷鏈，而形成前述的兩種矛盾現象。

不過，這些都是表象層面的問題，吾人應更進一步探究深層的結構性問題。學者曾言，當代績效管理學說（performance management doctrine）之宗旨，乃在於將行政部門改造成以機關使命為焦點，而非受限於行政規

則的新型態公務人員（Moynihan & Hawes, 2012）；但 Dubnick（2005）
指出，在新公共管理典範的反官僚（anti-bureaucracy）觀點下，官僚體系
被形塑成對於他們所應服務的對象——人民，是冷漠（indifferent）且反
應冷淡（unresponsive）的；是以，制度倡議者期望藉由課責的概念來強
化官僚體系對人民的回應性，亦即由課責之工具性觀點出發，主張官員
們必須對其所展現的施政成果承擔回答、負責及回應等義務（answerable,
responsible and responsive），而此一陳述觀點便隱含了當代治理研究的核
心，即「委託人—代理人理論」（principal-agent theory）及「管理控制」
（managerial control）之邏輯（Dubnick, 2005; Moynihan, Pandey & Wright,
2012; Reck, 2001）。

　　誠如Mosher（1982）所指，民主國家中的官僚體系，經過民選首長
的選舉、政務首長的選派任命，以及委由政務首長帶領常任文官據以施政
等三個階段，實際提供公共服務之官僚，距離人民大眾事實上已有三步
之遙。然而，在這層層代理關係之下，便形成了Moe（1984）所謂的「委
託—代理關係鏈」（chain of principal-agent relationships），再加上委託人
和代理人之間的資訊不對稱（information asymmetry），如何確保層層的
代理人皆能服膺上一層次委託人的意旨，便成了「代理人理論」（agency
theory）在控制與誘因機制設計上所關心的重點（Eisenhardt, 1989; Moe,
1984; Ross, 1973; Rothschild & Stiglitz, 1976; Stiglitz & Weiss, 1981），而
代理人理論也成了探討政府績效管理與評核或績效報告等研究之重要理論
基礎（Heinrich & Marschke, 2010; Moynihan, Pandey & Wright, 2012; Yang,
2008）。

　　在此邏輯概念下，公部門的結構為因應管理主義（managerialism）所
帶來的改革思潮，且為便於替自身作為一位「代理人」（agent）的績效
表現進行解釋、辯護和回答，變得比過去更重視績效指標的重要性，更強
調規則導向（rules-based）或程序驅導（process-driven）的作為，使得政
府機構到處都見得到審計或評估人員的影子，但這些人員卻都僅關注於行
政官員是否遵守程序性規則，而使得公部門的實務發展與原本績效管理倡
議者期待的方向背道而馳（Hood, 2001）。更殘酷的現實是，在這樣績效

指標形式下的治理模式，公部門組織常必須追求那些彼此相互衝突、且又未必完全詳述清楚的績效目標，以致於公部門無論做什麼或怎麼做都會失敗；但這些公共組織卻也需要依賴此些控制指標，俾以彰顯他們的角色與存在的意義（Bevan & Hood, 2006）。

英國學者Hood（2001）便曾針對新公共管理所主張的管理主義及其所引發的績效管理效應直言批判並指出，公部門中程序性的規則（process rules）並沒有因為採行績效管理而有所減少，反而形成「淨增加」；以及原本期望透過績效目標的訂定或協議機制，以提升施政結果的達成，但實情卻是更加強化了行政機關根深蒂固的績效謊言（performance cheating）行為，反而斲傷了績效協議與資訊的可信度（credibility）；且伴隨著審計與績效評核措施的不斷增加，造成這些評估者僅著重於程序順從（compliance with procedure）、或其他未列於正式目標或指標上的官僚行為，而非實質成果的達成與否。換句話說，績效管理與評核制度在強調代理人理論和「管理控制」的思維下，不僅未曾為了提升組織績效而消滅不必要的規則，反而助長了官僚體系當中的官樣文章（red tape）（Bouckaert & Halligan, 2008）。

申言之，課責概念的強調及績效管理與評核制度於政府部門的推行，雖然促使許多公部門機關定期蒐集績效資訊，並將其制度化為一種例規，但卻少將其鑲嵌（embedded）於管理流程中，亦不會廣泛地運用績效資訊（Boyne et al., 2002），且同時也擴大了規則與官樣文章的負面效果（Stazyk & Goerdel, 2011），而形成了一種內部管理上的「形式主義」（張四明，2003；2008；張四明、施能傑、胡龍騰，2013）。學者便言，美國的GPRA無力展現其所期待的績效改善效果，卻淪為一所費不貲僅具象徵性意義的政策（Cavalluzzo & Ittner, 2004; Dubnick, 2005），其後小布希政府所推行的PART，也只是換了個課責形式，但同樣無法有效促成績效改善作為（Dubnick, 2005）。另一方面，在控制思維下，行政機關有時會以不當方式運用績效資訊，如欺騙或動手腳，而使得機關所呈現的「績效」與民眾實際感受到的「施政成果」產生落差（Bouckaert & Halligan, 2008），或是為避免外界的課責壓力，企圖透過各種績效指

標（performance indicators）或標的（targets）操作的手段，以「取巧」
（gaming）的方式（Bevan & Hood, 2006），來達到「責難規避」（blame
avoidance）的目的（Hood, 2011）。

　　基於前述的討論，學者Dubnick（2005: 402）曾語重心長地指出，
「我們受到管理思維所誤導的想法，不僅成為了當代治理的心臟和靈魂，
而這樣的思維非但蒙蔽了我們對如此基本問題的思考，更持續地誤導我們
走上理論和模型建構的錯誤道路上。」[1]由此似乎可以發現，立基於代理
人理論，企圖運用管理控制手段，藉以避免發生多層代理風險的績效管理
與評核制度，在公部門的應用上，可能已產生與其原意相違背的結果。

疑點二：為何一群未在正式績效評核制度規範下之公共服務者，卻願意付出更多角色外行為？

　　在筆者執行另一項研究計畫案的過程中，發現在我國的長期照顧體
系裡，有一群照顧管理專員和督導，在體系編制上，他們並非正式公務人
員，僅是政府之約聘人員，並且亦未有正式的績效評估或績效獎勵機制加
諸於他們身上；但是，在這樣「做好、做壞都一樣」的條件下，這群照顧
管理人員卻只因為申請照顧的案主說出了：「好幾年沒碰過熱水，好想洗
熱水澡！」這樣一句話，便願為其奔走、想方設法地找尋社會資源，為這
案主裝上一臺二手熱水器。而且，類似的服務行為並非單一個案，而是普
遍存在的。由此，不禁讓申請人再三思量，這樣的非正式職責範圍內之
「角色外行為」（extra-role behavior），何以會在一群未受正式績效考核
及獎勵制度規範的工作者身上出現？除了直覺聯想的「公共服務動機」
（public service motivation）（Perry, 1996）此項可能因素的影響外，有無
其他的解釋？

　　部分對於代理人理論持批判觀點的學者曾指出，僅單由代理人理論觀

---

[1]　其原文為："Our misguided preoccupation with management as the heart and soul of modern
governance is not only blinding us to such basic questions, but is also binding us to theories and
models that continue to send us down the wrong path"（Dubnick, 2005: 402）。

點來看組織管理，可能忽略了現實生活中組織的複雜性及其全貌（Davis, Schoorman, & Donaldson, 1997）。更有學者們直指，傳統上立基於代理人理論的績效管理改革，因為忽略了公部門組織成員的社會性、利他性行為，而認為代理人理論並不足以提供全面且完整的績效管理理論觀點（Moynihan, Pandey & Wright, 2012）。是以，相對於代理人理論而後發展出之「管家理論」（stewardship theory）便認為，組織成員會將組織的長期、集體利益，置於個人私利之上，因此會以委託人的最佳利益為行動宗旨（Hernandez, 2012）。因此，吾人是否可懷疑，有沒有可能是吾人對於官僚體系中的多重代理關係做出了偏誤的假定，過度的假定行政機關中的人員必會發生與委託人相違背的自利行為，而需以績效指標和規則程序等，企圖藉以控制官僚？抑或，績效管理制度之倡議者，是否可能忽略了官僚體系的成員並非皆以「代理人」的心態自居，相反的，而可能是以忠僕或是「管家」（steward）的態度自持呢（Davis, Schoorman & Donaldson, 1997）？

疑點三：如何解釋同樣在公務體系下的不同績效行為？

　　承接上一項疑點，若更進一步思考，有無可能係吾人以偏誤的人性假定，並在此假定下形塑出不適切的制度環境，進而塑造出與預期相違背的組織成員行為呢？前已述及，同樣是在公務體系之中，一群人員乃是被龐雜繁複的績效管理規定與程序，壓迫得喘不過氣來，並進而將績效評核僅視為「報表」管理，形成績效管理的形式主義；而另一群人員則是在沒有正式績效考核的督促下，卻仍能展現角色外的正面行為；透過這樣的對比，值得吾人思考的是：我們能如何解釋如是同樣在公務體系下的不同任事態度和績效行為？

　　若由社會認知理論（Social Cognitive Theory, SCT; Bandura, 1986）的觀點來看，人們的行為，乃與其所面臨之環境、個人的認知與調節（regulation）三者彼此相互影響；簡單地說，也就是社會認知理論認為，人們會依著其所身處的環境複雜或可控制程度，透過「自我調節」（self-regulation）的認知機制，從個人心理認知層面進行調節，據以找出對應策略或因應之道，並繼而由此影響其實際行為（Bandura, 1986）。是以，將此邏輯置於本研究之系絡下，吾人所懷疑的是，前文所描述之不同績效行為，有無可能乃因公部門組織成員所感受到的制度環境差異，透過選擇「代理人」或「管家」之自我角色和任事態度調節，而所產生之行為結果？

　　當前國內外相關研究，大抵多從政府機關採行績效管理改革之成效面，進行檢討或批判（Bouckaert & Halligan, 2008; Moynihan, 2005a; Moynihan & Hawes, 2012; Moynihan & Lavertu, 2012; Yang, 2011；張四明，2003; 2008; 2009; 2010；黃朝盟，2003；李武育、易文生，2007；蘇偉業，2009），或從績效資訊是否受行政組織有效運用（Moynihan & Hawes, 2012; Moynihan & Pandey, 2010; Taylor, 2011; Van de Walle & Van Dooren, 2008; Van Dooren, Bouckaert & Halligan, 2010; Walshe, Harvey, Jas, 2010；陳海雄，2008）、績效管理與評核制度之負面效果（Franklin, 2000; Long & Franklin, 2004）、外部政治環境對官僚體系或績效提升所造成之影響（de Lancer Julnes, & Holzer, 2001; Moynihan & Hawes, 2012; Stazyk & Goerdel, 2011; Yang, 2007; Yang & Hsieh, 2007）、或由代理人理論之角度驗證改革之有效性（Reck, 2001; Yang, 2008；陳敦源，2002；陳敦源、林靜美，2005）等面向，進行相關研究和討論。即便少數同時採取代理人與管家理論觀點，據以檢視公共服務成效者，亦多關注於在委外途徑下，對於私部門或非營利組織等受委託之服務提供者之管理策略和效果（Marvel & Marvel, 2009; Van Slyke, 2006），而非針對政府機關績效管理與評核制度之推行予以探討。是以，前述「如何解釋如是同樣在公務體系下的不同績效行為？」此一問題，仍是一項懸而未決的迷團，亦留下學術研究之缺口。

第二節　研究目的與問題

　　基於第一節中的討論，本研究企圖以社會認知理論爲基底，結合管家理論之觀點，嘗試從公部門組織成員對其外部和內部環境之感受、個人於環境影響下之認知調節，以及從而產生之績效行爲反應與傾向等三者相互影響之角度，試圖剖析並理解造成現今績效管理改革理論與實際間落差之原因。

　　是以，本研究之目的有以下數端：第一，嘗試結合社會認知理論之「三元交互決定論」觀點，從公共組織之制度環境、組織成員之個人認知「自我調節」機制，及行爲傾向和反應等面向，重新解構並理解我國政府績效管理與評核制度之執行現況與問題。第二，結合管家理論，及社會認知理論之「自我調節」觀點，檢驗公部門組織成員面對當前績效管理制度環境下，所做出的認知與任事態度之調節動態。第三，嘗試由不同的理論觀點出發，重新理解政府績效管理與評核制度實行之現象，並找出不同的解釋路徑。

　　爲達成上述之研究目的，本研究將以社會認知理論爲基底，依環境、個人認知及其自我調節，以及行爲反應與傾向等三大面向，將政府績效管理與評核，以及管家理論，鑲嵌於前述三大面向中，據以建構本研究之理論基礎。

　　基於以上的論述和討論，本研究係延續筆者先前之科技部專題研究計畫（NSC 98-2410-H-128-009-MY2，NSC 100-2410-H-305-074-MY3），主要企圖結合社會認知理論、管家理論，以及績效管理和績效資訊運用相關學理，試圖凸顯以下四個層次的問題：第一，身處官僚體系當中的公務人員是否眞的僅能被視爲代理人理論下的「代理人」（agent）？有沒有其他的角色可能？例如，管家理論下的「管家」（steward）。第二，目前受多數論者視作「代理人」的公部門組織成員，是否認爲這就是他們原本對於自身角色的期待？抑或是爲了因應制度環境的制約，在「自我調節」後所產生的選擇結果或任事態度？第三，若目前這樣的「代理人」角色，乃是因應公部門組織成員對制度環境所做「詮釋」而產生之調節和選擇，那麼

形塑當前政府績效管理與評核制度的理論假定是否無誤？是否便是吾人所期待者？第四，當前各國政府部門所面臨績效管理改革成效不彰、績效資訊未能充分運用，以及課責或績效悖理和矛盾等困境，是否可能係源自於最初理論假定的偏誤，繼而推導出不適切的制度設計邏輯，致使組織成員行為偏頗，因而所衍生之最終結果？

此外，本研究同樣也好奇，如前所述績效評核壓力未必明顯的非正式人員，何以更能展現出角色外行為？此現象是否與其所認知到的制度環境感受有關？而政府部門中業務屬性不同之機關間，是否可能發展出相異的管理思維，繼而影響其機關成員的認知和行為傾向？又，牽引著機關管理思維的主管人員，其所感受的制度環境，是否可能與非管理職人員有所不同？而其所產生的認知調節和行為傾向是否亦有差異？

植基於上述的研究關懷和思維脈絡，本研究所關切與待解決之具體研究問題，包含以下各項：

1.身處公務環境的組織成員，其所抱持的任事態度為何？是代理人理論下強調個人機會利益、對組織低度承諾之「代理人」？抑或是管家理論下重視社會與人民集體價值福祉之「管家」？

2.公部門組織成員所抱持之任事態度，是否受其所感受之制度環境影響？若是，則又是受到哪些因素影響？而這些制度環境因素又是透過什麼樣的機制，影響著公部門組織成員的任事態度？

3.公部門組織成員所持之任事態度，會帶來什麼樣的績效行為傾向？組織成員的績效行為傾向，是否亦受其所感受到的制度環境所影響？

4.不同屬性之公部門組織成員間（如正式與約聘僱人員、不同業務屬性機關間之人員、主管與非主管人員），在心理認知、任事態度，及績效行為傾向上，是否亦會形成不同的影響動態？

第三節　本書內容介紹

本書共分六章，除本章之緒論外，第二章將針對本研究所涉及之理論基礎，如社會認知理論與管家理論等，及相關重要文獻，進行爬梳和檢

閱。第三章則是介紹本研究基於前述之理論探討所建構之概念架構，以及
本研究所採行的研究方法和研究設計，使讀者能清楚瞭解本研究之資料基
礎及其蒐集方式。第四章和第五章則將依據本研究所蒐集之研究資料加以
分析，其中第四章主要針對由全國各地方縣市政府所蒐集之問卷調查資料
進行統計分析；第五章則是以不同地方政府研考和業務機關首長之深度訪
談資料，以及各縣市公務部門正式與約聘僱人員之焦點團體座談資料，做
爲探究基礎，並據以深入分析討論。最後，第六章則是本書結論，本研究
之主要發現、其於相關學理和實務層面之意涵，以及本研究力有未逮之
處，及針對後續研究之建議，皆將在此章進行討論和說明。

　　是以，本書期望藉由此一脈絡架構，和讀者們一起探究、瞭解和分
析，我國公部門組織成員的任事態度與績效行爲究係爲何？同時也瞭解其
所面對的績效管理與評核等制度環境，是否及如何對渠等任事態度和績效
行爲產生影響？

第二章　理論基礎與文獻檢閱

　　本章主要在於建構本研究的主要理論基礎，以及針對本研究所涉及的相關重要概念與其相互關聯性，進行文獻的爬梳和討論。職是之故，本章先由本研究之理論核心——「社會認知理論」開始介紹，從而帶出該理論中最為重要的數項概念，即：環境、個人認知、認知調節，及行為反應與傾向，做為後續各節討論的架構基礎。接著，便接續討論和剖析政府績效管理制度中所面臨的環境面向（包含公部門的環境特質、內部管理途徑和制度環境）、公部門組織成員可能具有的認知特性，以及藉由代理人理論和管家理論的介紹，進一步探討公部門人員在其所面對的績效管理制度環境下，可能做出的自我認知調節和任事態度選擇（即選擇做為一位代理人或是管家）；最後，則是討論公部門組織成員在績效管理制度下，可能產生的績效行為反應和傾向。

第一節　環境、認知與行為的互動：社會認知理論

　　社會認知研究之宗旨，乃在於剖析人們是如何瞭解或理解他們所身處的世界（包含他人與自己），以及這些認知程序（cognitive processes）如何影響他們的社會行為（Bazerman & Tenbrunsel, 1998）。其中，由Bandura（1986）所提出之「社會認知理論」（Social Cognitive Theory, SCT），係一套旨在瞭解人們的動機、想法和行動的理論與分析架構。該理論主要認為人們的行為、認知與其他個人因素（如信念與期望），以及各種環境影響等三者間，彼此相互影響且形成交互決定因素之交互因果模型（interact model of causation）。同時也由於社會認知理論主要乃建立在此三項主要元素的相互影響概念上，因而又可稱之為「三元交互決定論」（triadic reciprocal determinism）（Bandura, 1986）詳見圖2-1。

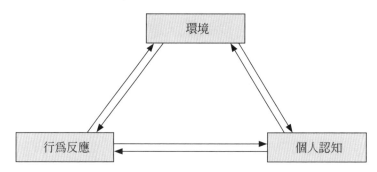

圖2-1 社會認知理論之「三元交互決定論」概念圖

資料來源：Bandura（1986）。

　　換句話說，社會認知理論乃假定人們僅具有有限的能力來處理其於環境中所接收到的資訊，且人們對於資訊的注意和詮釋能力乃受到其天生或學習能力、社會壓力或資訊搜尋技術能力等條件之限制（Kiesler & Sproull, 1982）。傳統心理學認為人們必須藉由親身經驗來獲得學習，但社會認知理論結合社會學習理論的觀點，主張人們亦可透過觀察他人的行為及其結果／後果來進行替代學習（vicarious learning），而此觀點即為「示例參照（modeling）的概念（Bandura, 1986; 1988; Wood & Bandura, 1989）。例如，一位行人可能目睹另一位行人因擅闖紅燈而發生車禍，便得知必須遵守交通號誌之規定行進，而不必以身嘗試闖紅燈的後果。

　　由此概念延伸，在社會認知理論的「三元交互決定論」中，當中的「個人認知」面向下，有一個稱之為「自我調節」（self-regulation）的核心概念，其扮演著環境與個人行為二者間至為關鍵的樞紐角色（Bandura, 1986）。「自我調節」概念係指人們會透過自身的觀察或對自身行為結果的經驗，據以調整或修正自身的認知、動機或行為（Bandura, 1986; Wood & Bandura, 1989）；舉例而言，假設某甲設定要在一週內讀完十本書，若某甲狀況良好皆按照預計進度進行，則會默默在心中給自己一個鼓勵，但相反地，若某甲閱讀的進度落後，則會試圖加快腳步趕上進度，亦或是改變原本十本書的目標，降低為八本書，以期能順利完成讀書計畫。在組織中，組織成員之工作動機、績效行為或績效達成

（performance attainments）亦會透過此一自我調節機制予以調適（Wood & Bandura, 1989）。而這當中，個體的「自我調節」乃取決於其「自我效能感」（self-efficacy）或其對個人效能感的信念（beliefs in their personal efficacy）（Bandura, 1988; Wood & Bandura, 1989）。「自我效能感」係指人們對其自身為達成某目標或控制某事件，而得以動員其動機、認知資源、及相關做法（courses of action）之信念程度（Bandura, 1986; Bandura, 1988; Wood & Bandura, 1989），換句話說，就是人們相信自身具有得以控制某事件或達成某種所欲目標之能力的程度。因此，社會認知理論認為，人們會傾向對自身判斷有把握的工作或任務較具有信心，也會避免接受預期會超過自身能力範圍的工作或事務（Bandura, 1978）；同時，當人們對於自身的能力信心不足或缺乏效能感時，若察覺無法達成預期的績效時，會選擇放棄原本設定的目標（Bandura, 1988）。

　　申言之，社會認知理論主張，人類行為乃是受其個人所認知的效能感及環境條件所影響，據以進行調節，而非純就客觀條件來評判（Bandura & Wood, 1989），因此，藉由社會認知理論，可更深入瞭解個體採取某種行為的原因（Lin, 2010）。社會認知理論目前已廣泛應用於教育（Wallace, et al., 2000）、公共衛生（Anderson, Winett & Wojcik, 2007）、資訊科技使用或電腦教學（Wang & Lin, 2007）等各種不同研究領域。當然，社會認知理論的應用與檢證也已進入組織管理或行為之研究中。例如，不僅有學者們呼籲應從其認知面（cognition）來理解組織成員的組織行為或決策行為（Kiesler & Sproull, 1982），更有學者早已嘗試結合社會認知相關理論，以開拓決策行為研究之範疇（Bazerman & Tenbrunsel, 1998）。

　　將社會認知理論運用到組織管理領域來，其中最為主要的三項概念包括：1.透過有效的參照示例（mastery modeling）發展組織成員個人的認知、社會和行為能力；2.人員對其能力信念（belief）的培育；3.透過目標系統（goal systems）提升成員的自我動機（self-motivation）（Bandura, 1988; Wood & Bandura, 1989）。舉例而言，Wood和Bandura（1989）便透過模擬實驗設計，驗證了組織與環境的可控制性（controllability）以及組

織和環境的複雜性兩項特點，皆會影響管理者之自我調節過程及其決策行為；他們發現，當組織成員認為甚難掌控或改變其組織環境時，將會對自身失去信心，進而無法達成預期的績效目標。同年，Bandura與Wood（1989）以不同的模擬實驗指出，組織管理者所認知到的組織及其環境的可控制性，以及組織所設定的績效標準緊迫程度（stringency），將會牽動管理者的自我調節機制，進而影響其最終績效的達成程度。申言之，當管理者相信自己有能力控制或克服組織所面臨的環境時，即便是在績效標準甚為嚴峻的情況下，亦會展現高度的自我效能感；但相反的，若個人發現自身乃是處於無能為力（inefficacious）的條件，即便所處環境提供機會或可能，但仍可能僅做出有限的努力或改變（Bandura & Wood, 1989）。簡單地說，二氏之研究主要在於證明，在組織的系絡下，個人的自我調節機制乃扮演一中介角色，據以調和其所感受到的組織環境可控制程度和預期績效標準中間的落差，搭配自我效能感以修正心中的自我期許和實際行為，從而達成最終修正後的績效。

　　歸結而言，社會認知理論的基本觀點認為，人們對於外部環境刺激（stimuli）的解釋或知覺將會影響其態度及行為反應（Moussavi & Ashbaugh, 1995）；透過這樣的社會知覺（social perception），可幫助人們接收和轉譯（encode）資訊，並運用這樣的認知操作（cognitive operation）來理解從環境中所得到的線索（cues），藉以建構其所認知的現實（reality）的過程（Kiesler & Sproull, 1982）。換言之，人們對於環境所做出的反應乃取決於其對於環境刺激的「詮釋」（interpretation）（Kiesler & Sproull, 1982; Moussavi & Ashbaugh, 1995）；經過此一詮釋過程，人們將藉由自我調節的機制，讓自身得以妥適回應環境的安排或刺激，最後再表現於行為反應之上。

第二節　政府績效管理制度中的「環境面向」

　　由於本研究期望將政府績效管理之相關學理討論，結合於社會認知理論之概念架構（即環境、個人認知—自我調節，及行為反應）之中，是以，本節先就公部門之「環境面向」予以闡述。

　　針對政府績效管理制度所面對之環境面向，以下將由政府機關所身處之外部政治環境，以及公部門組織常受困擾之組織目標模糊性和目標衝突性之結構特質談起，再論及與組織成員最貼近、感受最深之內部官僚控制環境、組織授能、績效文化、績效制度之運作，和官樣文章等主要內部環境因素，由外而內地探討公部門特殊的環境系絡。

一、公部門環境特質

　　學者Allison（1980）早已直指，公部門和私部門不僅只在不重要的枝微末節處相似，而且兩個部門間的差異之處更值得吾人的關心和注意。公部門及其人員在其所面臨的外部政治環境、人民期待之回應要求、組織目標的複雜性、決策自主權之侷限性、績效檢視之嚴格程度、承擔風險之意願、決策行為，以及對官樣文章的感受程度等面向上，皆與私部門有著極為明顯的不同（Allison, 1980; Bozeman & Kingsley, 1998; Nutt, 2006; Pandey & Kingsley, 2000; Rainey, Pandey & Bozeman, 1995），而這些公部門的特質亦將影響其管理途徑的選擇，甚至塑造了身處其中的人員自處方式，更可能反映在公私部門採行績效管理制度的成效與結果差異上（Hvidman & Andersen, 2014）。是以，以下先由公部門特有的環境屬性談起。

（一）外部政治環境

　　學者曾言，政府績效管理之研究，無法自外於公共行政系統與公共管理之組成因素，而需從公共組織的實際生活面向去思考，亦即必須在其所處政治環境中去予以瞭解（Bouckaert & Halligan, 2008）。而Rainey和Steinbauer（1999）則指出，欲形成有效能的公部門組織須具備以下幾項

條件：外部監督機關（oversight authorities）及利害關係人的支持、組織於執行使命的自主性、高度的使命價值（mission valence）（即機關使命的吸引性）、強烈的使命導向文化、堅定的領導行為；由此當可感受外部環境對於行政機關之影響與重要性。晚近，Milakovich（2006）亦說到，績效管理策略的構思，絕對與組織所面對之政治環境有關。是以，當吾人欲對公部門組織成員之績效行為有所瞭解時，必然無法忽略政府部門所面對之外部環境，尤其是政治環境，所帶來的影響。

　　而政府機關外部環境對其績效管理與評核制度所形成之影響，概略可從課責回應與爭取支持兩大面向來理解。首先，在課責回應部分，Dubnick（2005: 378）便說道：「一般我們常用以對政府人員的形容詞—— servants（不論是用在文官或公僕概念上），皆從語言上反映了我們對於傳統治理形式中的核心概念」；[1]因此，便會期望透過某種機制來使政府人員為其施政績效負起責任。學者更指出，近年來各國政府所推動的全面性績效改革運動，經常主要是為了回應外部，諸如立法機關、選民、媒體等，所帶來的政治課責壓力（Yang, 2011）。例如，針對小布希政府於2002～2008年所推動PART制度，於聯邦政府機關人員所產生影響之分析，Yang（2011）便提及，美國聯邦機關承認該項制度主要乃是為了回應外部的課責壓力，而也因此，這一項政治控制意味濃厚的措施，各機關也都不會將其轉化為機關內部深層的管理作為。除上述這些政治性機關外，公民對於施政成果證據的要求、鄰近國家或轄區的成功範例，及審計部門的績效查核，都形成了促使行政機關推動績效管理與評核的外部環境（Newcomer, 2007）。

　　其次，在爭取支持的層面上，學者曾明言，當外部的監督機構或利害關係人，對於行政機關越是支持、授權且關注於機關使命之達成，機關的效能越高（Rainey & Steinbauer, 1999; Yang & Hsieh, 2007），且主管所認知到政治支持程度（political support）對其於如績效管理這類成果導向

---

[1]　其原文為："The common use of the term servants (whether civil or public) in labels applied to government officials reflects linguistically what is central to our traditional norms for governance." (Dubnick, 2005: 378)。

改革之執行、組織結構、內部溝通皆具有直接的影響力（Yang & Pandey, 2008）；例如，學者曾針對美國六個州政府近十年的績效管理改革努力之成果進行比較研究，指出若缺乏立法或行政機關中的領導者或倡議者來推動，難以獲致具體成果，而其中能獲致成功者，大多可獲得政治上的支持（Aristigueta & Zarook, 2011）。並且，若行政機關能順利獲得正面的政治支持，將可對組織支持產生「蔓延效應」（flow-on effect），亦即使得組織管理者更有信心可以取得必要資源和彈性以執行績效管理之政策（de Lancer Julnes & Holzer, 2001; Taylor, 2011）。因此，轉化至績效管理制度的推動上，其極為現實的一面是，民選首長與公共管理者皆體認到，採行績效管理制度乃具有其象徵性的利益（symbolic benefits），可讓外界認為他們是以理性、效率、重結果的方式在運作政府（Moynihan, 2008），從而期望藉以爭取外界的正面評價。另一方面，對行政機關首長而言，實施績效管理與評核的結果，也猶如一把兩面刃。例如，學者曾由地方政府選舉結果研究發現，針對那些追求連任者，政府所公布的績效資訊的確會影響民眾於下一次選舉時的投票行為，尤其是施政績效不佳者，選民會透過選票給予懲罰，但對於由績效資訊上看來表現不錯的追求連任者而言，卻不會得到預期的獎勵（James & John, 2006）；因此，行政機關多會關切績效評核所帶來的政治結果或效應，而影響其對於應用績效資訊於決策過程的看法與採納意願（Taylor, 2011）。

是以，政府績效管理與評核制度之設計與推動，無非是為了回應外部監督機構及利害關係人的課責要求，另一方面，亦巧妙地期望藉由相關績效制度的建立，來塑造行政部門的對外形象並獲取外部行動者的支持和信任（Yang & Hsieh, 2007），繼而爭取施政所需資源，如執政正當性、預算及人事資源等，甚至對於績效資訊的真實程度亦有正面顯著的影響（Yang, 2008）。換言之，外部行動者之觀點，亦將牽動行政機關於績效管理制度之設計，更將進而影響官僚體系內部成員的感受與認知。

（二）目標衝突性與目標模糊性

　　公共組織乃受其目標多元、衝突且模糊的特質，加上對成員諸多程序性限制，而深深影響員工和組織的績效表現，因此，學者建議應從組織目標及環境系絡，結合社會認知理論，據以研究公部門組織行為（Wright, 2004）。Wright（2004）彙整過去研究指出，組織目標的衝突性將帶來兩種可能的負面效應：1.使得組織成員無所適從，不知應如何達成組織目標，或是不知應達成哪一項組織目標？2.在組織目標衝突的情況下，將會導致更多對於組織成員行動的程序上的規定和限制，因為限制員工什麼不能做遠比告訴員工應該做什麼來得容易。同時，當組織目標衝突性越高時，政治委託人便會採取一些做法以限制行政機關的行動，例如，透過設定行政程序、策略性的政治任命、或刪減預算等，其主要目的便是希望能限制行政機關的結構或行為，以使其符合政治委託人的偏好（Stazyk & Goerdel, 2011）。另一方面，當官僚體系面對不確定的外部環境時，也會自己發展出一些手段，例如尋找一些未必太重要的施政目標或績效指標，企圖透過此方式以顯示組織維續的意義，並保護其核心職能及組織效能的穩定（Stazyk & Goerdel, 2011）。但是，若前述的效應皆發揮在組織上時，將導致組織所設立的政策或程序阻礙或背離了組織的績效目標，此時組織成員將失去為績效目標奮鬥的動力，因已不知究竟何者為組織所欲達成的績效，是程序的遵守？抑或是目標的達成（Wright, 2004）？當然，也同時虛耗了組織的能量與效能。

　　此外，公部門組織也長期受到組織目標模糊的困擾。學者們曾指，當組織的目標留給利害關係人予以詮釋的空間越大時，即表示該組織的目標模糊性越高（Chun & Rainey, 2005a; 2005b）。相對地，若是組織目標越是清晰、明確、可量化，則對於公部門組織服務之改善越具幫助（Boyne & Chen, 2007）；同時，從目標明確性的相關研究可以得知，這類研究大多主張組織的目標越清晰、越明確，越有助於組織成員釐清其績效目標，也越能產生清楚的認知與動機，進而為達成目標而奮鬥，且亦有助於管理者或同僚對其評估與給予回饋（Stazyk & Goerdel, 2011; Wright, 2004）。但

是在公共組織管理的實務上，受限於公部門環境充滿程序限制，且又目標模糊、難以明確的條件，組織成員傾向認為，無論他們如何努力，組織的績效目標都是無法達到的（Wright, 2004）。

可是，毋庸置疑地，目標的模糊性對於組織的運作會帶來傷害。組織的目標模糊性一方面不僅可能致使組織的官樣文章增生（Rainey, Pandey, & Bozeman, 1995），更糟糕的是，同時也會降低員工的工作動機，進而傷害組織的績效（Wright, 2004）。Pandey與Wright（2006）也經實證研究指出，若行政機關經常必須面對多元、模糊且相互衝突的組織目標，不僅會使組織成員喪失明確且共同的努力方向，更可能使機關和組織成員一同陷入角色模糊（role ambiguity）的迷失狀態。此些現象發展至最後，組織成員只好以遵守組織的程序與規定為目標，失去為機關奮鬥的動力。

儘管政府部門充滿了目標的模糊性和衝突性，但Rainey與Steinbauer（1999）仍提醒吾人，若公部門組織能凸顯該機關的使命價值（mission valence），其組織成員仍亦可能展現高績效表現。換言之，若是機關的使命對於組織成員而言，越具吸引力、越使組織成員認為有為其奉獻的價值，越具有目標重要性（goal importance），則組織成員便會認為他們所努力奉獻的目標乃是對社會有益，而越能被驅動投入組織的績效達成當中，且不畏艱難地盡力達成（Rainey & Steinbauer, 1999; Wright, 2004）。因此，當組織使命的內在價值在成員眼中若越是重要時，將使成員越是看重其自身工作的價值，此時應強化組織成員對於所服務機關之使命或目標之於公共服務價值的重要性的認知，作為激發他們工作動機的主要內在誘因，以提高他們的工作熱忱。簡言之，若組織成員認為組織的使命具有其重要性，且與其個人價值相符，便會全心投入並戮力完成組織所設定的績效目標（Wright, 2007）。

二、內部管理途徑與制度環境

在理解了公部門的獨特環境特質後，繼之將接續探討在這樣的環境特性下，政府機關內部可能形成的管理途徑和制度環境，包括官僚控制、授

能與自主、成果導向績效文化、績效制度運作，以及官樣文章等面向。希冀從公部門的內外部環境檢視，充分描繪公部門組織成員的環境觀點。

（一）內部官僚控制

事實上，官僚體系的存在，某種程度乃是為了回應與應付來自外部與政治人物的政治壓力，而希冀透過層級節制的體制，強化其協調與控制，並確保公部門組織成員對其組織領導者有明確的課責責任（Stazyk & Goerdel, 2011）。也因此，許多政府所推動的績效管理措施，皆是為了強化對於機關的政治控制，以增強對機關的政治課責訴求，許多公共管理者也深諳此道，以致於甚少機關會認真將績效分析結果轉化為內部管理的精進（Yang, 2011）。

在學者眼中，新公共管理乃是以激進的方式改變了基本的治理關係，但另一方面，同時卻也依循並維持了長期以來傳統公共行政所服膺之課責的角色與重要性（Dubnick, 2005）。甚至，學者們認為，在公共行政的討論中，原本就一直在理性／客觀或是以信任為基礎／主觀的不同觀點中進行辯證（Bouckaert & Halligan, 2008）。事實上也因此，將績效管理視為政治人物用以控制和提升官僚體系績效的內部工具，便早已成為績效管理與評核制度中主要的理念基礎之一（Moynihan & Hawes, 2012）；相對地，在公部門人員眼中，同樣也會把相關制度視為上位者用以迫使文官體系順服的一種工具，並不會認同上位者乃是真心想為提升組織績效而努力（Franklin, 2000; Moynihan, 2005b）。正因如此，Long和Franklin（2004）便直言，從美國的政府績效與成果法（GPRA）的實際內容和執行方式來看，不折不扣地充斥強烈的程序控制色彩和意圖。

是以，極具新泰勒主義特色之政府績效管理與評核制度，不僅被當作強化內部管理之工具，就連機關的績效資訊運用幅度亦與行政程序集權化程度息息相關，充分展現透過績效制度遂行控制的目的（Moynihan & Hawes, 2012），同時，若機關中組織目標相互衝突的情況越明顯，更有可能透過程序性限制的手段來強化控制機制（Wright, 2004）。這樣的操作模式，不僅服膺了代理人理論的管理控制觀點（Reck, 2001），更可能

使此一制度之實行，與其原意距離越來越遠。

（二）授能與自主

在新公共管理的改革浪潮下，包括美國、英國、澳洲、加拿大、法國、瑞典及挪威等國政府部門，相繼採取員工授能（employee empowerment）的管理作法，以期能提升組織績效（Fernandez & Moldogaziev, 2012）。例如，美國柯林頓政府所推動之「全國績效評鑑」（National Performance Review, NPR）便昭示了提升員工授能對於政府效率和效能之重要性，並期望透過員工授能方式，授予組織成員更大的施政空間，俾以創造具體的施政成果（Fernandez & Moldogaziev, 2012）。

在理論與實務上，員工授能可從兩大面向加以思考：一是採心理認知觀點，認為授能乃是一種「自我效能感」（self-efficacy）或內在任務動機（intrinsic task motivation）提升的內在認知狀態（internal cognitive state），而此途徑也與「期望理論」（theory of expectancy）觀點息息相關；另一途徑則是採取管理觀點，強調管理者將其決策權力和正式權威（formal authority），透過參與式決策機制，與基層員工進行權力分享（Fernandez & Moldogaziev, 2012）。因此，Fernandez和Moldogaziev（2012: 157）整合員工授能之管理與員工認知觀點，將員工授能定義為「一種包含一組管理做法（如權威、資源和資訊的分享和獎酬），並以這些做法直接影響員工績效，或間接透過影響員工認知（如自我效能、動機、工作滿足感等）進而提升其績效之過程」。

若從員工內在任務動機觀點來思考員工授權，則組織需使員工認為該任務是有意義的，且可從中發現價值而願意投入（Fernandez & Moldogaziev, 2012）。學者也指出，越能授予組織成員發揮其專業之空間，組織的效能及績效表現將越高（Rainey & Steinbauer, 1999）。然而，若由管理途徑來思考組織授能，其所具體的表現，便是組織成員所感受到的「權力距離」（power distance）。在一個高權力距離的組織或環境中，低權力者會傾向接受和遵從權力擁有者的支配（Davis, Schoorman & Donaldson, 1997）；因此，在高權力距離的文化中，組織多為集權式

（centralized），且權力擁有者和不具權力者之間在影響力（authority）、薪資、或特別權利上，有著明顯的差異；相反的，在低權力距離的文化中，組織多為分權、員工有較多決策參與機會，且在前述權力關係上，較不具明顯差異（Davis, Schoorman, & Donaldson, 1997）。

一個具有績效學習導向文化、期望落實績效管理與改善的組織，必然授予員工自主、參與和授能之機會或條件（Taylor, 2011）；除非該組織僅是將績效評核制度當作管理和控制員工的手段，否則必當於組織內部盡力縮短權力距離，授予員工從績效資訊與結果中，獲得學習及參與改善的機會和動能，是以，吾人亦可由此角度檢視機關內部是如何看待績效管理與評核制度。

（三）成果導向績效文化

美國自柯林頓政府時期的「政府績效與成果法」通過以來，便昭示著政府機關之管理思維，必須由傳統過程導向轉變為成果導向的績效概念。而自此以往一系列的績效管理運動，無疑希望能在政府部門中，建立一種績效導向的組織文化（Moynihan & Lavertu, 2012）；更具體而言，便是形塑一套成果導向管理（managing for results）的新公部門文化（Yang, 2011）。而此成果導向管理概念的建立，其目的不僅在於為提升政府部門的整體績效水準，更希冀能改善公部門對於民選首長和社會大眾的課責效果（Moynihan & Ingraham, 2003）。

所謂成果導向管理，具體而言，便是持續地檢視和追蹤機關所達成成果的一種管理制度或文化，當中所指涉的，包括績效目標的設定、建立和執行績效評核與報告制度，及對整體績效管理過程進行監測和回饋等重要環節的建立（Aristigueta & Zarook, 2011）。由此可明顯看出，成果導向管理觀念的導入，意謂著是一項對傳統官僚體系所做的組織變革（de Lancer Julnes & Holzer, 2001）。換句話說，政府機關在推動績效改革的過程中，除期望能藉由制度或結構上的彈性和鬆綁，授與官僚人員更大的自主性和主導權之外，同時，也希望能在僵化、講求程序的公部門中，建立一種績效文化（performance culture）（Yang, 2011）。

　　學者們曾言，吾人可從一個組織是否對成果與績效導向的管理方式有所認知和覺醒（awareness）、是否具備有效和完善的績效評核制度、對績效評核的支持程度為何、是否具有支持績效提升的文化等角度，來檢視該組織的績效管理整備度（readiness）（de Lancer Julnes & Holzer, 2001）。進言之，若是組織中能建立起成果導向的績效文化，從管理者至員工，皆能崇尚績效價值、態度和行為，對於相關績效資訊的產出同樣也會更加重視（Yang, 2011）。是以，也有學者從組織學習的角度指出，若欲提升組織的運作績效及從績效資訊中獲致學習效果，組織文化至為關鍵（Moynihan & Landuyt, 2009）。由此可看出，組織中績效文化的存在與否，對於績效管理的推動、組織成員對於績效管理的認知和看法，以及最終相關制度能否有效落實，皆具有決定性的影響效果。

　　毋庸置疑，績效管理的推動，絕對需要管理者去建立文化，並以形塑組織文化為工具，來改變官僚體系的價值與行為（Taylor, 2014）。不過從實證研究的結果來看，卻也存在分歧的現象。例如Aristigueta和Zarook（2011）指出，從美國各州政府推動經驗來看，除了制式的績效評核制度與系統外，來自政務首長或立法部門的變革倡議及其支持角色，乃是能否有效建立成果導向績效文化的關鍵。Taylor（2011）也曾發現，組織越是強調理性決策、或是強調績效提升的組織文化，組織成員越是相信績效管理之採行對機關乃有其助益與正面價值，越會善加運用機關內的績效資訊，使其成為重要的管理決策工具。不過，相對於前述學者們的研究，亦有學者們認為成果導向的績效文化與績效管理的落實，或績效資訊的運用程度，彼此間未必能獲得經驗研究上的支持（Moynihan, 2005b; Moynihan & Lavertu, 2012）。換言之，組織中績效文化所能發揮的影響力及其影響面向，仍待更多實證研究加以檢證。

（四）績效制度之運作

　　伴隨績效管理概念在公部門中的持續倡議，與績效管理和評核制度的採行及運作有關之議題，亦始終受到學界的高度重視（de Lancer Julnes, 2004; de Lancer Julnes & Holzer, 2001; Melkers & Willoughby, 2005; Streib &

Poister, 1999; Yang & Hsieh, 2007)。在推動初期,無疑地,績效管理與評核制度的運作,會受到外部政治環境和利害關係人的驅動和左右,同時也與組織的目標趨向息息相關(de Lancer Julnes & Holzer, 2001);換句話說,績效管理制度的運作成效,在某種程度上,無可避免地將深受組織外部環境及其結構特性所影響。

而當相關制度漸次推動上路,組織中的績效管理與評核制度是否配套完整、是否定期地蒐集、彙整及分析績效資訊,並能從中獲得有用及有意義的績效資訊,且得以獲得回饋及運用於決策,乃是此項制度能否有效運作的關鍵(Taylor, 2011)。因此,近年學者亦將關注的焦點轉向績效管理與評核制度的有效性或成熟度的觀察層面(Melkers & Willoughby, 2005; Yang & Hsieh, 2007)。從經驗研究結果來看,績效評核制度的成熟度,對於組織成員與管理者在績效資訊的運用,以及對如預算、溝通等管理決策,甚至對績效管理的深化等面向,皆已被證明具有重要的影響效果(Kroll, 2015; Melkers & Willoughby, 2005)。申言之,若一機關在績效評核與指標的設定上,能與其組織目標緊密結合,且能設定合理又具挑戰性的績效目標值,能定期蒐集績效資訊,這一連串的過程必能對該機關的施政決策產生顯著的影響;亦即,績效管理和評核制度的品質越高,其過程及其所產生的績效資訊,越能對機關發揮影響效果(Taylor, 2011)。

不過,雖然我們可以發現,當機關成員越是相信績效評核制度的正面效益,該制度越能展現效果(Taylor, 2011);但很多時候我們也看到,許多政府機關會在制度運作的無形過程中,滋生許多相同目的、可是指標或測量方式不同的評價模式,此時,組織管理者便被間接鼓勵可能在不同績效評核制度間遊走,針對自身組織的問題、診斷或解方,尋找一個對自己最有利的評價設計和結果的詮釋(Nicholson-Crotty, Theobald & Nicholson-Crotty, 2006),反而未必有助於機關組織的績效改善或提升,甚或可能肇生迴避課責或制度形式化的弊病。

（五）官樣文章

　　無可諱言地，「官樣文章」（red tape）往往是政府行政效能改革所標的之打擊對象（Pandey, Coursey & Moynihan, 2007）。Bozeman（1993）將官樣文章形容爲「惱人的規則與管制」（burdensome rules and regulations），且進一步將其定義爲「一些現行的規則、管制與程序所形成的順服壓力或負擔，但卻並未使組織朝向這些規則或程序原本所欲達成的目的」（Bozeman, 2000: 12）。[2]而Pandey與Kingsley（2000: 782）則將官樣文章定義爲：「惱人的規則與管制所造成的形式化，及其對管理者和組織所造成的負面影響」。從上述諸多學者所提出的定義中便可發現，官樣文章之所以如此無法見容於組織改革者眼中，乃是因爲官樣文章不僅代表著惱人的規則與管制，在組織中，若官樣文章程度越高，則行政效率越是低落，且越無法容忍冒險精神的組織文化（risk culture）（Bozeman & Kingsley, 1998），連帶地，績效、彈性、創新、效能等組織所期待的正面效果，皆無法有效彰顯。但不幸的是，當官僚體系受其環境結構影響，而必須控制及限制個別組織成員的行爲與裁量時，官樣文章必將油然而生，而且，當這些人爲創造出來的限制失去其正當性、或喪失其效果時，組織及其成員更會進一步深陷不斷創造官樣文章的泥沼中（Bozeman & Feeney, 2011）。

　　Bozeman（2000）在前述定義下，進一步將官樣文章區分爲「組織性官樣文章」（organizational red tape）和「利害關係人官樣文章」（stakeholder red tape），其中與績效管理較具密切關係者便是「組織性官樣文章」，其係指「一種迎合組織的順從負擔，但卻無法對該項規則原本的功能性目的產生任何實質貢獻」（Bozeman, 2000: 82）。[3]學者們亦接續將「官樣文章」依政府機關運作的主要面向，區分爲五種類型，即：「人力資源官樣文章」（human resources red tape）、「採購官樣文章」

2　其原文爲："rules, regulations, and procedures that remain in force and entail a compliance burden but do not serve the legitimate purposes the rules were intended to serve." (Bozeman, 2000: 12)。

3　其原文爲："compliance burden for the organization but makes no contribution to achieving the rule's functional object." (Bozeman, 2000: 82)。

（procurement red tape）、「資訊系統官樣文章」（information system red tape）、「預算官樣文章」（budgetary red tape）、及「溝通官樣文章」（communication red tape）（Pandey, Coursey & Moynihan, 2007）。但，無論將官樣文章如何分類，吾人更關心的應該在於，官樣文章的存在是否對於行政機關的運作效能具有影響？

學者們實證研究發現，人力資源和資訊系統二方面之官樣文章對於組織績效的負面影響最為明顯，亦即證實組織中過度強調規則與程序的官樣文章，的確將為機關績效和效能帶來危害（Pandey, Coursey & Moynihan, 2007）。但渠等同時也發現，若是組織能夠形塑一套發展性組織文化，採取開放態度和鼓勵彈性價值，卻是可以緩解官樣文章對組織效能所帶來的傷害（Pandey, Coursey & Moynihan, 2007）。類似地，就人事管理官樣文章（personnel red tape）和組織性官樣文章對比分析，學者們發現，諸如無法將績效不佳者予以調離、或是無法有效獎勵績優者這類人事程序上的官樣文章，對於機關主管人員所造成的工作疏離感及其影響層面，高於組織性官樣文章，但二者同樣會對管理者帶來疏離感受（DeHart-Davis & Pandey, 2005）。換言之，組織內官樣文章的存在，將對組織成員的認知和工作態度產生傷害。此外，透過針對英國地方政府之實證研究，Breer 與Walker（2010）也指出，內部官樣文章（internal red tape）確實會對施政品質、效能、組織公平，及組織總體績效，帶來負面且顯著的影響。是以，吾人實有必要由此角度在本土系絡下，再行檢視此一現象對於公部門組織成員任事態度的影響。

第三節　政府績效管理制度下的「個人認知」

本節主要從認知途徑探討公部門組織成員可能具有的心理觀點，如己身工作對於社會大眾所能產生影響之認知，及公共服務動機；由於這些認知與動機大多是他們走向公部門，成為公務人員的主要因素，故有其討論與納入分析之必要。此外，依據社會認知理論的觀點，個人的自我效能感乃是影響組織成員面對任務或績效要求時，心力投入程度及之後績效成就

的關鍵槓桿因素，因此將在此節中一併探討。

一、社會影響性認知

誠如學者們所言，公部門組織成員多有服務和利他（altruistic）的精神（Rainey & Steinbauer, 1999），而且，多數公務人員主要的工作動機係來自於──體認到他們的工作乃是有意義的，能對他人或大眾產生助益的（Grant, 2008a）。然而，這樣的普遍現象卻常常被社會大眾或學術研究所忽略。申言之，社會影響性概念對於公部門人員來說，別具意義，因為他們可能原本就看重這樣的價值，或者，這就是他們投身公門的目的（Grant, 2008a）。

社會影響性（prosocial impact）係指組織成員的行為或行動，對於他人的生活或生命所可能造成影響（make a difference）的程度，亦即組織成員所做的保護、倡議或投入的努力，對於他人福祉產生影響或貢獻的範圍與程度（Grant, 2008a: 51）。因此，若是能讓公部門組織成員體認和感受到，他們每天所做的工作，都是可能對他人及社會大眾產生影響，可能會改變民眾的生活，亦即具有所謂的社會影響性，那麼他們的公共服務內在動機便能被有效驅動（Grant, 2008a; Taylor, 2008）。不過，可惜的是，學者指出，公部門的結構與環境甚少提供組織成員感受這樣社會影響性的機會，例如組織內的程序要求或官樣文章，常在無形中將這種影響性動機消失殆盡；或如部分人員所負責的是高風險但低發生機率的業務（如核電廠人員），又如部分公部門人員或許能感受其工作所帶來的立即性社會影響，但這樣的感受卻未能產生持續性效果（如警察或消防救護人員）（Grant, 2008a），再加上，媒體或社會的不友善氛圍，更不易讓公部門成員體認到他們工作的社會影響力，或是他們所能引發的改變。

從實證研究結果來看，組織成員的社會影響性確實可在組織行為上產生正面效果。例如，在個人層次上，組織成員若能感受到他／她的工作，能發揮有助於他人的影響，將可有效降低因該項工作也有可能對他人產生不利影響，而所引發的工作滿意度下降或過勞情緒（Grant & Campbell,

2007）。類似研究亦結合自我調節（self-regulation）的理論觀點，發現社會影響性認知確實可以發揮調節的效果；亦即即便組織成員所負責的業務可能在某些時候會對部分人造成傷害（例如必須對違法民眾做出裁罰），但透過使其體認該工作有其助人的一面，便可以調和緩解這類組織成員的情緒耗竭（emotional exhaustion）（Grant & Sonnentag, 2010）。

若回到組織績效的關懷面向，雖然過去研究多倡議員工心中的服務動機乃是驅動績效主要因素，但同樣重要的是，領導者必須要讓組織成員感受到，其所扮演的角色乃是滿載社會影響力的（Belle, 2014; Grant, 2008a; Moynihan, Pandey & Wright, 2012），因為學者們發現，社會影響性認知可在內在動機的協助增強下，對組織成員於自身業務的堅持（persistence）、績效和生產力，產生正面影響（Belle, 2012; Grant, 2008b）；而且，當他們產生這樣的感受時，便會願意付出額外的時間和心力在他們的工作，以期能感受更高的社會影響性（Grant, 2008a），產生一種正向循環。

不僅如此，從績效資訊運用的角度來說，因為這種行為屬於一種認知處理過程，較難直接觀察、記錄，也很難與獎勵或獎酬直接連結，再加上，績效資訊的運用對公務同仁而言，常常是種額外的負擔，因而只能仰賴員工的自我動機來驅動，唯有當組織成員體認到，他／她的績效資訊運用行為對其組織或服務對象是能產生廣大利益或助益時，才有可能發揮角色外行為（extra-role behavior），打從心底克服時間和勞務成本上的負擔，積極地運用組織中的績效資訊，使其產生效果或運用於管理決策中（Moynihan, Pandey & Wright, 2012）。

基於上述，吾人可以發現，社會影響性認知不僅可以激發組織成員的正向動能，亦能發揮行為與情緒上的調節作用，同時對於組織所期待的績效行為和績效資訊運用，更能產生正面效果，故有必要從激發組織成員社會影響性認知的角度，重新塑造公部門人員對於自身角色的認識（Moynihan, Pandey & Wright, 2012）。

二、公共服務動機

衡諸當代公共管理思維和政府改革方向，大多受到講求自利原則的理性選擇學派所影響，Perry和Wise（1990）從動機觀點提供另一種思考理路，呼籲吾人應重視和關懷公部門人員的服務動機面向，因而提出公共服務動機（Public Service Motivation, PSM）的概念。Perry和Wise（1990: 368）將公共服務動機定義爲「個人根基於對公共制度與組織關懷所衍生之動機的回應傾向」。[4]而Rainey與Steinbauer（1999: 20）則將公共服務動機界定爲「一種願意服務群體、國家、甚至全人類的利益之普遍性、利他的動機」。[5]是以，吾人可見，公共服務動機基本上包含了利他主義（altruism）、社會性行爲（prosocial behavior）等重要元素（Perry & Hondeghem, 2008; Perry, Hondeghem & Wise, 2010）。儘管在此之後，學者們陸續就公共服務動機之概念提出定義見解，諸多定義間仍多有交集，其最大共識即在於，公共服務動機即爲個人願意在公領域，以求他人或社會之福祉爲目的而貢獻心力（Perry, Hondeghem & Wise, 2010）。

在前述定義之下，Perry（1996）進一步發展出公共服務動機的測量量表。自此之二十年來，公共服務動機的相關研究，在全球有如雨後春筍般蓬勃發展，已成當代公共行政研究的顯學之一（Bozeman & Su, 2015; Perry, Hondeghem & Wise, 2010）。之所以倡議公共服務動機概念，在於Perry和Wise（1990）認爲，若能有效提升組織成員的公共服務動機，也將有助於員工的工作績效及組織效能之精進。無獨有偶，Rainey和Steinbauer（1999）也主張吾人應重視公部門人員的公共服務動機，及其與機關績效和效能之間的關係。因此，在公共服務動機的相關研究中，一派學者便專注於公共服務動機與個人和組織績效間的因果關係。

如Moynihan和Pandey（2010）的研究便發現，若是公共管理者的公共服務動機越強烈，越能促使其將績效資訊運用於決策之中。亦有學

4　其原文爲：“an individual's predisposition to respond to motives grounded primarily or uniquely in public institutions and organizations.”

5　其原文爲：“general, altruistic motivation to serve the interests of a community of people, a state, a nation or humankind.”

者曾歸結相關實證研究結果後指出，組織成員的社會性動機（prosocial motivation）對績效資訊的運用具有正面影響（Kroll, 2015）。不過，儘管上述研究提供吾人一明確的理解方向，但公共服務動機與工作績效之間的關係，從經驗研究上來看，仍存有分歧看法（Bright, 2007）。如稍早有學者發現，公共服務動機確實對員工的自評工作績效具有正向影響（Naff & Crum, 1999），晚近，亦有研究驗證同樣結果且指出，員工個人的公共服務動機越高，對其工作績效的提升越有正面效果（Vandenabeele, 2009）；但也有研究得到更進一步的發現，公部門組織成員的公共服務動機必須藉由個人—組織間契合度（person-organization fit）的中介，方能對其工作績效產生影響（Bright, 2007）。另有學者主張，可藉由價值驅導的管理方式，搭配轉換型領導，激發組織成員的公共服務動機，使其產生價值趨同（value congruence）效果，進而提升員工個人及組織的整體績效（Paarlberg & Lavigna, 2010）。類似研究則以實驗設計研究發現，即便是在轉換型領導或不同的工作設計等情境下，擁有較高公共服務動機者皆能展現較佳的績效表現（Belle, 2014）。

　　而由跨國經驗上檢視，如Ritz（2009）以瑞士公部門為例，發現若組織成員對公共利益的承諾感越高，該組織的內部效率也越高，但Leisink和Steijn（2009）以荷蘭公部門人員為對象進行調查時，卻發現公共服務動機與個人自評之工作績效，並未有直接因果關係。又，Kim（2005）以韓國中央與地方公務人員為調查對象，指出公務機關人員的公共服務動機，的確對其所感受的組織整體績效具有正面影響力；而Andersen（2009）則以丹麥醫療相關人員為對象，研究公共服務動機、專業倫理規範、經濟誘因三者，何者對醫療專業人員之行為與績效具有影響力；其結果發現，無論公私部門的醫療人員都具有高度的公共服務動機，因而對前開變項不具任何解釋力，同時指出，專業倫理規範才是主要關鍵。但Belle（2012）以義大利公立醫院護士為實驗對象，卻發現不太一樣的結果，該研究指出，提高受試者的社會影響性認知會增加其公共服務動機，而且這樣的效果對於原本公共服務動機就比較強的員工而言，效果更為明顯；同時，也發現公共服務動機具有中介效果，帶來更高的工作績效。

　　鑑於各國學界對於公共服務動機的研究方興未艾，卻也得出不盡相同的經驗結果，Perry等人便建議，應針對公共服務動機對個人工作績效、甚至機關組織的績效和效能間之關係，嘗試做出更爲細緻的實證研究（Perry, Hondeghem & Wise, 2010），藉以檢證當中的複雜因果關係。再加上，學者們認爲，當初Perry所提公共服務動機的概念，亦汲取了Bandura的社會認知理論觀點，隱含了公共服務動機乃受環境、個人因素等影響所產生的相互作用，亦即若組織成員能感覺到組織乃受妥善且有效的管理，將可提升組織成員的公共服務動機和工作績效（Camilleri & van der Heijden, 2007）；是以，本研究便由此角度，嘗試將公部門組織成員的公共服務動機，鑲嵌在制度環境系絡之中，藉以檢測此一內在動機是否受其所身處環境所影響，亦而是否進一步對公部門人員的任事態度和績效行爲發揮正面效果。

三、自我效能感

　　在Bandura（1986）的社會認知理論（social cognitive theory）中，個人的自我效能感（self-efficacy）概念扮演了相當重要的因素角色。依據該理論，個人的自我效能認知（perceived self-efficacy），乃指其對於所要掌控或克服的事件上，他／她所能驅動的動機、認知資源（cognitive resources），及所需行動的能力信心（Bandura, 1988; Bandura & Wood, 1989; Wood & Bandura, 1989）。亦指個人在執行特定任務及其績效目標下，對自身勝任能力的預期（Gist & Mitchell, 1992）。更簡單的說，自我效能感就是指個人對於自身能力的信心程度（Wright, 2004）。

　　基此，自我效能感乃具有動態特質，亦謂具有依個人所知覺的環境及可得資源或限制據以調節，以適應變動的環境條件（Gist & Mitchell, 1992），而從組織管理的角度來看，管理者或一般員工自我效能感的程度，將是影響個人在業務或任務上是否能夠投入更多心力，或是面對困境時更能有所堅持的關鍵因素（Wright, 2004）。申言之，組織成員的自我效能感將會影響其對於相應行動及環境的選擇，及避免將自己陷入自身

能力不及的窘境（Bandura, 1988; Wood & Bandura, 1989）；自我效能感的高低乃左右了組織成員挑戰困境和威脅的意願，亦即，自我效能感越堅強者，越敢於設定較高的成就目標，效能感越是低落者，則會傾向選擇較易完成的任務、工作或目標（Bandura, 1988; Wood & Bandura, 1989）。是以，在社會認知理論中，與自我效能感概念息息相關的，便是組織成員在盱衡所面對的環境與資源後，並衡量自身能力，所做出的自我調節作用。

　　事實上，自我調節乃是一種認知和行為決定（determination of behavior）的處理過程（Gist & Mitchell, 1992），亦而形成一種自我調節機制（self-regulatory mechanism）（Wood & Bandura, 1989）。在自我調節過程中，個人所察覺到的組織環境與文化等條件，首先牽引著個人對自我效能感的判斷，此時，自我效能感將影響個人對被賦予之目標的期許程度與承諾感，並也影響了個人在行為或行動的選擇取捨，及其處理方式，亦即透過此一自我調節機制，影響了組織成員的行為；在行動過後，自我效能感也會影響個人對前述過程中所得回饋的詮釋，進而決定下一次的績效行為，而啟動另一階段的自我調節機制（Gist & Mitchell, 1992; Wood & Bandura, 1989）。由此可見，自我效能感和自我調節機制的運作，在組織成員的心理認知層面，是密不可分的連鎖動作。

　　是以，這樣的觀點也慢慢進入行政管理的實證研究當中。例如學者們發現，若組織成員的自我效能感越高，亦可預期其工作績效和表現也會越佳（Gist & Mitchell, 1992; Stajkovic & Luthans, 1998）。此外，Wright（2004）的經驗研究也指出，組織的工作環境將影響同仁們的自我效能感，進而影響其工作動機；亦即公務同仁的自我效能感不僅對其工作動機與態度具有正面影響效果，更扮演了工作環境與組織成員工作動機間的中介角色，且當組織成員具有越高的自我效能感時，越相信自己能夠達成長官或機關所交付的績效目標，且亦能堅定向前以獲目標之達成。

　　儘管類似前述文獻直接採取社會認知理論的公共行政研究目前尚屬少數，但其所昭示的概念與心理機制，卻是值得吾人在公務系絡中加以關注和投入經驗研究心力的，故本研究嘗試採取社會認知理論的觀點，將自我效能感與自我調節機制相結合，冀能據以觀察公部門人員任事態度的取捨

轉換機制。

第四節　政府績效管理制度下的個人「認知調節」：代理人vs.管家理論

　　本節係將代理人理論和管家理論鑲嵌於社會認知理論的「個人認知」面向中，特別是該理論中最爲核心的概念之一——自我調節（self-regulation）（Bandura, 1986）。申言之，本研究乃假定，組織中的成員會依據其所感受和觀察之外在環境，據以調節其角色定位認知和任事態度，繼而產生行爲傾向與反應；若其身處於一強調管理控制、由代理人理論發展出來的制度環境下，很可能便會因順服認知，而將自身定位爲一「代理人」角色，相反的，若其感受其所服務的組織，值得爲其付出，便可能便以「管家」角色爲自我要求。以下，依此論點，闡述兩項理論之主要概念。

一、代理人理論

　　委託人—代理人理論（principal-agent theory）或稱代理人理論（agency theory）乃從經濟學的角度，假定契約關係中的委託人（principal）和代理人（agent）雙方皆以追求效益極大化的自利行爲（self-serving utility-maximizing behavior）爲目標，各自亦會尋找以最少付出或投入贏得個人最大效益的選項，且代理人又具有資訊上的優勢，因而委託人難以確保代理人將依其意旨行事（Davis, Schoorman & Donaldson, 1997; Eisenhardt, 1989; Jensen & Meckling, 1976; Moe, 1984）；因此，代理人理論便旨在處理，在這樣的機會行爲下，將會產生委託人和代理人之間因爲目標不一致（goal incongruence）或目標分歧（goal divergence），以及資訊不對稱（information asymmetry）所衍生的衝突，以及如何透過誘因或監督（monitoring）與控制（control）之措施或手段，藉以降低代理成本

（agency costs）的問題（Barney & Hesterly, 1996; Bouillon et al., 2006; Eisenhardt, 1989; Hernandez, 2012; Jensen & Meckling, 1976; Marvel & Marvel, 2009; Ross, 1973; Rothschild & Stiglitz, 1976）。

事實上，代理人之所以願意受委託人之委託，乃是其判斷藉由承擔此一委託責任的機會，代理人自身可以獲取其他所欲追求的效益（Davis, Schoorman & Donaldson, 1997），在此過程中，代理人會企圖以減少投入的方式以獲取個人效益的極大化（Bouillon et al., 2006），甚至可能不惜犧牲他人或集體的利益（Hernandez, 2012）。蓋代理成本的產生，乃是由於委託人認定代理人將利用受託的機會，以委託人的利益為代價，牟取代理人自身的最大效益，然而，委託人卻無法於事前（ex ante）得知代理人是否過度誇大或膨脹其能力或忠誠，而使得委託人必須謹慎設計機制，以將其可能的效益損失降至最低（Davis, Schoorman & Donaldson, 1997; Eisenhardt, 1989; Jensen & Meckling, 1976）。為使代理人產生順服行為（behavioral compliance）或管理代理人對於自身利益的追求，委託人會採取像是績效獎金（pay for performance）之獎勵機制，或是管理控制制度據以管控其行動（Barney & Hesterly, 1996; Bouillon et al., 2006; Davis, Schoorman & Donaldson, 1997; Eisenhardt, 1989; Hernandez, 2012; Moe, 1984），來確保委託人和代理人之間利益的一致性。因此，代理人理論的宗旨便是在討論，如何透過控制機制的設計，使代理人的自利行為得以受到規範，以降低委託人所需承擔的代理成本，而形成一個「先委任（delegation）、後控制」的兩階段關係（Davis, Schoorman & Donaldson, 1997）。

此外，在委託—代理關係之中，可能存在三種可能的風險：一是道德風險（moral hazard），即委託人的利益乃立基於代理人的行為與道德自律，而這些都是委託人無法觀察得到的；二是逆向選擇（adverse selection），即代理人的一些潛在或受隱藏的特質，乃在契約訂立之初無法得知，而可能使得委託人做了錯誤的選擇以致所託非人；三是績效評估的不對稱性（asymmetric performance evaluation），即代理人可能刻意隱藏部分不利的績效訊息，而使委託人無法察覺或甚至做出錯誤決定

（Marvel & Marvel, 2009）。因此，將代理人理論運用至組織管理時，若欲降低代理人間的風險分攤（risk sharing）的企圖，組織管理者必會發展出管理控制制度（management control system），藉以掌握代理人的行動，此時唯有使控制制度或績效措施能夠直接掌握代理人的個別行動才有可能，否則，當績效措施僅能針對多元代理人的集合結果（joint outcome）時，代理人間的風險分攤念頭便會升高；另一方面，當控制制度或績效措施的增加，並不會同時提升組織的效益或價值時，代理人便會出現測量扭曲（measurement distortion）的現象；因此，代理人理論傾向使用契約或其他控制方式，俾以降低代理人的風險分攤和測量扭曲的情形（Bouillon et al., 2006）。

是以，學者曾謂，由代理人理論所發展出來的觀點，便是一套控制途徑（Deckop, Mangel & Cirka, 1999）。而當這樣的思維邏輯，應用在公部門時，基於代理人理論所發展出來的誘因或控制制度，也確實對公部門組織成員之行為態度產生影響（Park, 2010）。

二、管家理論

相較於代理人理論從經濟學角度看待委託人與受託者之間的關係，管家理論（stewardship theory）則偏向由社會學與心理學角度，主張受託者或管理者並不必然全受其個人私利所影響和驅動，相反的，可能會認為其利益乃與委託人相一致，而願扮演「管家」（stewards）的角色，以委託人的利益為己身最大的驅動力量，且組織成員亦會從組織的長期效益做思考，傾向關注他人的社會性行為（other-focused prosocial behavior），而非講求短期、自利的機會行為（Davis, Schoorman & Donaldson, 1997; Hernandez, 2012）。因此，學者Hernandez（2012: 174）便將「管家精神」（stewardship）之概念定義為，「個人願意抑制其個人利益以保障他人長期福祉的程度」；因此，管家精神乃是一種期望對他人產生正面效果的社會性行動（prosocial action）。

蓋管家理論者主張，管家們相信他們的利益乃與組織相一致，

因此管家的利益與效益乃受組織目標所驅使，而非個人目標（Davis, Schoorman & Donaldson, 1997），而且當組織內的受託者認知到，相較於一味強調個人或自利的行為，他／她反而能透過組織績效的極大化，得以進一步使其獲得更大的滿足或效益時，便可能不會一直追求個人的機會行為（Bouillon et al., 2006），此時，受託者便會將組織性（pro-organizational）、集體主義性（collectivistic）行為視為較個人主義和自利行為更具價值（Davis, Schoorman & Donaldson, 1997）。

故，相應於代理人觀點，管家理論同樣從成本和誘因的角度來思考組織內受託者的行動。管家理論認為，組織成員的行為乃是受到「價值性目標」（valued cause）所驅動，並由此假定當受託者志願性地表現出與組織目標相一致的行為時，其所需付出的順服行為成本（順服於監督與誘因機制）將會降低，因此，在某些情況下，組織性或集體主義性行為，會較個人主義或自利行為能帶來更高的個人效益，因而寧願犧牲個人短期的私人利益，以追求長期、集體的目標（Bouillon et al., 2006; Hernandez, 2012）。因此，當受託者或管理者選擇作為一位「管家」時，他們會賦予合作（內在誘因）更高的價值，而非自利（外在誘因），因而會透過組織支持性行為獲得更高的個人效益，而非個人、機會主義或自利行為（Bouillon et al., 2006）。

是以，基於管家理論而發展的組織，並不會將員工視為達成組織目標的工具，相反地，員工乃受組織所信任以確保集體的價值性目標，也因此，組織成員多會呈現組織性行為（pro-organizational behavior），重視組織或利害關係人的集體利益（Hernandez, 2012）。在此類組織中，由於相信管家的行為不會超脫組織的利益（Davis, Schoorman & Donaldson, 1997），管理者因而著重於組織內以關係為核心的協力建立（relationship-centered collaboration），以期形成組織性、具信任感的組織行為，從而組織成員與其組織之間，發展出一種盟約關係（covenantal relationship），而此盟約關係代表著一種道德承諾，維繫著雙方朝向共同利益而非傷害彼此，也因此形成一種默會的社會契約（social contract），昭示著彼此雙方的相互責任，在這種盟約關係下，彼此間具有「以承諾為基礎的互惠協

議」（reciprocal promise-based agreement），並據以凸顯組織成員認知到他們具有保護和追求利害關係人利益的受託責任（fiduciary obligations）（Hernandez, 2012）。

　　由於管家理論乃沿襲Argyris的「自我實現人」（self-actualizing man）的觀點（轉引自Davis, Schoorman & Donaldson, 1997），因此認為在組織管理的制度設計上，若能朝向以激發組織成員的忠誠、組織認同或榮耀感為方向，不僅可以是更佳的激勵工具，更可降低代理成本（Bouillon et al., 2006）。且管家理論認為，「管家」的利益能否極大化乃取決於組織的整體績效，因而管家便會展現「以組織為核心」的行為（Davis, Schoorman & Donaldson, 1997）；且受託者因為更看重組織內的合作甚於自利行為，因而會志願性地展現合作或組織性行為（Bouillon et al., 2006; Davis, Schoorman & Donaldson, 1997）。所以，如何避免因不當的組織制度設計，而傷害了組織成員的集體價值感，甚至降低其志願性合作意願，乃是管家理論所側重之處。

　　蓋管家理論假定當組織內的管理者或受託者表現得如同「管家」一般時，則不僅會為組織的集體目標而努力，更可從中獲得工作滿足感（Bouillon et al., 2006），且管理者或受託者的滿足感和組織的成功之間具有強烈關係（Bouillon et al., 2006; Davis, Schoorman & Donaldson, 1997），遂主張若以過於嚴厲或苛刻的誘因設計於夥伴關係中，將有害於管家理論中的核心因素——信任（Marvel & Marvel, 2009）；故進一步認為，控制機制可能會損害了受託者的組織性行為並降低其工作動機，進而可能對組織的績效產生傷害，因此管家理論的重點便在於建構一種強調協助與授能的組織結構，而非監測與控制型組織（Davis, Schoorman & Donaldson, 1997）。

　　在管家理論的概念下，組織的管理應著重於賦予成員自主性和責任感，因此認為，過多的控制機制不僅沒必要，更有可能造成有損於組織利益的反效果（Hernandez, 2012）。換句話說，管家理論者認為，管家或受託者的績效乃是取決於其所處組織的「結構情境」（structural situation）是否支持其有效行為（effective action）；亦即，若受託者所身處的組

織環境，乃是基於管家理論的觀點所建構，強調授能型治理結構與機制（empowering governance structures and mechanisms），則當可與「管家型」受託者之行為相符，且進一步驅動其組織性行為（Davis, Schoorman & Donaldson, 1997）。

例如，Hernandez（2012）基本上主張組織成員的管家行為是可以被形塑的，繼而從「結構因素」、「心理因素」、「中介因素」和「結果」四大面向，建構管家行為的前導因素（antecedents）；首先，透過結構因素中的控制系統和獎酬系統，一方面藉由「共享領導機制」（shared leadership practices），建立以關係為核心的協力關係，以及倡議組織成員對於組織成果的集體責任，另一方面激發員工價值導向的內在誘因，以及透過員工發展培育成員的自我效能感和自我決定感（self-determination）；其次，藉由心理因素中的「認知機制」（cognitive mechanisms），發展員工的「他人關懷」觀點（other-regarding perspective）及長期取向（long-term orientation），以及藉由相互性的社會交換所建立的情感性承諾（affective commitment）之「情感機制」（affective mechanisms）；復次，進而透過關注他人、組織或利害關係人的「心理上的所有權」（psychological ownership）的中介，進而產生「管家行為」（stewardship behavior）之最終結果。此外，此一經由環境／組織結構，進而影響組織成員認知，以及其行為的連續性過程，亦將形成一回饋圈，進而影響下一階段的組織結構因素，形成一正向循環（Hernandez, 2012）。而這樣的觀點正與前述社會認知理論不謀而合。

但是，必須強調的是，組織環境或制度設計的塑造，仍然取決於上位者或所謂的委託人，其心中對於受託者的假定傾向。簡單的說，具風險規避取向（risk averse）的委託人便會強調受託者的自利行為，而傾向以代理人理論觀點建立組織規則（Davis, Schoorman & Donaldson, 1997）；亦即當受託者可能會表現出對於組織目標的認同與一致性，可是若委託人或上位者卻假定受託者會有自利行為時，便會選擇代理觀點的管理控制機制來限制和監督受託者的行為，此時，此一控制機制將會明顯地損害了受託者的組織性管家行為，並且認為被委託者背叛（Bouillon et al., 2006）。是

以，管家理論者認為，過於強調代理觀點下的管理控制機制，不僅會不利於組織的績效表現，也會降低受託者的合作意願（Bouillon et al., 2006）。

申言之，組織於管理哲學上的選擇，即係採代理人或是管家關係，乃取決於委託人和上位者的傾向；亦即，組織若採「控制取向」的管理哲學，則會傾向選擇代理人關係，而當組織採取「參與導向」的管理哲學，則傾向產生管家理論的關係（Davis, Schoorman & Donaldson, 1997）。當然，組織內的受託者或管理者同樣也可以選擇做一位追求自利的代理人或是一位認同組織的管家；當受託者志願性地認同或接受組織的策略目標，則不僅委託人和受託者間的目標一致性會提升，組織的績效也會提升；但相對地，若受託者並不認同或接受組織的策略目標，則委託人便會選擇運用管理控制制度來限制代理人的行動，以降低因為多元而分歧的代理人利益而導致組織效益的損失（Bouillon et al., 2006）。

從管家理論者的角度來看，公部門組織並不適宜採用代理人觀點的控制途徑。例如，Bundt（2000）便認為，以將受託者視為自利且逃避責任的代理人觀點來看待公部門組織成員，是不適當的，且進一步主張，在公部門中，若委託人認為受託者乃是一位「代理人」而非「管家」的話，則「委託—管家關係」（principal-steward relationship）將因信任關係的崩解，而將不存在。此外，學者亦認為，在越是不穩定或不確定的環境中，採取參與式管理途徑較具效果，相反地，在越是穩定的環境中，則最好選擇控制式的管理途徑；但是若是在充滿不確定性或風險的環境中，卻選擇控制途徑的管理作為的話，管理者越是害怕遭受風險，便會採用更多的控制手段企圖降低風險，而形成不斷加重控制力道的惡性循環（Davis, Schoorman & Donaldson, 1997）。因此，在面臨政治環境不確定、目標模糊且衝突的公部門組織中，似乎應採管家理論之參與式管理途徑，而非代理人理論之控制途徑。

基於對管家理論的主張，學者曾針對代理人理論和管家理論之主要論點進行比較，並為此二項理論做出明顯區隔（見表2-1）（Davis, Schoorman & Donaldson, 1997）。如同表2-1所示，代理人理論乃強調受託者或組織成員係追求自我利益的理性人，對組織具低度的價值承諾，因

表2-1　代理人與管家理論之比較

	代理人理論	管家理論
行為模式	理性人 自我利益	自我實現人 集體利益
心理機制		
動機	低階需求 （生理、安全、經濟需求）	高階需求 （成長、成就、自我實現）
動機定位	外在	內在
社會參照	其他管理者	委託人
認同感	低價值承諾	高價值承諾
權力	制度性的 （合法、強制、獎酬）	個人性的 （專家、參照性）
情境機制		
管理哲學	控制導向	參與導向
風險傾向／態度	控制機制	信任
時間架構	短期	長期
目標	成本控制	績效增進
文化差異	個人主義－高權力距離	集體主義－低權力距離

資料來源：Davis, Schoorman & Donaldson（1997: 37）；Marvel & Marvel（2009: 187）。

此，委託人或上位者傾向採控制導向之管理哲學，強調管理上的控制機制，因而形塑出一種高權力距離的組織文化。相對於此，管家理論則假定組織成員或受託者為追求自我實現者，且重視組織的集體利益，其參照價值與委託人一致，對委託人和組織表現高度價值承諾，因此，委託人或上位者會傾向採取參與導向的管理哲學，強調彼此間的信任關係，追求長期的合作，也因此能形塑出一個低權力距離的組織文化。

　　從以上的論述和比較可以得知，組織當中的管理制度，乃取決於該組織的上位者或委託人對於組織成員所可能表現的行為之假定，以及從而發展出的管理哲學；亦即，越是傾向假定組織成員乃追求自利之行為者，則越可能選擇代理人觀點，發展設計強調管理控制之制度，相對的，越是傾向假定組織成員乃是追求組織集體利益的「管家」，便越可能採取管家理論的觀點，設計出著重參與、授能、自主的組織制度。同樣，組織成員

亦可能感受到組織的管理文化或氛圍，透過「自我調節」，選擇作為一位「代理人」或是「管家」，並從而展現出其任事態度，以回應組織所形塑出的制度環境。

第五節　政府績效管理制度下的「行為反應與傾向」

本節主要係結合社會認知理論中「行為面向」之概念，與績效管理與評核制度研究中，經常關注的幾個重要制度結果與官僚績效行為反應。故以下茲由績效要求外行為、績效資訊運用、責難規避，及績效管理形式化等面向，予以討論和闡述。

一、績效要求外行為

績效要求外行為乃引伸自角色外行為（extra-role behavior）之概念，而角色外行為則源自社會性行為（prosocial behavior）之一支（Brief & Motowidlo, 1986）。簡單的說，組織成員順從機關規定所表現出來的行為表徵，即為所謂的角色內行為（in-role behavior），相對地，組織成員的行為表現乃超脫組織之規範或期待者，便為角色外行為（Pearce & Gregersen, 1991）。申言之，角色外行為係描述組織成員表現出超越特定角色要求（role requirements）之行為，例如採取必要行動保護組織免於非預期危機之傷害、對組織提供改善建言、自我要求以為承擔更高的組織責任而做準備等，亦即指涉那些行為已超越正式和特定的角色要求，亦非在工作內容中，對個人提出必須做到的指定或要求（Brief & Motowidlo, 1986）。

角色外行為研究之發展，與組織行為及社會心理學者對於員工態度與績效間關聯性的興趣有關（Pearce & Gregersen, 1991）。誠如學者所言，組織成員之社會責任感乃與其角色外行為息息相關（Witt & Silver, 1994）；亦即若是組織成員認知到他／她對於組織、同事、服務對象負有責任（felt responsibility）的感受越強烈，越可能驅動其角色外行為

（Pearce & Gregersen, 1991），在工作上因而願意做出額外的付出或貢獻，或是自願承擔額外的責任與任務（Brief & Motowidlo, 1986）。這樣的角色外行為若延伸至組織績效有關的面向，便形成所謂的績效要求外行為。

績效要求外行為即組織成員所表現出的行為，乃超越機關組織在工作上之要求，甚至這些行為表現即便未必能在考績制度上獲得加分效果（credit）（Blader & Tyler, 2009），但組織成員仍自願為之，甚至甘之如飴。學者們發現，若組織成員對於組織的社會認同度（social identity）越高，越願意參與組織的團體行為，因此也越容易產生利他性互助，亦也越有可能展現出角色外行為，而此角色外行為不僅包含傳統所認知的組織公民行為，更包括了超越組織在績效表現期待或要求之外的行為（Blader & Tyler, 2009）。

基於此些概念，本研究更關心的是，機關中所採取的管理途徑，即代理人觀點或是管家觀點，是否可能影響組織成員的績效要求外行為？Schepers與其同僚（2012）曾針對企業第一線服務人員為對象進行研究探討，在組織管理上，究竟應採僅掌握原則，而授權和鼓勵服務人員將顧客的問題視為自己的問題，且在乎顧客的整體利益之「顧客管家模式」（customer stewardship control），抑或抱持傳統重視控制和程序途徑的「代理控制模式」（agency control），何種模式較佳？以及，在不同管理模式下，對於第一線服務人員的角色內行為（in-role behaviors）與角色外行為（extra-role behaviors）是否產生不同影響？該研究發現，採取顧客管家的管理模式，確實可以同時對第一線服務人員的角色內與角色外行為產生正面效果，而代理控制模式卻僅能提高服務人員的角色內行為，而且，若組織內同時採用前述兩種管理模式，代理控制模式的存在，會同時削弱顧客管家模式對於角色內及角色外兩種行為的正面影響（Schepers et al, 2012）。是以，由管家理論發展出來的管理途徑，似乎較有可能驅動組織成員的角色外、甚至是績效要求外之行為；惟於公部門領域中，尚缺相關實證經驗之佐證。

二、績效資訊運用

學者Van Dooren（2008）曾言，「如果我們想瞭解績效管理運動究竟是成功或是失敗，那我們非得先針對績效資訊的運用進行研究」。易言之，績效資訊的運用（performance information use）不僅已成為政府績效管理運動的核心問題，更是據以判斷績效管理制度改革成功與否的具體指標（Moynihan & Lavertu, 2012）。誠哉斯言，在績效管理與評核的制度背後，其實隱含了一項邏輯，亦即當組織所得績效資料越嚴謹紮實，越能被理性官僚運用於決策過程中，以彰顯政府決策之客觀性及負責任的態度（Taylor, 2011）。準此，當吾人期望瞭解某一機關是否將績效管理文化落實並深植於組織之中，抑或僅是將之視為一種「行禮如儀」的形式，那麼，吾人當可從該機關是否積極並妥適運用其所得績效資訊，做為一項有力的檢視判準。

若從美國推動績效管理改革之經驗來看，學者們曾認為，「政府績效與成果法」（GPRA）乃是美國政府歷史上延續最久的一項績效管理與預算改革制度（Aristigueta & Zarook, 2011），且歐巴馬政府於2010年所通過的GPRA現代化法，要求聯邦機關由年度性績效報告改為每季呈報和更新，乃較之前GPRA和「計畫評估評等工具」（PART）更為強調績效資訊的運用（Moynihan & Lavertu, 2012）。然而，不僅不少學者曾撰文分析或質疑近二十年來的績效管理改革之實際成效（Thompson, 2000），學者們更經實證研究發現，即便是要求公共管理者參與並投入於GPRA和PART的作業過程中，亦無法明顯促使其績效資訊運用行為，而僅有限度地表現在績效指標和目標的修正調整等消極性使用上，因而顯得績效管理改革欲振乏力（Moynihan & Lavertu, 2012），以致於歸結出「雖然定期地蒐集並彙整績效相關資料會是個有用的工具，但它卻未必能確保施政績效與管理的提升」（Newcomer, 2007），如是的觀點。

學者Moynihan與Lavertu（2012）指出，政府績效資訊的運用可有四種目的：1.積極性或符合目的之運用（purposeful performance information use）：係指透過績效資訊的運用藉以提升組織的效率與效能，例如將

績效資訊運用於施政計畫管理、問題解決或人員管理；2.消極性運用（passive performance information use）：即僅求符合績效制度程序性要求的最低程度，但非實質「運用」績效資訊，例如依程序要求或作業規定定期修訂指標或目標；3.扭曲性運用（perverse performance information use）：即不當或「巧妙性」的運用績效資訊，而對實質的目標達成無益，例如目標錯置或柿子挑軟的吃；4.政治性運用（political performance information use）：在爲謀求某種合法性或資源情況下而使用績效資訊。當然，最符合期待者，無非是第一種類型的績效資訊運用，而第二種類型的運用模式僅是相關制度的最低標準，至於第三、四類型的績效資訊運用方式，則不僅無助於政府實質績效的改善和提升，更可能斲傷了人民與社會大衆對於政府績效資訊的信任程度。

　　事實上，機關組織所面臨的環境與利害關係人壓力，會促使機關成員於績效資訊的運用（Moynihan & Hawes, 2012）。但是，從官僚政治的角度來看，由於受到績效資訊與生俱來的模糊特性及政治過程中重要角色的影響，績效資訊常被用以選擇性地詮釋來服務政治目的（Taylor, 2011）；不僅如此，學者亦曾直指，對於期望藉由績效管理和績效資訊的產生，而獲致的多方利害關係人獲利，是種美好想像，因為對行政機關而言，「績效」需要「詮釋空間」（interpretive spaces），因此，越多的績效資訊並無法解決模糊性的問題（Bouckaert & Halligan, 2008），而爲避免績效資訊的不運用或不當使用，可能的解決途徑乃是「對話」（dialogue）（Bouckaert & Halligan, 2008）。因此，Moynihan（2008）曾針對政府績效資訊運用的現象，提出其所謂「互動對話理論」（interactive dialogue），並認爲政府部門在績效資訊的蒐集和使用，乃是一種社會互動（social interaction），因為績效資訊本身充滿了模糊性、主觀性、不完全性，而機關所身處的系絡、機關間的從屬關係、甚至主管或員工的個人信念等，都會影響其對績效資訊的運用程度與方式，而與傳統的理性觀點完全不同。然而，在其晚近與同僚的研究中亦指出，就績效管理制度相關改革的實際運作來看，不僅未能實現原本倡議者的期待，更出現與其相反的結果，例如目標錯置或投機取巧（gaming）的現象（Moynihan &

Hawes, 2012）。

　　由此，吾人或可發現一個極爲弔詭的現象，即是在政府行政績效改革的預設邏輯上，無非是期望藉由績效管理與評核制度的改革，強化當中的機關管理作爲，以及運用所得之績效資訊提升管理和決策品質，以此回應外部監督機關和利害關係人的課責壓力；然而，這樣試圖以嚴格的由上而下及「一體適用」（one-size-fits-all）途徑所推動的績效管理改革，不僅限縮了機關的彈性與調適空間（Long & Franklin, 2004），且犯了以宏觀架構企圖解決組織層次管理問題的錯誤，以致於最上位所欲達成的改革目標，如降低行政成本、改革行政體系等，皆未達成（Thompson, 2000），甚至在制度發展過程中，來自行政和審計機關的績效指標越來越具體，越少空間授予行政機關施展，以致更難獲得實際成效（Bouckaert & Halligan, 2008），而績效評核過程所產生的績效資訊甚少受到有系統、有方針地運用（Long & Franklin, 2004），最後卻反而期望藉由「互動對話」（interactive dialogue）（Moynihan, 2008），來創造績效資訊運用的模糊空間，並解決政府機關目標模糊性的問題。

　　從這整體現象中跳脫出來省思，不禁讓吾人思索，是否近二十年來，各國政府績效管理改革的發展，便是立足在一個錯誤的前提假定和管理哲學之上？以致於最終迫使吾人必須去尋找那個「創造性模糊」來予以「自我解套」？是以，吾人或可從行政機關於績效資訊之運用程度，來觀察公部門組織是否使用？及如何使用這些需要耗費龐大成本後方能取得之績效資訊？

三、責難規避

　　長久以來，媒體輿論或社會大眾對於政府部門或大型機構，常會有種對於自我權益損失、利益侵害、或機關負面訊息的關注或責難程度，在無形中放大，而遠高過於對這些機關或部門的正面訊息、或是由這些機關獲得利益後的肯定或讚美意願，形成一種普遍的「負面偏見」（negativity bias）現象，因而也造成公眾或政治人物，以及政府機關多有「責難規

避」（blame avoidance）的行為傾向（Charbonneau & Bellavance, 2012; Weaver, 1986）；同樣的，公共組織管理者為了避免一時失言或行為失當，而成為鎂光燈下遭受責難與攻訐的對象，也會有類似的責難規避行為（Moynihan, 2012）。對政治人物而言，規避究責的主要原因乃在於，避免因為外界的批評指責以及媒體持續性的負面報導而傷害了自身的形象，進而斷送了下次勝選的機會；對公共管理者而言，規避究責乃是為了避免損害自身機關的運作自主性，以及傷害了未來的升官之路（Nielsen & Baekgaard, 2013）。

在公部門的課責體系中，因為同樣有著究責的環節，因而也促使公共管理者產生規避責難的策略行為（Moynihan, 2012）。學者們曾提出責難規避的三種主要策略（Charbonneau & Bellavance, 2012; Hood, 2011），包括：1.資訊呈現策略（presentational strategy）：即編造逃離風暴的路徑；2.代理策略（agency strategy）：找出代罪羔羊；3.政策策略（policy strategy）：避免提出可遭議論的評判以標的出失利者。其中，政府機關最常使用的便是資訊呈現策略，其戰術有四：保持低調（keeping a low profile）、設法轉換主題（changing the subject）、贏得論述（winning the argument），和劃清界線（drawing a line）（Hood, 2011）。此外，Moynihan（2012）也指出，在新公共管理改革趨勢下，採行政治決定／政策決策者與服務輸送者間結構切割的型態，企圖讓這些決策者利用「授權」的空間而迴避政治風險，不僅形成了Heinrich、Lynn和Milward（2010）所謂的「代理人國」（a state of agents），也成為了另一種常見的「代理策略」。

政治人物和公共管理者不僅會有責難規避的行為，同時也會有將施政的成就歸諸於自身的能力和努力的「功勞宣稱」（credit claiming）的行為（Nielsen & Baekgaard, 2013）；而搭配上不同的責難規避策略，便形成了一種所謂的「責難賽局」（blame game）（Hood, 2011）。

在責難規避的相關研究上，除了純就其策略性規避行為之分析外，另學者們目前多從責難規避與後續結果間的動態關係進行探討。例如，學者藉由針對加拿大魁北克省的績效評核制度之研究，從中發現，即便是在

未有充分績效誘因、不會有負面後果、未必全然資訊透明的績效評核體制下，績效表現不佳的城市仍然會企圖運用非財務性指標，爲其施政不力來尋找辯護與詮釋的空間與說法，並利用績效報告的呈現策略俾以達到責難規避的效果（Charbonneau & Bellavance, 2012）。另方面，學者們亦嘗試結合責難規避理論於預算分配行爲之應用，試圖重新檢證績效預算理論的合適性。例如，依照責難規避理論，績效佳與績效普通的施政，在大眾的負面偏見情結下，通常不會受到太多關注與注意（Hood, 2011）；可是學者們卻發現，績效表現良好的機關或計畫，常常也被媒體與大眾關切其當中是否有醜聞、弊案、抱怨，或是何時茶壺風暴的火災警鈴（fire alarm）會響起，而形成一種控制或逼迫官僚體系順服的手段，以致於政治人物與公共管理者不得不投注更多資源在這些表現良好的機關或計畫上（Hood, 2011, Nielsen & Baekgaard, 2013）。但另一方面，Nielsen和Baekgaard（2013）在使丹麥的市議員參考過行政機關的績效資訊後，透過準實驗設計發現，從責難規避的策略來看，民選首長常會企圖起身反對績效不彰的施政計畫，藉以避免外界將施政不佳的責任歸咎於自己身上，同時順帶將責任推卸給官僚；但有時這樣的策略並不一定會成功，因爲在現實中，政治人物常無法自績效不彰的施政中脫身，且刻意企圖脫身，也反而給人落井下石、無意於積極改善施政之感；故有時政治人物或民選首長反而會對績效不彰的計畫挹注更多的經費，以彰顯其拯救施政的努力與決心，企圖塑造正面形象，因而歸納出與績效預算制度觀點有所不同之結論，亦即政治人物在責難規避的想法下，會願意對績效良好及績效不佳的機關挹注更多的預算，但對績效表現普通的機關則有降低預算的念頭。

　　儘管上述的研究試圖結合責難規避、績效資訊運用及績效預算等概念，嘗試延伸責難規避理論的應用範圍。然，基於「責難規避乃是瞭解官僚行爲的核心」這樣的觀點（Nielsen & Baekgaard, 2013），吾人仍不清楚造成官僚體系產生責難規避行爲之更爲深層的結構性因素，同時亦缺乏實證性的研究予以驗證，因而也留下了進行進一步探討的研究空隙。

四、績效管理形式化

前已述及，學者們曾指陳我國公部門之績效管理與評核制度已有流於形式之現象（張四明，2003；2008；張四明、施能傑、胡龍騰，2013）。而此一現象或許可從兩個層面來觀察，一是績效管理與評核制度僅徒具形式，而無法展現其應有功能；另一是機關中為服膺績效評核制度，從而衍生更多的行政規則和文書作業，形成績效官樣文章。

針對自八〇年代以來依循新公共管理風潮而來的績效管理改革，學者早已批評，這僅不過是一種「課責要求越高越能帶來更好績效結果」的華麗辭藻，以及絲毫禁不起挑戰的美好想像（Dubnick, 2005: 378）。論者從紐西蘭政府機關的經驗據以檢視，發現多數機關之所以採行績效評核制度之主要目的，乃在於檢核和確認下屬機關的順從和配合程度（Ryan, 2011）；甚而認為，績效管理與評核制度的導入，不僅未能實現當初制度設計者所說的透過鬆綁以達管理彈性（freedom to manage）的目的，實際上卻反其道而行地在各機關中創造了新的控制牢籠（iron cage of control）（Gill, 2011: 403）。

在許多採行績效管理改革的政府機關中，從其績效報告中便可看出，人民所在意的實質施政結果並未受到重視，相反的，過程型和產出型指標充斥於績效評核系統中，使其流為僅是「計數」的一套制度（Lonti & Gregory, 2007），似乎完全無見於學者們對於這些績效資訊，究竟是「績效版本之一？還是真實的績效？」的質疑（Boyne et al., 2002: 695）。是以，在這樣的績效行為之下，績效評核制度在政府部門的推行，往往帶來組織的行為僵化（ossification），以及僅徒有象徵性意義，只為回應政治性要求或壓力，卻無法產生實質效益的形式化結果（Hvidman & Andersen, 2014; van Thiel & Leeuw, 2002）。

由於許多政府機關採行績效評核制度之主要目的在於遂行內部控制，而非為了政策績效獲管理上的改善（Ryan, 2011），以致於實際可以看到的結果是，績效管理的推動，為達成前述強化控制的目的，無形中滋生了更多的行政規則與官樣文章（Stazyk & Goerdel, 2011），甚至，績效評

核制度本身便被視為官僚體系中的一種官樣文章（Bouckaert & Halligan, 2008）。

　　誠如學者所言，講求由上而下的推動方式及一體適用、欠缺彈性的要求形式，常是扼殺績效管理與評核制度的主要兇手（Long & Franklin, 2004）。多數機關首長或主管心中仍抱持代理人理論之觀點，傾向以管理控制途徑來約束下屬，促其順服，當一項管理規定失靈時，便會再次構思新的規範，周而復始下，自然衍生出更多的規則和官樣文章，終致機關變成規則導向（rule-based）組織，並使組織成員深陷其中，不僅無助且有損於組織績效（Pandey, Coursey & Moynihan, 2007）。職是之故，政府組織當中是否因強調管理控制取向之績效管理與評核制度的引進，反而增生了許多官樣文章，導致組織不僅未能提升績效，反而迫使組織成員順從於這些繁文縟節當中，戕傷其任事態度，顯為另一項重要且值得關心的觀察面向。

第六節　小　結

　　基於以上的文獻爬梳與討論，本研究主要試圖從理論角度，重新檢視並省思造成當前政府績效管理與評核制度淪為形式主義，並且僅講求責難規避的績效資訊運用等反功能（dysfunction）現象，及其當中深層的結構性問題。立基於前文所討論的學理觀點，本研究從而推論，當前於政府績效管理與評核制度實施上所面臨的困境現象，乃根源於最初制度設計者所抱持的人性假定（如代理人理論之自利性代理人觀點）和管理哲學（崇尚管理控制手段），從而又在制度推行過程中，政府機關人員為順應這樣的制度設計與安排，在「自我調節」下所呈現的任事態度和行為反應（「選擇」作為一位「代理人」），及其衍生之制度結果（淪為形式主義和責難規避）。其概念間關係如圖2-2所示。

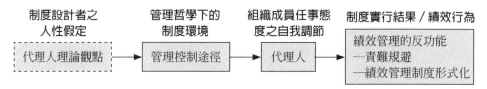

圖2-2　代理人理論觀點下之績效管理改革結果

　　相對地，本研究亦懷疑，若制度設計時，較能偏向管家理論之人性假定，及強調授能和成果導向的管理哲學，則行政機關之人員是否亦會傾向選擇扮演一位「管家」或忠僕的角色與任事傾向，而使績效管理改革的實行結果能較為貼近其原本的期待，形成如圖2-3所示的情況。

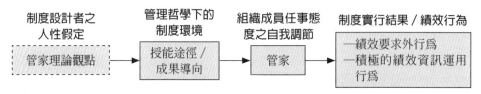

圖2-3　管家理論觀點下之績效管理改革預期結果

　　當然，在現實世界中，制度的實行未必呈現線性的演化，或許可能產生動態的變化效果，例如雖然制度乃由代理人觀點設計出發，但組織成員仍以管家自持，而仍產生符合績效管理期待的行為與結果（如圖2-4之路徑一）；或是從管家理論發展而出的制度，卻仍促使組織成員選擇扮演一位代理人，而同樣導致績效管理的反功能效果（如圖2-4之路徑二）。而是否真存有這樣動態的可能，實有待透過實地的研究來驗證。

　　必須特別強調的是，前述僅乃基於理論文獻所做的**概念性推論**，主要在於說明本研究的思考理路；惟若要將之落實於實證研究中，仍需適度的簡化與調整。是以，本研究的研究架構和研究設計，將於下一章中做完整說明和介紹。

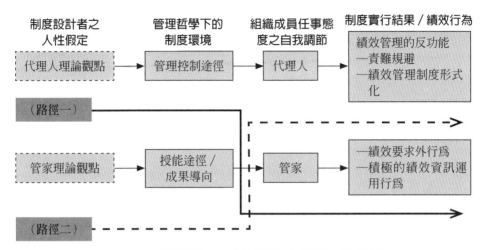

圖2-4　動態世界中績效管理改革的可能路徑

第三章 研究設計

　　基於前述的研究目的、所欲回答之研究問題，以及所採取的理論觀點，本章主要在於介紹與說明本書的研究架構，及所運用的研究方法。本研究所採取的資料蒐集與測量方式，將一併於第二節中予以說明。

第一節　研究架構

　　如前所述，本研究期望結合社會認知理論、管家理論（相對於代理人理論），以及政府績效管理與評核等學理，嘗試從不同的理論思維和角度，重新理解並檢視當前我國政府績效管理制度推行之現況，以及思索形成當前現況之原因；同時也希冀以此途徑來與國內外績效管理學界對話。

　　基此，本研究之概念架構如圖3-1所示。在此架構中，主要依循社會認知理論之環境、個人認知，及行為反應與傾向等三個主要元素所構築而成（Bandura, 1986）。當中於「環境面向」，乃包含兩大次構面：即1.政府機關所面臨之外部政治環境、目標模糊性、目標衝突性等公部門特質；與2.機關內部在管理制度下所形塑出來的內部官僚控制、授能與自主、或是成果導向績效文化等管理氛圍，以及在制度環境中所能感受到的績效制度運作的有效性及官樣文章，此些皆為績效管理與績效資訊運用研究中，視為重要之環境因素。

　　再者，在「個人認知面向」，主要包括公部門組織成員對自我工作的社會影響性認知，及其自身的公共服務動機，再加上自我效能感及管家理論中的管家精神（stewardship）之認知，並結合社會認知理論中的核心概念——自我調節機制（self-regulation mechanism），試圖去檢證公部門組織成員是否可能藉由其自身的自我效能感，在感受到其所面對的制度環境條件後，綜合自身的服務認知，而在管家精神與任事態度上，做出調節

（亦即提高其管家態度、或是反向走往代理人），形成一調節機制，以回應制度的規範或要求。

最後，在「績效行為反應與傾向」中，則納入績效要求外行為、積極性績效資訊運用、責難規避，及績效管理形式化等績效管理重要研究概念，做為最終的觀察變項，藉以瞭解公部門組織成員在經過前述的調節機制後，究竟會產生什麼樣的績效行為反應或傾向。[1]

基此，本研究認為，機關組織的管理途徑與內部制度環境必受到公部門特質及其所面臨之外部環境所影響，繼之，組織內部成員必然受其每日所面對的內部組織環境影響最深，而牽動其個人認知；而個人的任事態度亦將基於其所感受的內部組織環境、個人服務動機與自身工作社會影響性之判斷，經由對自身能力的體認，做出綜合性調適與任事態度的調節，亦即決定是否要做個稱職的、積極任事的管家？還是退縮以代理人自居就好？這當中，組織成員的自我效能感扮演著重要的中介角色。而這些任事態度的調節，亦將連帶影響組織成員的績效行為反應與傾向，例如是否志願付出績效要求之外的積極行為、積極地運用機關的績效資訊來為機關解決問題？或是退守為自掃門前雪的自利個人，只為規避責難不願承擔責任，以及任由組織的績效管理制度日益形式化而無妨？此外，依據社會認知理論，前述的績效行為反應與傾向，亦當可能受到組織成員所感受到組織內外部環境，以及個人心理認知與動機之影響。

是以，本研究希冀藉由這樣的概念架構，透過量化與質化的資料蒐集與分析，來理解公部門組織成員的認知、感受，以及檢驗前述的自我調節機制是否存在，是否確實經由這樣的調節機制，來對其所身處的制度環境做出行為反應；同時，藉以瞭解形成我國公部門組織於績效管理與評核制度實行現況之結構性原因。此外，也由於這樣的理論引用和概念建立（如：管家精神）在相關公共行政的研究中尚屬一種嘗試，因此本研究應定位為一探索性研究（exploratory research）。

---

[1] 本研究之所以採用「行為反應與傾向」概念來描繪此些變項，主要原因在於，本研究在後續量化資料的蒐集上，乃採取自陳式量表進行測量，並無法實際測量到受試者的「實際」行為，如行為「頻率」、「密度」等概念，因此乃以「行為反應與傾向」做為「實際行為」的替代測量。在此特別說明。

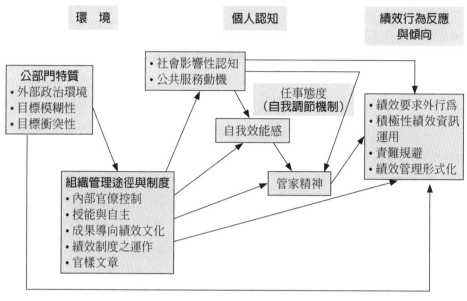

圖3-1 概念架構圖

第二節 研究方法

　　為回答前述之研究問題，本研究兼採量化與質化的多元方法途徑，採用問卷調查法、焦點團體座談法，及深度訪談法，做為本研究的主要研究方法，據以進行多角度之研究資料蒐集與分析。申言之，本研究希冀以郵寄問卷調查法所得資料與分析，做為瞭解公部門組織成員心理與態度認知之廣泛性基礎，繼而再以質化的焦點團體座談法及深度訪談法，進一步瞭解在普遍性現象下的系絡性因素。

　　在研究對象上，本研究主要是以我國各地方政府之正式與約聘僱人員為研究標的。之所以選擇地方政府組織成員做為研究對象之原因有二：其一，我國公部門之績效管理制度與做法，在中央政府層級，行政院所屬各機關之績效管理與評核制度，多年來受國家發展委員會之「行政院所屬各機關施政績效管理要點」統一規範，[2] 而有相同的作業規範與執行方式；

2　此要點目前已於民國104年5月22日停止適用。

但相較於此，在地方政府層級，雖然過去行政院研考會（國發會之前身）曾於民國91年1月10日依據行政院第257次研考業務協調會報之決議，鼓勵各直轄市與縣（市）政府參考前開要點之制度內涵與推動做法，據以導入績效管理制度，以提升施政效能（行政院研究發展考核委員會，2004）；不過，後因體察各地方政府於施政特性、自治範疇等面向上，與中央政府有其差異，行政院研考會之後便於99年9月29日發函，說明該會之「地方政府施政績效管理作業手冊」自即日停止適用，而請各直轄市與縣（市）政府衡諸地方自治權責與施政特性，自行訂定其適用之績效管理制度（黃榮源，2012）。而目前各縣市政府為回應審計部所提，應落實推動施政計畫績效評核制度之要求，及導正過往相關制度推行上之缺失，在績效管理的精神上，各自發展並強化其有關制度（胡龍騰、曾冠球、王文君，2013）。是以，相對於行政院所屬各機關有其一致性之規範性做法，在地方政府層級上，則是處於一種制度態樣多元發展之現狀；申言之，在此情況下，反而提供了本研究一個不同於中央政府之制度系絡，且又具有制度多樣性之絕佳探索場域和機會。

其二，選擇地方政府組織成員做為研究對象的另一主要原因在於，地方政府各局處多為第一線政策執行與服務輸送機關，許多地方政府同仁在每日之工作上，所能感受到對於社會大眾產生的影響、或是對來自民眾的期望和需求的感受程度，更高過於中央部會機關；再加上前述現行地方政府績效管理與評核制度的相對多元性，地方政府組織成員或許更有可能體認到為因應機關內外部環境，而就自身在任事態度上調節的動態，因而符合本研究的關懷宗旨。基此，本研究認為選擇地方政府組織成員做為研究對象，有其合適性與適當性。

承上所述，由於我國目前包含直轄市與縣（市）共有22個地方政府，且各直轄市與縣（市）政府之組織編制依其施政特性亦未必相同，而有其分殊性；為使研究所得資料與結果能具有焦點性意義，及兼顧後續量化與質化資料蒐集的可行性，本研究遂探立意取樣，聚焦於部分地方政府之局處機關及其人員，做為主要的研究對象。

為使前述立意取樣更具架構意涵，本研究乃參酌政府機關分類之

相關文獻，做爲取樣基礎。Brudney和Hebert（1987）曾將美國州政府機關分爲七類，包括：幕僚（staff）、人力資源（human resources）、自然資源與交通運輸（natural resources and transportation）、經濟發展與管制（economic development and regulation）、刑事司法（criminal justice）、獨立機關（independent），以及其他（other）。[3]而Bozeman和Ponomariov（2009）則將上述分類進一步精簡爲五類，即：幕僚與行政服務（staff and administrative services）、健康與社會服務（health and social services）、經濟發展與管制（economic development and regulation）、交通與自然資源（transport and natural resources），及刑事司法（criminal justice）。

　　基此，本研究便依據Bozeman和Ponomariov（2009）的分類架構，將「幕僚與行政服務」以外的四種類別，參酌各地方政府中主要、且共通性高的業務機關，在每一類當中擇定一個相對應的局處，做爲本研究取樣對象。申言之，本研究所選定的局處研究對象爲：1.健康與社會服務類：衛生局；2.經濟發展與管制類：工務或建設局／處；3.交通與自然資源類：環境保護局；4.刑事司法類：警察局。這四類局處，即衛生局、工務或建設局／處、環保局、警察局，雖然皆爲第一線服務性機關，但業務和人員特質殊異，且在績效評核重點和要求上各有其特殊性，亦鮮少併同在單一研究中同時觀察，故不僅能符合本研究之核心旨趣，亦深具研究價值。[4]

　　在確定研究對象後，以下便針對本研究所採取的三項主要研究方法，

3　各機關類別中所包含機關爲：1.幕僚：行政服務、財務、預算、會計、資訊、人事、規劃、採購等；2.人力資源：收入安全與社會服務、教育、醫療衛生等；3.自然資源與交通運輸：自然資源（如農業、漁業、森林、地質等）、環境與能源、交通運輸；4.經濟發展與管制：經濟發展（如觀光、商業、社區發展、住宅、建設）、管制（如勞工、職業證照、公用事業或公共設施管制）；5.刑事司法：如矯正、少年犯罪、執法、假釋與緩刑、法院行政等；6.獨立機關：如財政、檢察機關等；7.其他：如國民兵、人權、圖書館等（Brudney & Hebert, 1987）。

4　這四類機關的選擇，除主要依循前述學者的分類架構外，同時在我國地方政府的運作系絡來看，衛生局之業務宗旨乃在於促進、照顧和確保民眾的健康福祉，重視服務取向；工務或建設局／處則主要負責地方政府之重大公共工程建設，以確保工程進度和品質爲重點；環保局則以防治公害、保護生活環境品質爲職志，以管制手段確保優質環境；而警察局則是以維持治安、打擊犯罪爲核心宗旨，屬於第一線執法者。是以，四類機關彼此間各具業務特色，具有基於差異性而進行比較的價值。

其設計與執行方式，加以說明。

一、問卷調查法

（一）問卷設計

　　本研究在調查問卷之設計上，主要係參酌過往相關實證研究文獻之測量量表，並參考國內公務環境系絡之特性，加以修訂和發展。除受訪者之基本資料外，首先在依變項「績效行為反應與傾向」部分，其中「績效要求外行為」係修訂自Blader與Tyler（2009）所發展之量表，共採用4個題項；「積極性績效資訊運用」則是修訂自Moynihan、Pandey以及Wright（2012）所設計之量表，計4個題項；「責難規避」係本研究參考Hood（2011）之論點自行編訂設計，共有3個題項；而「績效管理形式化」則以績效管理制度淪為形式主義的程度，及因績效管理制度所衍生的官樣文章程度等概念，由本研究自行設計，共2題。

　　在前導變項環境面向之「公部門特質」中，「外部政治環境」係參考並修訂自Pandey和Wright（2006）針對公部門外部政治環境所設計之量表，共6個題項；「目標模糊性」則同樣參考自Pandey和Wright（2006）所使用的3題量表；「目標衝突性」則修訂自Wright（2004）的題目設計，共4題。而在「組織管理途徑與制度」中，「內部官僚控制」則修訂自Pandey與Wright（2006）及Yang與Pandey（2008）有關組織內部控制與集權程度的測量題目，計3題；「授能與自主」則乃擷取修訂自Spreitzer（1995）有關組織中自我決定空間和主導影響的測量量表，共6個題項；「成果導向績效文化」則修改自Yang（2011）所使用的量表，共4題；「績效制度之運作」係採用Yang和Hsieh（2007）的測量版本，計有11題；「官樣文章」則是引用Pandey和Kingsley（2000）及Pandey和Wright（2006）所使用的單題式測量方式。

　　在「個人認知」面向中，「社會影響性認知」係修訂自Moynihan、Pandey和Wright（2012）的測量量表，計有4題；「公共服務動機」則

修改自Belle（2014）之5題式改良型量表；「自我效能感」則是整合
自Wright（2004）與Spreitzer（1995）於組織成員自我能力信心的測
量量表，共5題；「管家精神」則是本研究參考Davis、Schoorman以及
Donaldson（1997）對管家精神之概念論述自行設計，共5個題項。

在測量方式上，除「官樣文章」依循原量表之設計採0至10的11點量
表外，其餘各題爲避免受訪者隱藏或迴避表露其眞實態度傾向而採趨中回
答方式，乃採李克特六點量表設計，期望受訪者能表達其具體意見（吳毓
瑩，1996；邱皓政，2007）。各題項之測量形式可參見本書末之附錄一。

（二）問卷預試

在問卷初稿設計完成後，本研究乃邀請6位國內公共行政與民意調查
之學者專家，針對問卷題項之設計進行專家焦點團體座談，希望藉此確保
調查問卷之表面和專家效度。在根據學者專家們所提供之意見進行必要之
修訂，以及將不適用於我國公部門系絡的字句、題項予以修正調整或是刪
除後，本研究繼而邀請國立臺北大學公共行政暨政策學系碩士在職專班
中，曾修習過筆者「政策溝通與協調」課程且任職於公部門的同學，並
委請這些同學再邀請其任職機關中的同事1至3名，於2016年3月初至3月
中旬，針對此一修訂版本之調查問卷進行預試，共計回收52份有效預試
問卷。預試問卷中，除「官樣文章」爲單題式測量外，其餘納入分析之
各測量變項，除「績效管理形式化」之Cronbach's α值爲0.673，略低於0.7
的良好信度水準門檻，但仍屬可接受水準內（邱皓政，2007），其餘變
項之Cronbach's α值均介於0.715～0.960之間，且所有納入分析之變項整體
Cronbach's α值爲0.898，皆高於0.7之信度要求標準，顯示本問卷具有一定
程度的內在一致性。

（三）正式施測

1.調查對象與取樣設計

經完成預試並確定調查問卷之信度後，便著手進行正式施測之工作。

如前所述，本研究所規劃的主要研究對象，即全國22個地方政府之衛生局、工務或建設局／處、環保局、警察局的正式與約聘僱人員。[5]由於這四類機關都屬於各地方政府的大型局處，不僅人數規模龐大，更下轄多個分支機關或單位，且因無法取得所有局處之職員名錄，因此，為提高調查之可行性，本研究乃以各機關之局本部或處本部為調查範疇，採取普查方式進行問卷資料蒐集。[6]

　　為使問卷調查得以順利進行，本研究在寄發調查問卷前，先撰寫和寄送一封親筆信函，給予前述88個局處之機關首長，誠懇地說明研究調查之宗旨、目的、施測對象和範圍，以及期望該機關得予協助和支持之處，並隨信附上個人簡歷及問卷樣本，供局處首長參閱。在信函送達後，再由研究助理們致電聯繫各首長秘書，確認首長們的協助意願，並就同意協助之機關，洽詢該機關局／處本部中符合本研究調查需求之人員數，以及說明後續尚需協助配合之處。經過此一邀請過程，共計有68個（77.3%）局處同意協助問卷調查之施測。[7]

2.問卷發放與回收率

　　在確認可發放問卷之局處機關後，便依據各機關所提供的人員數額印製及準備調查問卷。在提供給68個局處的問卷包裹中，皆附上一份施測說明供各機關協助窗口同仁參考，亦提供研究團隊的聯絡資訊，以確保問卷施測方式和程序的一致性。此外，在每份問卷中，除前述調查題項外，為使受訪者能夠清楚知悉問卷當中重要名詞之概念與定義，乃於說明頁附上「填卷名詞說明」，讓受訪者在開始問卷填答前，皆能對卷中的重要名詞

5　本研究所調查之約聘僱人員包含計畫型人員在內，但不含技工、工友、司機，以及派遣人力。
6　所謂之局本部（或處本部）界定如下：1.屬府內局（或處）者：係以市府或縣府大樓內，隸屬該局／處之各樓層為範圍；2.屬府外局（或處）者：則以該局／處之廳舍樓房為範圍；在外之機構或單位則不在此範圍中。以新北市政府警察局為例，所稱「局本部」係指該局所在地址辦公廳舍為主要範疇，就其正式和約聘僱人員進行全查，而不包含其所轄各分局、派出所，或其他局外機關或單位。
7　在這68個願意協助問卷施測之局處中，計有18個環保局（26.5%）、19個工務或建設局／處（27.9%）、16個衛生局（23.5%），及15個警察局（22.1%）。

能有一致的解讀和理解。[8]

　　基於以上的準備工作，本研究於2016年7月25日至8月29日，以郵寄方式共寄出10,498份問卷，回收6,309份，粗回收率為60.1%，扣除掉空白過多、或是胡亂填答之無效問卷226份，有效回收問卷共計6,083份，故有效問卷回收率為57.94%。68個協助施測之局處，及各局處之問卷回收情況，詳見表3-1。

表3-1　郵寄問卷調查回收資訊

直轄市／縣（市）	機關名稱	局／處本部總人數（問卷發放量）	總回收量	粗回收率（%）	有效問卷數	無效問卷數	有效回收率（%）
臺北市政府	環境保護局	133	133	100.00	132	1	99.25
	工務局	180	146	81.11	145	1	80.56
	衛生局	382	202	52.88	196	6	51.31
新北市政府	環境保護局	280	138	49.29	138	0	49.29
	工務局	466	187	40.13	186	1	39.91
	衛生局	445	121	27.19	121	0	27.19
	警察局	350	240	68.57	236	4	67.43
桃園市政府	環境保護局	143	133	93.01	125	8	87.41
	工務局	120	79	65.83	79	0	65.83
臺中市政府	環境保護局	315	19	6.03	3	16	0.95
	建設局	490	396	80.82	334	62	68.16
臺南市政府	衛生局	270	217	80.37	214	3	79.26
	警察局	370	273	73.78	271	2	73.24

[8] 本調查問卷中，提供六項填卷名詞說明：1.績效評核制度：係指各直轄市或縣市政府為提升整體施政績效，針對府內各局處年度施政計畫之績效目標達成情形，進行施政成效評核與檢討之制度，例如：臺北市政府年度施政計畫選項管制考核作業要點、臺中市政府所屬各機關施政績效管理要點、高雄市政府列管計畫評鑑要點、彰化縣政府暨所屬各機關施政績效管理要點、雲林縣政府施政計畫績效管理要點……等。亦即各局處受研考會或計畫處督考之年度業務考核制度。2.施政計畫：即各局處為達成市府／縣市施政方針及中程、年度重點施政目標而擬訂之推動計畫。3.績效目標：即各局處依願景和施政重點，訂定未來四年應達成之重要施政成果。4.績效指標：即各機關依據前開績效目標所訂定可衡量、追蹤考核之具體指標。5.績效資訊：即指基於前開績效評核制度所產生的指標數據或是成果報告及檢討說明等。6.機關：即指各地方政府之局、處等一級機關。

表3-1　郵寄問卷調查回收資訊（續）

直轄市／縣（市）	機關名稱	局／處本部總人數（問卷發放量）	總回收量	粗回收率（%）	有效問卷數	無效問卷數	有效回收率（%）
高雄市政府	衛生局	255	105	41.18	105	0	41.18
	警察局	515	410	79.61	397	13	77.09
基隆市政府	環境保護局	68	66	97.06	64	2	94.12
	工務處	70	67	95.71	63	4	90.00
	警察局	158	76	48.10	76	0	48.10
新竹市政府	環境保護局	68	46	67.65	46	0	67.65
	工務處	40	29	72.50	29	0	72.50
	警察局	280	32	11.43	32	0	11.43
嘉義市政府	工務處	49	12	24.49	12	0	24.49
	衛生局	93	93	100.00	90	3	96.77
	警察局	267	2	0.75	2	0	0.75
新竹縣政府	環境保護局	73	37	50.68	37	0	50.68
	工務處	92	64	69.57	64	0	69.57
	衛生局	102	63	61.76	62	1	60.78
苗栗縣政府	環境保護局	56	44	78.57	43	1	76.79
	工務處	64	34	53.13	34	0	53.13
	衛生局	106	103	97.17	100	3	94.34
	警察局	308	211	68.51	181	30	58.77
彰化縣政府	工務處	90	89	98.89	88	1	97.78
	衛生局	229	218	95.20	213	5	93.01
南投縣政府	環境保護局	32	25	78.13	24	1	75.00
	工務處	86	58	67.44	57	1	66.28
	衛生局	110	83	75.45	83	0	75.45
	警察局	398	191	47.99	188	3	47.24
雲林縣政府	環境保護局	32	20	62.50	20	0	62.50
	衛生局	127	48	37.80	48	0	37.80
	警察局	352	248	70.45	241	7	68.47
嘉義縣政府	環境保護局	78	56	71.79	53	3	67.95

表3-1 郵寄問卷調查回收資訊（續）

直轄市／縣（市）	機關名稱	局／處本部總人數（問卷發放量）	總回收量	粗回收率（%）	有效問卷數	無效問卷數	有效回收率（%）
嘉義縣政府	建設處	80	52	65.00	48	4	60.00
	警察局	326	242	74.23	240	2	73.62
屏東縣政府	環境保護局	52	26	50.00	26	0	50.00
	工務處	54	54	100.00	47	7	87.04
	衛生局	149	141	94.63	139	2	93.29
宜蘭縣政府	環境保護局	80	37	46.25	36	1	45.00
	工務處	90	24	26.67	24	0	26.67
	衛生局	90	64	71.11	63	1	70.00
花蓮縣政府	環境保護局	70	70	100.00	69	1	98.57
	建設處	109	77	70.64	76	1	69.72
	衛生局	138	45	32.61	44	1	31.88
	警察局	92	82	89.13	80	2	86.96
臺東縣政府	環境保護局	20	10	50.00	9	1	45.00
	建設處	110	33	30.00	33	0	30.00
	衛生局	113	43	38.05	43	0	38.05
	警察局	200	146	73.00	130	16	65.00
澎湖縣政府	環境保護局	26	26	100.00	26	0	100.00
	工務處	62	13	20.97	13	0	20.97
	衛生局	62	45	72.58	44	1	70.97
	警察局	110	82	74.55	80	2	72.73
金門縣政府	環境保護局	60	20	33.33	18	2	30.00
	工務處	77	47	61.04	47	0	61.04
	警察局	115	61	53.04	61	0	53.04
連江縣政府	環境保護局	16	14	87.50	14	0	87.50
	工務局	22	21	95.45	21	0	95.45
	衛生局	15	7	46.67	7	0	46.67
	警察局	18	13	72.22	13	0	72.22
總　計		10,498	6,309	60.10	6,083	226	57.94

資料來源：本研究。

二、焦點團體座談法

　　除如上述以郵寄問卷調查法，大規模蒐集全國各地方政府局處同仁的普遍性感受和看法資料外，為能更深入地理解公部門組織成員在這些問卷數據資訊之外的內心想法，本研究進一步邀請前述四類機關中的正式與約聘僱人員，以焦點團體座談的方式，針對本研究所關心的研究重點，藉由面對面的互動討論，提供更具系絡性的洞見資訊。

　　職是之故，本研究於2016年8月中旬，假國立臺北大學民生校區教學大樓9樓公共行政暨政策學系系會議室，依全國北、中、南部之區域劃分，及正式和約聘僱人員之類型，辦理六場焦點團體座談，邀請各直轄市及縣（市）政府之四類局處，即如前述之衛生局、工務或建設局／處、環保局、警察局，選派機關業務單位之中階主管（或相當職位之代理人）1名，以及機關中資歷2～3年以上、負責重要業務或擔任督導職務之約聘僱人員（或計畫型臨時人員）1名，來參與座談。[9]共計24名地方政府之正式及約聘僱人員參與本研究之焦點團體座談，且四類機關無論是在正式人員或是約聘僱人員場次，皆有與會者出席提供其公務經驗和觀察。[10]六場焦點團體座談之與會者資訊及代碼，詳見表3-2。

　　在座談過程中，本研究採取半結構式的提綱設計，以基本提綱為初步討論基礎，再繼由與會者的交叉互動及討論刺激中，延伸與深化討論焦點。是以，焦點團體座談之討論重點包含以下數項：

　　1. 與會者投身公務部門的初衷。
　　2. 與會者對於所服務機關的績效管理與評核制度的認知與評價。

9　之所以選擇各局處機關中的中階主管，及具一定年資且負責重要業務或擔任督導職務之約聘僱人員，做為邀請對象，主要考量在於，在盡可能降低對於各機關造成打擾的前提下，同時期望與會者具備一定的公務資歷與經驗，且對機關內的績效管理與評核制度，或是其他相關制度環境，能有所感受和體會，藉以豐富與會者彼此間的交互刺激，以及深化本研究的研究效度。

10　許多地方局處礙於機關業務繁忙或人力吃緊、或正值縣市政府重大活動舉辦期間等因素，經與其充分溝通後，仍婉拒而無法派員參與座談會議，這樣的情況尤以約聘僱人員的邀請場次為重，似也反映諸多地方機關大幅仰賴約聘僱人員彌補正式人力不足的窘境。

3. 前述績效管理與評核制度及相關制度環境，對於與會者任事態度
　 和公務行為的影響。

詳細之焦點團體座談提綱請見本書末之附錄二、三。

表3-2　焦點團體座談與會者資訊

場次	地區	人員類型	直轄市／縣(市)	機關	職稱	代碼
一	北部	正式人員	直轄市	工務局	股長	FG1-1
	北部	正式人員	直轄市	警察局	股長	FG1-2
	北部	正式人員	直轄市	衛生局	科長	FG1-3
	北部	正式人員	直轄市	警察局	警務正	FG1-4
	北部	正式人員	直轄市	衛生局	股長	FG1-5
	北部	正式人員	縣市	環境保護局	科長	FG1-6
二	中部	正式人員	直轄市	環境保護局	專員	FG2-1
	中部	正式人員	縣市	工務處	技正	FG2-2
	中部	正式人員	縣市	衛生局	秘書	FG2-3
	中部	正式人員	縣市	衛生局	科長	FG2-4
	中部	正式人員	縣市	警察局	股長	FG2-5
三	南部	正式人員	直轄市	環境保護局	股長	FG3-1
	南部	正式人員	直轄市	工務局	正工程司	FG3-2
	南部	正式人員	縣市	警察局	科員	FG3-3
	南部	正式人員	縣市	警察局	科員	FG3-4
四	北部	約聘僱人員	直轄市	環境保護局	約僱人員	FG4-1
	北部	約聘僱人員	直轄市	衛生局	管理師	FG4-2
五	中部	約聘僱人員	直轄市	環境保護局	約僱人員	FG5-1
	中部	約聘僱人員	縣市	衛生局	約僱人員	FG5-2
	中部	約聘僱人員	縣市	衛生局	約僱人員	FG5-3
	中部	約聘僱人員	縣市	警察局	幹事	FG5-4
六	南部	約聘僱人員	直轄市	環境保護局	約僱人員	FG6-1
	南部	約聘僱人員	直轄市	工務局	約聘法制編審人員	FG6-2
	南部	約聘僱人員	縣市	警察局	幹事	FG6-3

資料來源：本研究。

三、深度訪談法

在深入瞭解公務機關成員的心理感受和內在想法之外，本研究也同時關心，各公部門當中的績效管理與評核制度之設計與執行，究係源自何種管理哲學與思維？不同類型的機關中，是否亦有思維上的差異？因此，本研究於2016年8月下旬至9月上旬期間，拜訪全國北、中、南不同地方政府之研考會主委、或計畫處處長，以及環保、工務、衛生、警察局處之首長，以期能就前述問題，獲得深入資訊和瞭解。

之所以採取如是的訪談對象設計，其考量在於，各直轄市與縣市政府皆有其市府或縣府層級之績效管理與評核制度，藉以督考各項重大施政計畫及管理府內機關的施政效能，而該項制度之主管機關則為各地方政府之研考會或計畫處；故就其首長理念之瞭解，有其重要性；且在訪談標的之選擇上，乃以該直轄市或縣市政府有明確公布其績效評核制度者，為主要邀訪對象。再者，在前述市府或縣府層級的績效管理與評核制度下，各局處一方面必須配合相關制度運作及推動施政計畫，另方面局處首長們亦有可能在其機關中，深化或發展其內部應用之管理或評核方法，進而直接影響所屬同仁，故亦有進行訪談之必要性。在邀請對象的擇定上，則以該機關曾在該專業領域內，獲得國際或國內獎項肯定者，希冀從而窺其管理手法之應用。

職是之故，在上述原則下，本研究訪談了5位研考會主委或計畫處處長，以及四類機關之首長（或副首長）各1名，總計完成9位機關首長的深度訪談（詳見表3-3）。訪談過程中，亦以半結構式訪談提綱為主，並就受訪者之談話與發言，深入追問其重要觀點與見解。其訪談重點包含以下數項：

1. 該地方政府現行績效管理和評核制度，及局處機關中績效評核制度，其內容做法和設計理念。
2. 在前述設計理念下，相關績效管理和評核制度與機關同仁間應是何種互動關係？
3. 相關績效管理和評核制度能否達成預期效果？

詳細之深度訪談提綱請見本書末之附錄四、五。

表3-3　深度訪談受訪者資訊

場次	地區	直轄市／縣（市）	機關	職稱	代碼
一	北部	直轄市	研究發展考核委員會	主委	IR-1
二	中部	直轄市	研究發展考核委員會	主委	IR-2
三	北部	直轄市	環保局	局長	IE-1
四	中部	縣市	計畫處	處長	IR-3
五	中部	縣市	計畫處	處長	IR-4
六	南部	直轄市	研究發展考核委員會	主委	IR-5
七	中部	縣市	衛生局	局長	IE-2
八	北部	縣市	工務處	處長	IE-3
九	北部	直轄市	警察局	副局長	IE-4

資料來源：本研究。

第四章　制度環境、任事態度與績效行爲之影響關係分析

爲回答前述之研究問題，本章將以22個地方政府之68個局處、6,083份公務同仁所寄回之問卷調查資料爲基礎，進行統計分析和討論。以下先針對所得樣本之背景資料加以分析，並對實測問卷之信、效度結果進行檢驗；在確認本研究調查問卷之信、效度之後，開始就受訪者之觀點看法進行描述性之基本分析，接著再針對前述概念架構中的四項績效行爲反應與傾向，以迴歸分析法探究其可能影響因子；最後，則就納入分析之主要測量變項，以結構模型分析，進一步剖析不同層次變項間的因果影響關係，俾以瞭解在公部門績效管理概念下，相關制度環境、組織成員之任事態度，及其績效行爲間，所存在之相互關係。

第一節　樣本分析與問卷檢驗

一、樣本資料分析

在回收的有效問卷樣本中，如表4-1所示，男性受訪者所占比例爲52.4%，略高於女性；在年齡分布上，以41～50歲者居多（33.6%），其次較多者則爲31～40歲之受訪者（31.9%）；若就教育程度來看，絕大多數的受訪者皆有大學（或大專）以上學歷。且受訪者中，半數以上（54.6%）來自縣（市）政府，而就所屬局處而言，三成以上爲警察局同仁（36.6%），次之爲衛生局同仁（25.8%）、再次之爲工務或建設局／處（23.0%），最少者爲環保局同仁（14.5%）。

再者，六成以上受訪者爲正式人員（64.8%），其中以6～9職等之薦任級人員占多數（70.3%）、10～14職等之簡任人員最少僅84位（2.5%）。且受訪者中，非主管人員占了絕大多數（88.6%），同時就於

公部門服務的總年資而言，以1～5年者居多（32.5%），而於目前職務之年資，半數以上（55.7%）為1～5年。此外，若不論其所屬機關類型，僅就其所承辦之業務來說，受訪者中四成所負責之業務為機關內部行政管理或服務業務（41.1%），[1]其次為管制性業務（33.0%），[2]而承辦對民眾或業者之公共服務性業務者，則約有二成六（25.9%）；[3]由此來看，在樣本中，有近六成的受訪者所負責之業務，乃需對外與民眾互動者。最後，在這些受訪者中，22.3%的同仁具有在社會服務機構任職或服務的經驗，其中以具有1～5年於是類機構服務資歷者最多，占60.5%。

　　必須說明的是，雖然本研究回收的樣本數量不少，但誠如前述，本研究乃定位為探索性研究，且在為兼顧量化與質化方法之可行性的原則下，以立意抽樣方式擇定以地方政府中之四類機關為調查對象，亦僅以其局／處本部為問卷施測範圍，故有其抽樣方法和樣本代表性之侷限，在資料的分析、解讀和詮釋上，宜以保守態度，僅限於代表參與本調查之受訪者的意見和態度反映。[4]

1　在問卷中舉例，例如：承辦人事、主計、總務、研考等業務（施能傑，2008）。
2　在問卷中舉例，例如：承辦勞動檢查、衛生稽查、藥品篩檢、犯罪偵防、交通取締等業務（施能傑，2008）。
3　由於這類型之業務種類繁多，若直接於該四類機關的業務細項舉例，怕無法周全，且為恐侷限或框架了受訪者的判斷，本研究在問卷中先以就業服務、社福補助、產業輔導諮詢等類型之業務舉例（施能傑，2008），再由受訪者判斷其所承辦業務，是否類似於此類性質。
4　為檢測樣本資料之代表性，本研究原欲以行政院人事行政總處所公布「地方公務人員統計資料」之104年直轄市、各縣市統計要覽的統計數據做為母體資料，進行代表性檢定。惟在該數份資料中，雖有環保、衛生、警察等機關類別之數據，但卻無工務或建設機關之資料，且在前述三類機關的資料上，亦一併包含其所屬機關的員工數據；簡言之，並無完全契合本研究調查對象與範圍之適切母體資料，而也造成卡方檢定之結果，無法符合期待。故，以下之分析與討論，僅代表參與本研究調查之受訪者的看法和態度，不宜推論至母體。

表4-1　樣本特性次數分配表

類別	分類	次數	百分比（%）
性別 N＝6028	男	3160	52.4
	女	2868	47.6
年齡 N＝5839	20歲（含）以下	6	0.1
	21～30歲	999	17.1
	31～40歲	1864	31.9
	41～50歲	1959	33.6
	51～60歲	925	15.8
	61～70歲	85	1.5
	71歲以上	1	0.02
教育程度 N＝5968	高中職（含）以下	426	7.1
	大學（或大專）	4185	70.1
	碩士	1321	22.1
	博士	36	0.6
所屬縣市 N＝5940	直轄市	2699	45.4
	縣（市）	3241	54.6
所屬局處 N＝6083	環境保護局	883	14.5
	工務或建設局／處	1399	23.0
	衛生局	1572	25.8
	警察局	2229	36.6
正式／約聘僱人員 N＝5224	正式人員	3385	64.8
	約聘僱人員	1839	35.2
職務 N＝5789	主管	661	11.4
	非主管	5128	88.6
目前合格實受職等 N＝3385	1～5職等	922	27.2
	6～9職等	2379	70.3
	10～14職等	84	2.5
目前職務年資 N＝5843	未滿1年	6	0.1
	1～5年	3253	55.7
	6～10年	953	16.3
	11～15年	426	7.3
	16～20年	391	6.7
	21～25年	344	5.9

表4-1　樣本特性次數分配表（續）

類別	分類	次數	百分比（%）
目前職務年資 N＝5843	26～30年	364	6.2
	31～35年	83	1.4
	36～40年	21	0.4
	41～45年	2	0.03
公部門總年資 N＝5883	未滿1年	1	0.02
	1～5年	1910	32.5
	6～10年	1072	18.2
	11～15年	562	9.6
	16～20年	674	11.5
	21～25年	709	12.1
	26～30年	699	11.9
	31～35年	194	3.3
	36～40年	57	1.0
	41～45年	4	0.1
	46～50年	1	0.02
所承辦業務屬性 N＝5569	管制性業務	1838	33.0
	對民眾或業者之公共服務性業務	1444	25.9
	機關內部行政管理或服務業務	2287	41.1
社會服務機構經驗 N＝5990	有	1333	22.3
	無	4657	77.7
社會服務機構年資 N＝1273	未滿1年	16	1.3
	1～5年	770	60.5
	6～10年	257	20.2
	11～15年	86	6.8
	16～20年	82	6.4
	21～25年	34	2.7
	26～30年	23	1.8
	31～35年	3	0.2
	36～40年	1	0.1
	41～45年	1	0.1

資料來源：本研究。

二、問卷檢驗

　　基於正式施測之問卷資料，在將反向題予以重新編碼後，本研究再次針對納入分析之變項與題項進行信、效度檢驗。為能確保測量工具及各衡量構面之信、效度，本研究採用Amos 18.0之結構方程式（Structural Equation Modeling, SEM）做為檢驗工具。在具體分析步驟上，採兩階段程序進行，本小節中先進行測量模型（measurement model）分析，冀以檢驗測量品質，之後在後文中，將再進行結構模型（structural model）分析，以瞭解受訪者在各變項上的態度反應，及各變項間的前後因果關係。

　　基此原則，本研究首先以最大概似法針對各個測量構面進行單因子驗證性因素分析（Confirmatory Factor Analysis, CFA），並據以進行收斂效度之檢驗。依據收斂效度（convergent validity）之判斷標準，各題項之因素負荷量（factor loading）須大於0.7，多元相關係數之平方（Squared Multiple Correlations, SMC）須大於0.5，平均變異數萃取量（Average Variance Extracted, AVE）須大於0.5，及組成信度（Composite Reliability, C.R.）須大於0.7，且需將不符條件之題項予以刪除；故除官樣文章為單題測量，無法進行相關檢驗外，其餘測量構面中需刪除的題項包括：績效要求外行為1題、管家精神2題、外部政治環境2題，及目標衝突性1題。[5]

　　將上述各題予以刪除後，本研究就保留之題項再次進行信度與驗證性因素分析之檢驗，並將結果呈現於表4-2，而各測量構面之結果多能符

5　在「績效要求外行為」構面中，「1.為了機關的整體績效，我願意承擔超出主管所明訂的工作內容」的因素負荷量為0.571，SMC為0.326；在「管家精神」構面中，「14.如果有必要的話，我願意將我工作內容的點點滴滴，鉅細靡遺地向我的主管報告」之因素負荷量為0.515，SMC為0.265，「16.若能達成本機關的集體利益，我願意犧牲我個人的權益」之因素負荷量為0.651，SMC為0.424；「外部政治環境」構面中，「57.來自中央政府對本機關業務的壓力」之因素負荷量為0.645，SMC為0.416，「59.來自企業對本機關業務的壓力」之因素負荷量為0.615，SMC為0.378；在「目標衝突性」構面中，「66.在執行機關業務時，滿足部分民眾的同時，免不了也會讓部分民眾感到不滿意」之因素負荷量為0.207，SMC為0.043；故將上述各題予以刪除。

合前述條件要求，[6]且信度Cronbach's α值皆介於0.607～0.973之間，所有
保留題項之Cronbach's α值為0.898，[7]組成信度介於0.575～0.969間，且
AVE亦介於0.405～0.815之間。而若就「績效管理形式化」以外之其餘構
面來看，[8]信度Cronbach's α值則在0.801～0.973之間，組成信度便乃介於
0.755～0.969間，而AVE值也可介於0.511～0.815之間，顯示本研究納入分
析之各構面皆具有一定程度且良好的信度與收斂效度。

表4-2　測量構面之信度與收斂效度分析

測量構面	題項	因素負荷量	SMC	Cronbach's α	平均變異萃取	組成信度
績效要求外行為	2.即使已經超過長官們的一般期待，我仍會付出額外的心力將工作做好	0.779	0.607	0.902	0.748	0.898
	3.即使無法納入績效考核中，我也會額外加班把工作做好	0.919	0.844			
	4.即使無法納入績效考核中，我也會付出額外的心力，只為將工作做好	0.910	0.828			
積極性績效資訊運用	5.我會運用機關的績效資訊來做推動業務的決策	0.890	0.792	0.940	0.806	0.943
	6.我會運用機關的績效資訊來構思以新的方法執行既有的業務	0.916	0.839			
	7.我會運用機關的績效資訊來設定業務推動上的優先順序	0.895	0.800			
	8.我會運用機關的績效資訊來找出業務推動上需要被注意的問題	0.867	0.752			

6　雖然在「管家精神」構面之「15.我會將機關的任務目標當作是自己的工作目標」，及「成果
　導向績效文化」構面中的「45.本機關十分強調，每位同仁須為自己的績效表現負起責任」
　等二題，其SMC略微低於0.5，但該二題在其餘指標上都高於要求，因此皆予以保留。又，
　「目標衝突性」構面之「67.本機關被賦予了目標相互衝突的施政項目」一題，雖然因素負荷
　量及SMC皆略低於要求，但在該題組的Cronbach's α值、組成信度、AVE都高於要求水準，顯
　示無損於題信、效度，故亦予以保留。

7　所有保留題項之信度分析係包含官樣文章該題在內。

8　在「績效管理形式化」構面中，雖然兩題項的SMC皆低於0.5，且組成信度和AVE亦皆低於要
　求標準，但兩題之因素負荷量僅略低於0.7，且該題組的Cronbach's α值仍高於0.6，皆仍在可
　接受的範圍之內（邱皓政，2007；張偉豪、鄭時宜，2012），在衡量研究目的後，仍予以保
　留，納入後續分析。

表4-2　測量構面之信度與收斂效度分析（續）

測量構面	題項	因素負荷量	SMC	Cronbach's α	平均變異萃取	組成信度
責難規避	9.有人說：「在績效報告中盡可能將做得不好的地方隱藏起來，是行政機關處理方式的常態」。	0.840	0.705	9.00	0.659	0.852
	10.有人說：「如果可能，在績效報告中找個有關的對象，將做得不好的責任推給他就好，是行政機關處理方式的常態」。	0.836	0.699			
	11.有人說：「在績效報告中盡可能避免點出受到施政影響而損害權益的對象，是行政機關處理方式的常態」。	0.925	0.855			
績效管理形式化	12.有人說：「績效評核與管理制度在公部門的推動已流於形式」。	0.631	0.398	0.607	0.405	0.575
	13.您認為「機關中，為推動績效評核與管理制度所衍生無謂的報表書面資料的工作量」是	0.694	0.482			
管家精神	15.我會將機關的任務目標當作是自己的工作目標	0.704	0.495	0.838	0.633	0.837
	17.我非常樂於完成本機關交付給我的任務	0.840	0.706			
	18.我的工作滿足感來自於協助本機關順利推動業務	0.848	0.719			
自我效能感	19.對於目前職務中所交付給我的任何任務，我都有充分的信心能夠成功地完成	0.749	0.560	0.911	0.699	0.920
	20.我認為我能夠完成我本分內的工作	0.733	0.537			
	21.我對於從事我這項工作的能力具有信心	0.882	0.777			
	22.我十分確信我具備從事目前工作內容的能力	0.918	0.843			
	23.我具備從事目前工作內容的專業技能	0.795	0.632			
社會影響性 認知	24.我相信我的工作能為他人帶來正面的影響與改變	0.868	0.754	0.944	0.815	0.946
	25.我很清楚認知到我的工作是有助於他人的	0.899	0.809			

表4-2　測量構面之信度與收斂效度分析（續）

測量構面	題項	因素負荷量	SMC	Cronbach's α	平均變異萃取	組成信度
社會影響性 認知	26.我能清楚感受到我的工作爲他人所帶來的正面影響	0.942	0.887			
	27.我的工作經常能夠帶給他人正面影響	0.889	0.791			
公共服務動機	28.從事有意義的公共服務對我而言是相當重要的	0.814	0.663	0.897	0.651	0.903
	29.我能深刻地意識到人們在社會中是相互依賴的	0.773	0.597			
	30.對我而言，爲社會做出貢獻比獲得個人成就更有意義	0.894	0.799			
	31.爲了社會公益，我願意犧牲自我的權益	0.774	0.599			
	32.即使會受人指指點點，我仍願意爲了維護他人的權益挺身而出	0.735	0.540			
內部官僚控制	33.除非主管許可，不然我們無法決定任何行動	0.824	0.679	0.866	0.618	0.829
	34.一般而言，機關同仁僅被授與極小的裁量空間	0.844	0.712			
	35.在機關中，即使是小小一件事，最後都還是由主管來做決定	0.816	0.666			
授能與自主	36.我有充分的自主空間可以決定要如何進行我的工作	0.757	0.573	0.924	0.611	0.904
	37.我可以依照自己的想法從事我的工作	0.830	0.688			
	38.我有充分的機會，獨立且自由地進行我的工作	0.836	0.699			
	39.在機關中，我對自己的業務能有相當大的意見影響力	0.832	0.692			
	40.在機關中，我對自己的業務能有相當大的決定權	0.841	0.708			
	41.在機關中，我對自己的業務能有相當大的主導權	0.822	0.676			

表4-2　測量構面之信度與收斂效度分析（續）

測量構面	題項	因素負荷量	SMC	Cronbach's α	平均變異萃取	組成信度
成果導向績效文化	42.本機關對於績效表現不佳的員工，有既定的處理辦法與措施	0.754	0.569	0.876	0.553	0.831
	43.本機關會對於績效表現優異的員工給予適當的獎酬	0.865	0.748			
	44.「論功行賞」是本機關一項非常明顯的文化	0.871	0.759			
	45.本機關十分強調，每位同仁須為自己的績效表現負起責任	0.701	0.492			
績效制度之運作	46.本機關所提出的績效評核成果是可被信任的	0.845	0.714	0.973	0.739	0.969
	47.本機關的績效評核制度可幫助主管們做出更好的決策	0.888	0.788			
	48.本機關的績效評核制度可幫助我們與民選首長達成更好的溝通	0.872	0.761			
	49.本機關的績效評核制度對於預算規劃與決策很有幫助	0.865	0.749			
	50.本機關的績效評核指標能夠充分反映機關管理的品質	0.893	0.797			
	51.本機關的績效評核指標是可信賴的	0.903	0.816			
	52.本機關在績效管理層面上的努力和投入是值得的	0.899	0.808			
	53.本機關的績效評核制度對於機關的生產力提升是有幫助的	0.899	0.809			
	54.本機關的績效評核制度能對員工產生激勵效果	0.881	0.776			
	55.本機關的績效評核制度能刺激組織內部的學習	0.881	0.777			
	56.本機關次年度的施政計畫內容會依據本年度的績效評核成果來做調整	0.821	0.673			
外部政治環境	您認為您對下列事項的擔心程度為何？ 58.來自議員對本機關業務的壓力	0.746	0.557	0.901	0.591	0.852
	60.來自所服務的民眾對本機關業務的壓力	0.822	0.676			
	61.來自民意對本機關業務的壓力	0.917	0.840			
	62.來自媒體對本機關業務的壓力	0.845	0.713			

表4-2　測量構面之信度與收斂效度分析（續）

測量構面	題項	因素負荷量	SMC	Cronbach's α	平均變異萃取	組成信度
目標模糊性	63.本機關的使命對每位組織成員而言都是十分清楚的（R）	0.808	0.654	0.874	0.657	0.852
	64.很容易對外面的人們說明本機關的目標（R）	0.838	0.702			
	65.本機關有界定十分清楚的組織目標（R）	0.861	0.742			
目標衝突性	67.本機關被賦予了目標相互衝突的施政項目	0.636	0.405	0.801	0.511	0.755
	68.本機關有著不一致的業務目標	0.874	0.764			
	69.機關內部分單位的業務目標與其他部分單位相左	0.761	0.579			

註：「R」表示為反向題。
資料來源：本研究。

　　完成前述個別測量構面之單因子驗證性因素分析後，本研究接續將所有分析構面一併納入，進行一階多因子驗證性因素分析。所得結果如下，χ^2為27834.766，p=0.000，自由度（degrees of freedom, df）為1786，χ^2 / df之比為15.58，比較性配適度指標（Comparative Fit Index, CFI）為0.920，標準配適度指標（Normed-Fit Index, NFI）為0.915，增值配適指標（Incremental Fit Index, IFI）為0.920，平均近似誤差均方根（Root Mean Square Error of Approximation, RMSEA）為0.049；其中除卡方值因受到樣本數之影響而顯得數值較大，亦使卡方值與自由度之比值高於3之外，其餘四項指標皆符合要求之標準。[9]是以，本研究的測量模型可稱具有可接受之模型配適度。又，在測量構面間的區別效度檢測方面，如表4-3所示，潛在構面彼此間的相關係數值皆小於各個潛在構面的平均變異數萃取量（AVE）之平方根，顯示本研究所納入分析之各測量構面間，具有良好的區別效度（discriminant validity）。綜上可知，本研究之測量構面與題項，不僅具有一定水準之信度，且同時具備良好的收斂效度及區別效度。

---

[9]　依據配適度檢驗之指標要求水準，係χ^2/df<3，CFI>0.9，NFI>0.9，IFI>0.9，RMSEA<0.08。

表4-3　測量構面區別效度分析

測量構面	績效要求次外行為	積極性績效資訊運用	實難規避	績效管理形式化	管家精神	自我效能感	社會影響性認知	公共服務動機	內部官僚控制	授能與自主	成果導向績效文化	績效制度運作	外部政治環境	目標模糊性	目標衝突性
績效要求次外行為	0.865														
積極性績效資訊運用	0.332**	0.898													
實難規避	-0.049**	-0.173**	0.811												
績效管理形式化	-0.008	-0.131**	0.318**	0.636											
管家精神	0.406**	0.588**	-0.224**	-0.108**	0.796										
自我效能感	0.425**	0.466**	-0.124**	-0.042**	0.530**	0.836									
社會影響性認知	0.454**	0.478**	-0.152**	-0.070**	0.517**	0.652**	0.903								
公共服務動機	0.458**	0.488**	-0.154**	-0.089**	0.549**	0.635**	0.627**	0.807							
內部官僚控制	0.088**	0.018	0.307**	0.221**	0.006	0.056**	0.029*	0.049**	0.786						
授能與自主	0.242**	0.363**	-0.141**	-0.224**	0.366**	0.496**	0.440**	0.455**	-0.252**	0.782					
成果導向績效文化	0.124**	0.363**	-0.199**	-0.263**	0.318**	0.279**	0.314**	0.341**	-0.048**	0.388**	0.744				
績效制度運作	0.221**	0.495**	-0.263**	-0.357**	0.430**	0.394**	0.419**	0.456**	-0.112**	0.518**	0.573**	0.859			
外部政治環境	0.090**	0.059**	0.115**	0.221**	0.058**	0.008	0.025	0.022	0.153**	-0.087**	-0.065**	-0.081**	0.769		
目標模糊性	-0.273**	-0.497**	0.245**	0.182**	-0.517**	-0.449**	-0.474**	-0.489**	0.037**	-0.429**	-0.491**	-0.557**	0.009	0.811	
目標衝突性	0.040**	0.025	0.374**	0.178**	-0.042**	-0.01	0.001	-0.004	0.325**	-0.058**	-0.017	-0.112**	0.133**	0.053**	0.715

註1：相關係數矩陣中，對角線的值為平均變異數萃取量的平方根；非對角線的值為各變數之相關係數值。

註2：*p<0.05；**p<0.01。

　　除針對正式施測之問卷資料進行信、效度檢測分析外，出於本研究所採用之資料蒐集工具，乃是由受訪者填答之自陳式問卷，而這類問卷常因所蒐集之自變項和依變項皆為來自受訪者之主觀資料，因此可能產生同源偏誤（common source bias）的風險；[10]為瞭解本研究所用資料的情況，遂參考學者們之建議，以哈門式單因子測試法（Harman's one-factor test）進行事後檢驗（Jakobsen & Jensen, 2015；彭台光、高月慈、林鉦棽，2006），將所有納入後續分析之64個題項進行未轉軸之主成分因素分析後，[11]共萃取出14個特徵值大於1之因子，其累積解釋變異量為75.81%，第一個因子的解釋變異量為30.55%，遠低於50%之門檻，因此可稱本研究所用問卷調查資料，並未受到同源偏誤或共同方法變異的威脅。[12]

第二節　地方公部門組織成員觀點之基本分析

　　在經過上一節針對本研究所得資料之品質檢測後，本節將開始進行問卷意見資料之分析和討論。以下主要係以加總平均法所得各測量構面之數據，進行描述性統計分析，以及變項間平均值之差異分析比較。

一、地方公部門組織成員觀點之描述性分析

　　從參與調查施測之地方政府局處同仁的問卷資料可以看出，首先在公部門特質面向上，受訪者普遍對於該機關所面對之外部政治環境壓力感受程度高（M=4.29, SD=1.10），也認為機關內具有相當程度的目標衝突性（M=3.61, SD=0.98），不過，卻指出其所感受到的組織目標模糊性並不嚴重（M=2.92, SD=0.98）（詳見表4-4）。

---

[10] 亦或稱共同方法變異（common method variance）、或共同方法偏誤（common method bias）。

[11] 即包含官樣文章此一單題。

[12] 雖然本研究所納入之調查分析資料，通過哈門式單因子測試法的檢驗，但仍需強調，此一方法僅屬於資料蒐集後的事後檢驗，並非避免同源偏誤或共同方法變異的最佳方法（Jakobsen & Jensen, 2015；彭臺光、高月慈、林鉦棽，2006），故建議讀者在後續資料的分析和解讀上，宜仍有所保留或警覺。

　　其次，在組織管理途徑與制度面向上，受訪者普遍認為機關內部存在著層級節制的管理控制氛圍（M=3.98, SD=1.03），且被授與之自主決策空間（M=3.72, SD=0.98）乃低於其所感受的程序控制性，同時，也認為機關內的官樣文章程度偏高（M=6.07, SD=2.26）。不過，受訪者大多肯定其所服務機關之績效管理制度的有效性（M=3.84, SD=0.97），也認同機關具有某種程度的成果導向之績效文化（M=3.78, SD=1.03）。

　　復次，在個人認知層面上，由表4-4可以看出，受訪者普遍具有高度的自我效能感（M=4.46, SD=0.81），以及管家精神（M=4.40, SD=0.88），同時也能體認到其所負責的業務和工作，對社會大眾而言具有高度的影響性（M=4.39, SD=0.91），亦也具備相當正面的公共服務動機（M=4.35, SD=0.82）。

　　最後，在績效行為反應與傾向此一面向上，受訪者普遍指出，目前各地方政府所採行的績效管理制度已流於形式（M=4.27, SD=0.91）；儘管如此，受訪的地方局處同仁仍多願意付出績效要求外行為（M=4.23, SD=0.95），也願意在自己的業務範疇上，多加運用手邊可掌握的績效資訊（M=4.21, SD=0.89）。但是，值得注意的是，一定比例以上的受訪者仍然認同責難規避是無可避免的行為傾向（M=3.45, SD=1.15）。另，測量構面下各題項之描述性統計結果，可參考書末之附錄六。

表4-4　受訪者觀點之描述性統計分析

概念構面	測量構面	個數	最小值	最大值	平均數（M）	標準差（SD）
公部門特質						
	外部政治環境	6043	1	6	4.29	1.10
	目標模糊性	6029	1	6	2.92	0.98
	目標衝突性	5941	1	6	3.61	0.98
組織管理途徑與制度						
	內部官僚控制	6068	1	6	3.98	1.03
	授能與自主	6023	1	6	3.72	0.98
	成果導向績效文化	6055	1	6	3.78	1.03

表4-4　受訪者觀點之描述性統計分析（續）

概念構面	測量構面	個數	最小值	最大值	平均數（M）	標準差（SD）
	績效制度運作	5905	1	6	3.84	0.97
	官樣文章	4256	0	10	6.07	2.26
個人認知						
	社會影響性認知	6063	1	6	4.39	0.91
	公共服務動機	6051	1	6	4.35	0.82
	自我效能感	6036	1	6	4.46	0.81
	管家精神	6012	1	6	4.40	0.88
績效行為反應與傾向						
	績效要求外行為	6061	1	6	4.23	0.95
	積極性績效資訊運用	6060	1	6	4.21	0.89
	責難規避	6066	1	6	3.45	1.15
	績效管理形式化	6051	1	6	4.27	0.91

資料來源：本研究。

二、不同類型組織成員之觀點比較分析

在瞭解了所有受訪者於各測量構面上的普遍意見和看法後，本小節將針對本研究最為關注的「個人認知」和「績效行為反應與傾向」兩大面向，就正式與非正式人員、四類不同機關之人員，以及主管和非主管人員之觀點和態度，進一步探究這些不同類型的公部門組織成員間，是否存有差異？若不同人員彼此間確實具有心理認知和行為傾向上之差異，便值得吾人在後續分析中，進一步剖析造成這些差異的原因為何。

首先，就正式與非正式人員而言，從表4-5的獨立樣本t檢定結果可以看到，此二類人員分別在個人認知層面的「社會影響性認知」及「自我效能感」兩變項上具有顯著差異，而且都是非正式人員高於正式人員。換言之，非正式人員無論是對其自身業務之社會影響性感受，或是是否具備做好工作與業務的能力信心上，皆高過於正式人員。不過，我們同樣可以發

現，非正式人員在公共服務動機和管家精神兩變項上，也高過於正式人員，雖然並未達到統計上的顯著差異。

在績效行為反應與傾向面向上，可以發現，正式與非正式人員於「責難規避」和「績效管理形式化」兩變項上具有顯著差異，且皆是正式人員高於非正式人員；換句話說，在績效行為與反應上，機關內的正式人員較約聘僱人員更可能出現逃避責難，以及坐視績效管理制度流於形式的現象；這點確實值得吾人注意。相對地，兩類人員在績效要求外行為的付出，以及積極運用績效資訊以解決問題或提升組織運作效能兩面向上，則無明顯差異。

表4-5　正式與非正式人員之比較分析

概念構面	測量構面	組別	個數	平均數	標準差	t值
個人認知	社會影響性認知	正式人員	3378	4.40	0.90	2.39*
		非正式人員	1828	4.46	0.91	
	公共服務動機	正式人員	3376	4.36	0.81	1.23
		非正式人員	1821	4.39	0.80	
	自我效能感	正式人員	3364	4.45	0.82	2.98**
		非正式人員	1822	4.52	0.78	
	管家精神	正式人員	3363	4.41	0.88	1.42
		非正式人員	1805	4.44	0.84	
績效行為反應與傾向	績效要求外行為	正式人員	3376	4.25	0.91	0.52
		非正式人員	1827	4.23	0.98	
	積極性績效資訊運用	正式人員	3380	4.21	0.90	1.60
		非正式人員	1828	4.25	0.84	
	責難規避	正式人員	3374	3.48	1.13	3.80***
		非正式人員	1834	3.35	1.17	
	績效管理形式化	正式人員	3371	4.31	0.92	3.76***
		非正式人員	1824	4.21	0.86	

註：*p＜0.05；**p＜0.01；*** p＜0.001。
資料來源：本研究。

　　其次，本研究亦好奇環保、工務／建設、衛生、警察四類機關人員彼此間，在上述觀察面向上，是否存有認知和態度的不同？藉由單因子變異數分析（Analysis of Variance, ANOVA），本研究發現，四類機關人員於個人認知層面中的「社會影響性認知」、「公共服務動機」、「自我效能感」，及「管家精神」四個變項，皆具有統計上的顯著差異（見表4-6）。

　　進一步藉由Scheffe法進行事後多重比較後發現，在社會影響性認知上，衛生局同仁明顯高於其他三類機關人員，且環保局同仁在此面向的認知程度，亦明顯高於工務或建設機關之同仁。就公共服務動機而言，同樣是衛生局人員的動機程度最高，且顯著高於其他三類機關人員。此外，研究結果也顯示，衛生局同仁在自我效能感及管家精神的程度上，都同樣顯著高過於來自工務／建設機關及警察局的同仁們。申言之，衛生局人員在這四個變項上所顯現的認知程度，皆是四類機關中最高的。

表4-6　四類機關人員在個人認知上之比較分析

測量構面	組別	個數	平均數	標準差	F值	事後比較
社會影響性認知	1.環境保護局	879	4.41	0.80	29.00***	3>1 3>2 3>4 1>2
	2.工務或建設局／處	1396	4.28	0.97		
	3.衛生局	1564	4.57	0.89		
	4.警察局	2224	4.34	0.91		
公共服務動機	1.環境保護局	875	4.33	0.71	12.33***	3>1 3>2 3>4
	2.工務或建設局／處	1390	4.28	0.86		
	3.衛生局	1564	4.45	0.80		
	4.警察局	2222	4.33	0.84		
自我效能感	1.環境保護局	875	4.47	0.72	5.59**	3>2 3>4
	2.工務或建設局／處	1385	4.40	0.87		
	3.衛生局	1559	4.52	0.81		
	4.警察局	2217	4.44	0.80		
管家精神	1.環境保護局	873	4.39	0.84	8.64***	3>2 3>4
	2.工務或建設局／處	1382	4.34	0.91		
	3.衛生局	1554	4.49	0.83		
	4.警察局	2203	4.37	0.90		

註：*p＜0.05；**p＜0.01；*** p＜0.001。
資料來源：本研究。

又，由表4-7的資訊可以看出，四類機關人員在績效行為反應與傾向之層面上，於「績效要求外行為」、「積極性績效資訊運用」，及「責難規避」三個變項具有行為傾向的顯著差異。關於是否願意額外付出績效要求之外的行為和努力，從事後比較分析結果來看，很顯然地，衛生局人員明顯高於其他三類機關人員。在積極運用機關績效資訊，以解決業務或機關中問題一事上，亦可看到，工務／建設機關的同仁最不會表現出這類行為，且衛生局人員在此事的傾向上，顯著高於其他三類機關的人員，而環保局和警察局同仁的行為可能性亦高過於工務／建設類同仁。

有趣的是，在責難規避此一變項上，警察局同仁的行為傾向顯著高於其他三類機關人員，同時，工務／建設機關人員規避究責的傾向亦高過於衛生局人員；在這當中，衛生局同仁的這類行為傾向為四類機關中最低者。

表4-7　四類機關人員在績效行為反應與傾向上之比較分析

測量構面	組別	個數	平均數	標準差	F值	事後比較
績效要求外行為	1.環境保護局	878	4.19	0.88	31.51***	3>1 3>2 3>4
	2.工務或建設局／處	1394	4.19	1.00		
	3.衛生局	1563	4.42	0.93		
	4.警察局	2226	4.13	0.94		
積極性績效資訊運用	1.環境保護局	878	4.20	0.86	31.19***	3>1 3>2 3>4 1>2 4>2
	2.工務或建設局／處	1392	4.04	0.92		
	3.衛生局	1566	4.36	0.84		
	4.警察局	2224	4.21	0.91		
責難規避	1.環境保護局	879	3.36	1.05	33.73***	4>1 4>2 4>3 2>3
	2.工務或建設局／處	1396	3.43	1.17		
	3.衛生局	1568	3.27	1.17		
	4.警察局	2223	3.63	1.13		
績效管理形式化	1.環境保護局	878	4.24	0.86	0.69	
	2.工務或建設局／處	1386	4.29	0.92		
	3.衛生局	1568	4.28	0.87		
	4.警察局	2219	4.26	0.95		

註：*$p<0.05$；**$p<0.01$；*** $p<0.001$。
資料來源：本研究。

　　最後，本研究亦透過獨立樣本t檢定來檢視主管和非主管人員在上述各層面的認知或行為傾向上，是否具有差異。從表4-8可以看出，主管與非主管人員在個人認知層面上，於「社會影響性認知」、「公共服務動機」、「自我效能感」，及「管家精神」四個變項，皆具有認知上的顯著差異，並且皆為主管人員高於非主管人員。

　　此外，在績效行為反應與傾向之面向上，主管和非主管人員彼此於「績效要求外行為」、「積極性績效資訊運用」，及「責難規避」三個變項上，具有顯著差異；且在前兩個變項上，乃是主管人員明顯高於非主管人員，但是在責難規避的行為傾向上，則是非主管人員較易產生此一行為。

表4-8　主管與非主管人員之比較分析

概念構面	測量構面	組別	個數	平均數	標準差	t值
個人認知	社會影響性認知	主管	659	4.69	0.83	9.76***
		非主管	5112	4.35	0.91	
	公共服務動機	主管	658	4.62	0.74	10.09***
		非主管	5100	4.31	0.82	
	自我效能感	主管	657	4.73	0.73	10.16***
		非主管	5089	4.42	0.81	
	管家精神	主管	652	4.69	0.82	9.04***
		非主管	5073	4.36	0.87	
績效行為反應與傾向	績效要求外行為	主管	659	4.48	0.83	8.15***
		非主管	5109	4.19	0.96	
	積極性績效資訊運用	主管	660	4.47	0.86	7.88***
		非主管	5112	4.18	0.89	
	責難規避	主管	657	3.26	1.14	4.66***
		非主管	5116	3.48	1.14	
	績效管理形式化	主管	659	4.22	0.90	1.55
		非主管	5100	4.28	0.91	

註：*p＜0.05；**p＜0.01；*** p＜0.001。
資料來源：本研究。

　　綜合上述，本研究發現，無論是正式或非正式人員、四類不同機關的人員，或是主管和非主管人員，在個人認知和績效行為反應傾向等層面上，彼此間都存有差異，諸如非正式人員在「社會影響性認知」及「自我效能感」等變項上，感受程度高於正式人員，相對地，正式人員卻在「責難規避」和「績效管理形式化」兩項上，傾向程度高過非正式人員。同時，衛生局人員在個人認知的四個變項，以及「績效要求外行為」和「績效性績效資訊運用」兩項上，認知和表現優於其他三類機關，而在「責難規避」一事上，警察局同仁卻有高於三類機關人員的傾向。又，主管人員同樣也是在個人認知之四個變項，及「績效要求外行為」和「績效性資訊運用」兩變項上，優於非主管人員，但非主管人員則較易顯現規避究責的行為。

　　但是，是什麼原因造成這些不同類型的人員，在前述面向上的認知或行為傾向產生差異？是否可能如同社會認知理論所言，乃是受到其所面對的制度環境，或是心理認知調節動態所左右？這些疑問，毋寧是值得吾人繼續深入探究者，亦是本研究最為關心的重點。下一節中，本研究將就此進行延伸分析。

第三節　績效行為反應與傾向之影響因子分析

　　接續前一節的研究發現，本研究將進一步針對本研究各變項之間的因果互動關係進行分析檢驗，以期理解公部門之制度環境，對於組織成員的任事態度，及績效行為反應和傾向彼此間之動態關係。基此，在此節中，本研究將以階層迴歸分析法，針對各測量變項對於地方政府組織成員的績效行為反應和傾向之影響進行剖析。必須先加以說明的是，為使納入分析之各變項在後續的迴歸分析中能更為充分地反映其變異效果，且避免各題組間因題目數量不一而造成資料偏頗，本研究遂以主成分因素分析法，將各測量變項中之各個題項，聚合成單一因子，並將之轉化為因素分數（factor score），做為標準化之處理。

　　而為能針對本研究各測量變項對於地方公部門組織成員績效行為之影

響性有一初步理解，本節逐以本研究所關心的四種績效行為反應或傾向，即績效要求外行為、積極性績效資訊運用、責難規避及績效管理形式化，做為依變項，據以進行階層迴歸分析。

故，在分析程序上，乃先於第一個模型中投入控制變項，藉以瞭解本研究控制變項對於所觀察依變項之影響力；之後在後續模型中，除原有的控制變項外，再增加本研究前所設定不同層面中的測量變項，以觀察新增的變項對於依變項是否能形成顯著影響及其主要效果。是以，於第二個模型中，除控制變項外，再投入「環境」層面中「公部門特質」之外部政治環境、目標模糊性，及目標衝突性等三個變項；繼之，在第三個模型中，再投入「環境」層面中「組織管理途徑與制度」的內部官僚控制、授能與自主、成果導向績效文化、績效制度之運作，及官樣文章等五個變項；再繼之，於第四個模型中，新增「個人認知」層面的社會影響性認知及公共服務動機二個變項；再而於第五個模型中，投入「個人認知」層面的自我效能感變項；最後，則在第六個模型中，投入「個人認知」層面的管家精神此一變項。申言之，每一項依變項皆採此六道程序進行分析檢驗；期望透過這樣的程序，一方面藉以檢驗此些變項對於依變項的影響力，二方面亦可瞭解不同層面概念的測量變項對依變項的作用效果。以下便針對分析結果分述之。

一、績效要求外行為之影響因子分析

依循前述處理程序，首先，如表4-9所示，本研究先以「績效要求外行為」做為依變項，在模型一中，整體模型適合度達到統計之顯著水準，惟整體模型之解釋效果甚低。就此模型中所納入的控制變項影響效果來看，女性、教育程度越高、主管人員、目前職務年資越低、公務總年資越高、曾具有在社會福利機關（構）之服務經驗者，越有可能願意在機關的績效要求外，付出額外的心力；同時，相較於警察機關同仁而言，來自環保、工務／建設，及衛生機關的同仁們，以及相較於機關內部行政管理業務的同仁來說，從事對民眾或業者服務之業務同仁們，也皆較有付出績效

表4-9　績效要求外行為之階層迴歸分析結果

	績效要求外行為 （N＝6083）					
	模型一	模型二	模型三	模型四	模型五	模型六
性別	-0.07(0.03)***	-0.06(0.03)***	-0.06(0.03)***	-0.05(0.03)***	-0.05(0.02)***	-0.05(0.02)***
年齡	0.004(0.02)	-0.01(0.02)	-0.01(0.02)	-0.04(0.02)*	-0.05(0.02)**	-0.05(0.02)**
教育程度	0.04(0.03)*	0.05(0.03)**	0.04(0.03)**	0.02(0.02)	0.01(0.02)	0.02(0.02)
機關類型：環保 （相對於警察）	0.04(0.04)**	0.04(0.04)**	0.04(0.04)**	0.03(0.04)*	0.03(0.04)*	0.03(0.04)
機關類型：工務 （相對於警察）	0.06(0.04)***	0.06(0.04)***	0.07(0.04)***	0.06(0.04)***	0.06(0.03)***	0.06(0.03)***
機關類型：衛生 （相對於警察）	0.13(0.04)***	0.12(0.04)***	0.13(0.04)***	0.08(0.04)***	0.08(0.04)***	0.08(0.04)***
正式／非正式人員	-0.04(0.07)	-0.02(0.06)	0.02(0.06)	0.02(0.06)	0.03(0.06)	0.03(0.06)
職等	0.04(0.01)	0.03(0.01)	0.01(0.01)	0.02(0.01)	0.02(0.01)	0.02(0.01)
主管／非主管	0.05(0.05)***	0.04(0.04)**	0.04(0.04)**	0.02(0.04)	0.02(0.04)	0.02(0.04)
業務類型：管制 （相對於內部）	0.02(0.03)	0.005(0.03)	0.01(0.03)	-0.001(0.03)	0.002(0.03)	0.004(0.03)
業務類型：服務 （相對於內部）	0.03(0.03)*	0.03(0.03)*	0.03(0.03)*	0.01(0.03)	0.02(0.03)	0.02(0.03)
目前職務年資	-0.06(0.01)***	-0.04(0.01)**	-0.05(0.01)**	-0.02(0.01)	-0.02(0.01)	-0.02(0.01)
公部門總年資	0.17(0.01)***	0.14(0.01)***	0.13(0.01)***	0.08(0.01)***	0.08(0.01)***	0.07(0.01)***
直轄市／縣市	-0.02(0.03)	-0.01(0.02)	-0.005(0.02)	0.0003(0.02)	-0.003(0.02)	-0.002(0.02)
社福機關（構）服 務經驗	0.06(0.06)*	0.07(0.06)**	0.07(0.06)**	0.06(0.05)**	0.06(0.05)**	0.06(0.05)**
社福機關（構）服 務年資	-0.02(0.02)	-0.03(0.02)	-0.04(0.02)	-0.04(0.02)*	-0.05(0.02)*	-0.05(0.02)*
外部政治環境		0.07(0.01)***	0.07(0.01)***	0.05(0.01)***	0.05(0.01)***	0.04(0.01)***
目標模糊性		-0.26(0.01)***	-0.17(0.02)***	-0.03(0.01)*	-0.02(0.01)	0.01(0.01)
目標衝突性		0.07(0.01)***	0.04(0.01)**	0.03(0.01)**	0.04(0.01)**	0.04(0.01)**
內部官僚控制			0.13(0.01)***	0.06(0.01)***	0.05(0.01)***	0.05(0.01)***
授能與自主			0.17(0.01)***	0.03(0.01)*	0.0002(0.01)	0.003(0.01)
成果導向績效文化			-0.05(0.02)***	-0.06(0.01)***	-0.06(0.01)***	-0.06(0.01)***
績效制度運作			0.09(0.02)***	0.01(0.02)	0.01(0.02)	-0.002(0.02)
官樣文章			0.01(0.01)	0.0001(0.01)	-0.002(0.01)	0.002(0.01)
社會影響性認知				0.25(0.01)***	0.21(0.02)***	0.19(0.02)***
公共服務動機				0.27(0.02)***	0.23(0.02)***	0.20(0.02)***
自我效能感					0.13(0.02)***	0.10(0.02)***
管家精神						0.16(0.01)***
R^2	0.047	0.122	0.158	0.282	0.289	0.303
Adjusted R^2	0.045	0.119	0.155	0.279	0.286	0.300

表4-9　績效要求外行為之階層迴歸分析結果（續）

	績效要求外行為 （N＝6083）					
	模型一	模型二	模型三	模型四	模型五	模型六
F值	18.886	44.134	47.536	91.471	91.234	93.967
p值	0.000	0.000	0.000	0.000	0.000	0.000
△R²		0.074	0.037	0.123	0.007	0.014
△F		170.354	53.239	520.803	61.368	119.534
P值		0.000	0.000	0.000	0.000	0.000

註：括號內數值爲標準誤。*p＜0.05；**p＜0.01；***p＜0.001。
資料來源：本研究。

要求外行爲之意願。並且，由此模型中可以發現，公務總年資越高者及衛生局人員（相較於警察人員）的影響表現較高。此外，此模型中共線性的威脅並不嚴重（VIF < 6.307）。

其次，就加入公部門特質變項之模型二加以檢視，其整體模型具顯著性，並且在加入三個自變項後，模型適合度之改變亦達統計顯著水準，顯示此三變項的投入，對於整體模型的解釋力具有顯著的提升效果。又，此模型中共線性的問題亦不嚴重（VIF < 6.316）。就變項間的影響力來觀察，在模型二的控制變項中，達統計上顯著性之變項與模型一相同。同時，在自變項部分，外部政治環境、目標模糊性、目標衝突性三者，皆對組織成員的績效要求外行爲具有顯著影響；惟目標模糊性一項，不僅是最具影響力之變項，且爲負向影響。換句話說，當地方政府組織成員感受到外部政治環境壓力越大、機關目標越清晰、或是機關內的目標衝突性越高時，越有可能展現出績效要求外行爲。

復次，針對模型三進行檢視，整體模型同樣具有顯著性，且在加入了組織管理途徑與制度的五項測量變項後，模型適合度的改變量亦達顯著水準，表示新加入之變項具有解釋意義。且此模型中共線性的問題亦不嚴重（VIF < 6.341）。就模型結果來做檢視，在控制變項部分，結果與前兩項模型相同；在公部門特質的三個變項上，達到統計顯著的變項相同，惟目標模糊性和目標衝突性的影響係數，受到新增變項的因素而下降。在新投入的五個變項中，內部官僚控制、授能與自主、績效制度之運作皆具有正

面顯著影響，而成果導向的績效文化卻是產生負面的顯著影響，且這四者中，以「授能與自主」此一變項最具影響效果。申言之，若組織內階層控制程度越強，同時也能授與組織成員自主決策空間，強化績效制度運作的有效性，及降低績效文化的強調程度，皆能促使組織成員付出額外心力在績效要求外行為。

再復次，就模型四加以檢視，整體模型依然具有顯著性，且在加入個人認知的社會影響性認知及公共服務動機後，不僅整體模型的解釋效果提升了12.3%，而且模型解釋力的改變量亦達到統計上的顯著水準，代表新增變項明顯強化了模型的解釋效果。且此模型中共線性的問題亦不嚴重（VIF < 6.345）。不過，在加入這兩個變項後，部分變項的影響效果發生變化。先就控制變項而言，教育程度、是否為主管人員、民眾服務類型之業務人員（相對於內部行政管理）、目前職務年資等四項變得不具顯著性，相對於此，新增加年齡越輕，及在社福機關（構）服務年資越低者，兩項顯著影響因素。在自變項部分，績效制度之運作反而變得不具顯著性，但是，新加入的社會影響性認知，及公共服務動機，皆具有高度的影響效果。而且在模型四中，公共服務動機和社會影響性認知，不僅是最具影響力的兩個變項，同時也使得其他變項的影響效果減弱許多。

在模型五中，在前述的變項基礎上，再加上個人認知層面的自我效能感此一變項，整體模型具有顯著性，且新模型較前一模型的解釋力改變，亦達顯著水準，顯示新變項的加入，能帶來具有意義的解釋效果。又，此模型中共線性的問題亦不嚴重（VIF < 6.345）。相較於前一模型，模型五的目標模糊性及授能與自主兩變項，變得不再顯著；而新投入的自我效能感變項，則對組織成員的績效要求外行為具有顯著的影響力。但就整體模型而言，仍是公共服務動機和社會影響性認知兩個變項，對依變項的影響效果較大。

最後則檢視將個人認知中的管家精神加入模型後的結果。表4-9顯示出模型六具有顯著性，且放入管家精神此一變項後，模型適合度之改變量亦達顯著水準，意謂新增此一變項具有統計上的顯著意義。另，此模型中共線性的問題亦非嚴重（VIF < 6.345）。將模型六與模型五相比較，控制

變項中的環保機關（相對於警察）失去影響效果，其餘者則相同；在自變項中，原有具顯著性的變項，與前一模型相同，且新加入的管家精神，也展現了明顯的影響效果。申言之，從最終的模型六（即完整模型，full model）來看，當地方公部門組織成員感受到外部政治環境壓力越大、機關目標衝突性越明顯、內部階層控制程度越強、越不具備事事講求績效的組織文化，且組織成員越具有社會影響性認知、公共服務動機越強、自我效能感越高，以及越具備管家精神，則越有可能為了組織的整體成就，而付出績效要求外行為。在這當中，公共服務動機的影響效果最高、社會影響性認知次之，管家精神再次之。

二、積極性績效資訊運用之影響因子分析

本研究次以「積極性績效資訊運用」做為依變項，首先由表4-10可以看出，模型七雖然解釋程度較低，但整體模型適合度仍具有統計之顯著水準。針對此模型中所納入的控制變項來看，女性、年齡越高者、衛生局同仁（相對於警察機關）、非正式人員、主管人員、目前職務年資越低者、公部門總年資越高者、來自縣（市）政府之同仁，較有可能在各自的業務工作上，積極地運用績效資訊來提升組織效能；但相對地，來自工務或建設機關的同仁（相對於警察機關）及負責管制性業務的同仁（相對於內部行政管理業務者），則較不會展現是類行為傾向。而且可以發現，公務總年資越高者及非正式人員的行為反應傾向明顯較高。此外，此模型中共線性的威脅並不嚴重（VIF < 6.307）。

再者，針對加入公部門特質變項之模型八進行檢視，該模型不僅具有統計上的顯著意義，並且在加入三個自變項後，模型解釋力之提升亦達統計顯著水準，表示這三個變項的投入，對於整體模型的解釋效果來說，具有明顯的正面作用。同時，此模型中共線性的問題亦不嚴重（VIF < 6.316）。而就此模型中的變項效果來觀察，在控制變項中，除性別一項變得不具顯著效果外，其餘和模型七相同。另，在自變項部分，新投入的外部政治環境、目標模糊性、目標衝突性三項，皆對組織成員的積極性績

表4-10　積極性績效資訊運用之階層迴歸分析結果

	積極性績效資訊運用 （N＝6083）					
	模型七	模型八	模型九	模型十	模型十一	模型十二
性別	-0.03(0.03)*	-0.02(0.02)	-0.02(0.02)	-0.01(0.02)	-0.01(0.02)	-0.005(0.02)
年齡	0.08(0.02)***	0.05(0.02)**	0.05(0.02)**	0.03(0.02)	0.02(0.02)	0.01(0.01)
教育程度	-0.005(0.03)	0.01(0.02)	0.01(0.02)	-0.003(0.02)	-0.01(0.02)	-0.001(0.02)
機關類型：環保 （相對於警察）	0.02(0.04)	0.01(0.04)	0.03(0.04)	0.02(0.04)	0.01(0.04)	0.01(0.03)
機關類型：工務 （相對於警察）	-0.05(0.04)**	-0.04(0.03)**	-0.01(0.03)	-0.02(0.03)	-0.02(0.03)	-0.03(0.03)*
機關類型：衛生 （相對於警察）	0.09(0.04)***	0.07(0.04)***	0.09(0.03)***	0.07(0.03)***	0.07(0.03)***	0.06(0.03)***
正式／非正式人員	-0.11(0.07)***	-0.08(0.06)**	-0.03(0.05)	-0.02(0.05)	-0.02(0.05)	-0.02(0.05)
職等	0.05(0.01)	0.02(0.01)	0.01(0.01)	0.01(0.01)	0.01(0.01)	0.01(0.01)
主管／非主管	0.06(0.05)***	0.05(0.04)***	0.04(0.04)**	0.03(0.04)*	0.03(0.04)*	0.02(0.03)
業務類型：管制 （相對於內部）	-0.03(0.03)*	-0.04(0.03)**	-0.02(0.03)*	-0.03(0.03)**	-0.03(0.03)**	-0.03(0.02)*
業務類型：服務 （相對於內部）	-0.02(0.03)	-0.02(0.03)	-0.02(0.03)	-0.02(0.03)	-0.02(0.03)	-0.01(0.03)
目前職務年資	-0.06(0.01)***	-0.04(0.01)*	-0.03(0.01)*	-0.01(0.01)	-0.01(0.01)	-0.002(0.01)
公部門總年資	0.14(0.01)***	0.1(0.01)***	0.08(0.01)***	0.05(0.01)**	0.05(0.01)**	0.03(0.01)
直轄市／縣市	-0.05(0.03)***	-0.04(0.02)**	-0.02(0.02)	-0.02(0.02)*	-0.02(0.02)*	-0.02(0.02)*
社福機關（構）服 務經驗	0.01(0.06)	0.03(0.05)	0.03(0.05)	0.02(0.05)	0.02(0.05)	0.03(0.05)
社福機關（構）服 務年資	0.01(0.02)	-0.01(0.02)	-0.02(0.02)	-0.02(0.02)	-0.02(0.02)	-0.03(0.02)
外部政治環境		0.06(0.01)***	0.07(0.01)***	0.06(0.01)***	0.06(0.01)***	0.04(0.01)***
目標模糊性		-0.47(0.01)***	-0.27(0.01)***	-0.19(0.01)***	-0.18(0.01)***	-0.11(0.01)***
目標衝突性		0.06(0.01)***	0.06(0.01)***	0.06(0.01)***	0.06(0.01)***	0.06(0.01)***
內部官僚控制			0.05(0.01)***	0.01(0.01)	0.002(0.01)	0.002(0.01)
授能與自主			0.1(0.01)***	0.02(0.01)	-0.01(0.01)	-0.005(0.01)
成果導向績效文化			0.04(0.01)**	0.03(0.01)**	0.04(0.01)**	0.04(0.01)**
績效制度運作			0.27(0.01)***	0.23(0.01)***	0.23(0.01)***	0.20(0.01)***
官樣文章			0.03(0.01)**	0.03(0.01)*	0.03(0.01)*	0.04(0.01)**
社會影響性認知				0.15(0.01)***	0.11(0.01)***	0.07(0.01)***
公共服務動機				0.16(0.01)***	0.12(0.01)***	0.06(0.01)***
自我效能感					0.12(0.01)***	0.07(0.01)***
管家精神						0.32(0.01)***
R^2	0.060	0.281	0.358	0.402	0.409	0.467
Adjusted R^2	0.058	0.279	0.356	0.399	0.406	0.465

表4-10　積極性績效資訊運用之階層迴歸分析結果（續）

	積極性績效資訊運用 (N＝6083)					
	模型七	模型八	模型九	模型十	模型十一	模型十二
F值	24.363	124.863	141.021	156.457	154.972	189.778
p值	0.000	0.000	0.000	0.000	0.000	0.000
△R²		0.221	0.077	0.043	0.007	0.059
△F		621.109	145.771	219.579	70.005	668.370
P值		0.000	0.000	0.000	0.000	0.000

註：括號內數值爲標準誤。*p＜0.05；**p＜0.01；***p＜0.001。
資料來源：本研究。

效資訊運用行爲具有顯著影響作用；惟目標模糊性不僅是該模型中最具影響效果的變項，且是負面影響。進言之，若是地方政府組織成員所感受到的外部政治環境壓力越大、機關目標越清晰、或是機關內的目標衝突性越高時，越有可能積極地運用機關內的績效資訊來推動業務。

　　復次，若就模型九來觀察，在新增組織管理途徑與制度的五項測量變項後，整體模型仍具有顯著性，且模型適合度亦具有顯著的提升效果。而此模型中共線性的問題亦不嚴重（VIF ＜ 6.341）。就模型中的變項影響性來做檢視，在控制變項上，與模型八相比，來自工務／建設機關及非正式人員的影響效果消失；而公部門特質的三個變項，仍具有顯著影響，只是目標模糊性的反向影響係數，在新變項加入後而降低。而五個新投入的組織管理途徑與制度測量變項，皆具有正面且顯著的影響效果；其中尤以績效制度運作的有效性爲最。

　　再復次，就模型十的結果加以檢視，整體模型同樣具有顯著性，且在加入了個人認知的社會影響性認知及公共服務動機兩個變項後，模型解釋力的改變量也具有統計上的顯著水準，表示新加入的變項具備重要的解釋意義。且此模型中共線性的問題亦不嚴重（VIF ＜ 6.345）。不過，在加入這兩個變項後，部分變項的影響效果也隨之產生變化。諸如在控制變項中，與模型九相較，年齡和目前職務年資兩項的影響效果消失；此外，自變項中的內部官僚控制及授能與自主兩項的影響性，也被新加入的變項所吸納，而不再顯著。但重要的是，新投入的社會影響性認知及公共服務動

機皆通過統計上之檢驗，對於組織成員的積極性績效資訊運用具有顯著影響力。不僅如此，在此模型中，績效制度運作的有效程度，仍是諸多變項中，最具影響力的關鍵因素。

此外，本研究在模型十一中，再加上個人認知層面的自我效能感變項，整體模型同樣具有顯著性，且新模型所帶來解釋力的改變，也達到顯著水準。且此模型中共線性的問題亦不嚴重（VIF < 6.345）。又，前述在前一模型中達到統計顯著的變項，在模型十一中依然具有顯著解釋力，同時，新增加的自我效能感亦對組織成員的績效資訊運用積極性，具有顯著影響。並且在諸多影響變項中，績效制度運作的有效性，在此模型中，依然是最為關鍵者。

最後，本研究則將個人認知中的管家精神加入模型中，並檢視其影響效果。由表4-10可以看出，模型十二整體而言具有統計上的顯著性，且在投入管家精神此一變項後，模型適合度之改變量同樣也達顯著水準，意謂增加此一變項對整體模型來說，具有重要的解釋意義。且此模型中共線性的問題亦非嚴重（VIF < 6.345）。若將模型十二與前一模型相較，可以發現，控制變項中主管人員及公部門總年資的影響效果消失，而工務／建設機關同仁（相對於警察機關）的反向效果卻又再度浮現。此外，在觀察的自變項中，獲得顯著影響者與前一模型相同，而且，新加入的管家精神變項，不僅具有統計上的顯著性，同時也超越績效管理制度之有效性，成為最具影響力的關鍵變項。進言之，當地方政府組織成員越是感受到外部政治環境的壓力、所服務機關的施政目標越是清晰、機關目標衝突性越高、組織中越是講求績效文化、績效制度運作越是有效健全、越明顯感受到組織內的繁文縟節，且組織成員越能認知到自身業務對於社會的影響性、越具有公共服務動機、自我效能感越高，更重要的是，越具有管家精神，則越有可能積極運作機關內的績效資訊來據以推動業務、解決機關所面臨的問題，或是提升組織績效。

三、責難規避之影響因子分析

接著，本研究以「責難規避」做爲依變項，首先如表4-11所示，模型十三雖然可解釋程度不高，但整體模型仍具有統計之顯著水準。針對模型中所納入的控制變項來觀察，該模型告訴我們，男性、年齡越低者、非主管人員、承辦管制性業務者（相對於內部行政管理業務）、承辦爲民（或業者）服務者（相對於內部行政管理業務），以及具有在社福機關（構）服務經驗者，較易有責難規避的行爲傾向。同時，透過該模型也發現，來自環保機關（相對於警察機關）、工務／建設機關（相對於警察機關）、衛生機關（相對於警察機關）的同仁，皆較不容易出現責難規避的行爲傾向。此外，此模型中共線性的威脅並不嚴重（VIF < 6.307）。

其次，針對加入公部門特質變項之模型十四加以檢視，此模型不但具有統計上的顯著性，且在新投入三個自變項後，模型解釋力大幅提升且提升幅度達到統計顯著水準。同時，此模型中共線性的問題亦不嚴重（VIF < 6.316）。就此模型中的變項影響效果來觀察，在控制變項的變動中，除新增發現教育程度越高者，越有可能發生責難規避的情形外，非主管人員、受訪者所承辦業務類型，以及是否曾在社福機關服務等變項，則因爲自變項的投入而失去統計上的顯著性。另外在自變項部分，新加入的外部政治環境、目標模糊性、目標衝突性三項，皆會對組織成員的責難規避行爲產生正面影響效果。申言之，若是地方政府組織成員所感受到的外部政治環境壓力越大、機關目標越模糊、或是機關內的目標衝突性越高時，便越有可能引發組織成員的責難規避傾向。尤其，組織目標的衝突性一項，最具影響力。

復次，就模型十五來觀察，在本研究新加入組織管理途徑與制度的五項測量變項後，整體模型仍具顯著性，且模型解釋力的提升亦達顯著水準。且此模型中共線性的問題亦不嚴重（VIF < 6.341）。就模型中所關心的變項影響性來做觀察，在控制變項上，與模型十四相較，受訪者是否曾於社福機關（構）服務的影響效果再度浮現，而其他控制變項的影響力如同前一模型。在自變項部分，公部門特質的三個變項，皆仍具有正面影響

表4-11　責難規避之階層迴歸分析結果

	責難規避 （N＝6083）					
	模型十三	模型十四	模型十五	模型十六	模型十七	模型十八
性別	0.08(0.03)***	0.06(0.03)***	0.06(0.02)***	0.06(0.02)***	0.06(0.02)***	0.06(0.02)***
年齡	-0.16(0.02)***	-0.11(0.02)***	-0.1(0.02)***	-0.1(0.02)***	-0.1(0.02)***	-0.1(0.02)***
教育程度	0.02(0.03)	0.03(0.02)*	0.03(0.02)*	0.04(0.02)**	0.04(0.02)**	0.03(0.02)**
機關類型：環保 （相對於警察）	-0.1(0.04)***	-0.06(0.04)***	-0.04(0.04)**	-0.04(0.04)**	-0.04(0.04)**	-0.03(0.04)*
機關類型：工務 （相對於警察）	-0.09(0.04)***	-0.07(0.04)***	-0.05(0.03)***	-0.05(0.03)***	-0.05(0.03)***	-0.05(0.03)**
機關類型：衛生 （相對於警察）	-0.14(0.04)***	-0.09(0.04)***	-0.08(0.04)***	-0.08(0.04)***	-0.08(0.04)***	-0.08(0.04)***
正式／非正式人員	0.03(0.07)	0.02(0.06)	0.02(0.06)	0.02(0.06)	0.02(0.06)	0.02(0.06)
職等	-0.004(0.01)	0.02(0.01)	0.01(0.01)	0.01(0.01)	0.01(0.01)	0.01(0.01)
主管／非主管	-0.04(0.05)**	-0.02(0.04)	-0.01(0.04)	-0.01(0.04)	-0.01(0.04)	-0.01(0.04)
業務類型：管制 （相對於內部）	0.05(0.03)**	0.01(0.03)	0.0002(0.03)	0.002(0.03)	0.002(0.03)	0.001(0.03)
業務類型：服務 （相對於內部）	0.04(0.03)*	0.02(0.03)	0.003(0.03)	0.01(0.03)	0.01(0.03)	0.005(0.03)
目前職務年資	0.03(0.01)	0.02(0.01)	0.01(0.01)	0.004(0.01)	0.004(0.01)	0.001(0.01)
公部門總年資	-0.03(0.01)	-0.02(0.01)	-0.02(0.01)	-0.02(0.01)	-0.02(0.01)	-0.01(0.01)
直轄市／縣市	0.01(0.03)	0.01(0.02)	-0.01(0.02)	-0.01(0.02)	-0.01(0.02)	-0.01(0.02)
社福機關（構）服 務經驗	0.05(0.06)*	0.04(0.06)	0.05(0.05)*	0.05(0.05)*	0.05(0.05)*	0.05(0.05)*
社福機關（構）服 務年資	-0.04(0.02)	-0.03(0.02)	-0.04(0.02)	-0.04(0.02)	-0.04(0.02)	-0.03(0.02)
外部政治環境		0.06(0.01)***	0.03(0.01)*	0.03(0.01)*	0.03(0.01)*	0.03(0.01)**
目標模糊性		0.20(0.01)***	0.12(0.01)***	0.1(0.01)***	0.1(0.01)***	0.08(0.01)***
目標衝突性		0.34(0.01)***	0.25(0.01)***	0.25(0.01)***	0.25(0.01)***	0.25(0.01)***
內部官僚控制			0.20(0.01)***	0.20(0.01)***	0.20(0.01)***	0.20(0.01)***
授能與自主			0.10(0.01)***	0.12(0.01)***	0.12(0.01)***	0.12(0.01)***
成果導向績效文化			-0.09(0.01)***	-0.08(0.01)***	-0.08(0.01)***	-0.08(0.01)***
績效制度運作			-0.09(0.02)***	-0.08(0.02)***	-0.08(0.02)***	-0.07(0.02)***
官樣文章			0.14(0.01)***	0.14(0.01)***	0.14(0.01)***	0.14(0.01)***
社會影響性認知				-0.03(0.01)*	-0.04(0.02)*	-0.02(0.02)
公共服務動機				-0.04(0.02)*	-0.04(0.02)*	-0.02(0.02)
自我效能感					0.01(0.02)	0.03(0.02)
管家精神						-0.10(0.01)***
R^2	0.057	0.220	0.292	0.294	0.294	0.300
Adjusted R^2	0.055	0.218	0.289	0.291	0.291	0.297

表4-11 責難規避之階層迴歸分析結果（續）

	責難規避 （N＝6083）					
	模型十三	模型十四	模型十五	模型十六	模型十七	模型十八
F值	23.118	90.205	103.980	96.986	93.393	92.597
p值	0.000	0.000	0.000	0.000	0.000	0.000
$\triangle R^2$		0.163	0.071	0.002	.000	0.006
$\triangle F$		422.308	122.095	9.536	0.293	50.476
P值		0.000	0.000	0.000	0.589	0.000

註：括號內數值為標準誤。*p＜0.05；**p＜0.01；***p＜0.001。
資料來源：本研究。

效果，而五個新增之組織管理途徑與制度測量變項中，內部官僚控制、授能與自主、官樣文章三項，皆對組織成員的責難規避行為傾向具有正面且顯著的影響效果，而成果導向的績效文化，及績效制度運作的有效性二者，則具有負面影響效果。在前述諸項變項中，對責難規避的行為與傾向而言，尤以目標衝突性最具影響性，次之為內部官僚控制，再次之為官樣文章。

再復次，針對模型十六的結果進行檢視，不僅整體模型依然具有顯著性，且在加入個人認知面的社會影響性認知及公共服務動機兩個變項後，模型解釋力也獲得顯著的提升效果。且此模型中共線性的問題亦不嚴重（VIF＜6.345）。就各個觀察變項來看，與前一模型相較，具有顯著影響效果的控制變項與前一模型相同；在環境層面的公部門特質及組織管理途徑與制度面向之八項自變項，依然保有顯著影響效果。而且新加入的社會影響性認知及公共服務動機，對於責難規避行為傾向而言，皆具有顯著的抑制效果。

又，本研究在模型十七中，再加上個人認知層面的自我效能感變項，整體模型的解釋力同樣具有顯著性，但是新變項的加入並未帶來模型解釋力的提升。不過，此模型中共線性的問題並不嚴重（VIF＜6.345）。就模型中納入分析的變項加以觀察，與前一模型相較，具有顯著影響效果之變項完全相同，並未產生變化。

最後，本研究將個人認知中的管家精神加入模型中，並檢視該變項之影響效果。如表4-11所示，模型十八整體而言達到統計上的顯著性，且在投入管家精神此一變項後，模型解釋力也獲得顯著的提升效果。且此模型中共線性的問題亦非嚴重（VIF < 6.345）。就個別變項的影響效果來觀察，可以發現，與前一模型相較，控制變項部分具顯著效果者與前一模型相同；在自變項部分，環境層面的公部門特質及組織管理途徑與制度中的八項變項，依然具有顯著影響性；但，有趣的是，在管家精神此一變項投入後，原先個人認知層面的社會影響性認知及公共服務動機之影響效果消失，被管家精神此一變項所吸納，且管家精神對於責難規避的行為傾向而言，具有顯著的負向效果。進言之，從模型十八來看，若是地方政府組織成員越是感受到外部政治環境的壓力、所處機關的目標模糊性和衝突性越高、組織內部階層控制程度越高、所感受到的自主空間越大、官樣文章程度越重，則越有可能產生責難規避的行為傾向，同時，若是其所處的機關組織越是強調績效文化、績效管理制度越能有效落實，且組織成員越是具備管家精神，則越有可能降低或是消弭責難規避這樣的行為傾向。而且，吾人亦可由此發現，組織的目標衝突性、層級控制程度，及官樣文章程度，乃是驅動組織成員產生責難規避行為傾向最主要的三項因素。

四、績效管理形式化之影響因子分析

本研究最後則以「績效管理形式化」做為依變項，來加以檢視其影響因子。由表4-12可以看出，儘管模型十九的整體可解釋程度不高，但是該模型仍達到統計上的顯著水準。且此模型中共線性的威脅並不嚴重（VIF < 6.307）。先針對模型中所納入的控制變項來加以檢視，可以發現，年齡越低者、教育程度越高者、所承辦業務為管制性業務者（相對於內部行政管理），越有可能坐視或助長機關內績效管理形式化現象的發生。

其次，針對加入公部門特質變項之模型二十進行檢視，此模型不僅具有統計上的顯著性，並且在新加入三個自變項後，模型解釋力亦獲得顯著的提升效果。同時，此模型中共線性的問題亦不嚴重（VIF < 6.316）。再

就此模型中各個變項的影響效果進行觀察，與前一模型相較，在控制變項部分，承辦管制性業務者（相對於內部行政管理）之影響性不再，取而代之者是受訪者過去曾在社福機關（構）的服務年資，且前述年資越少者，越有可能坐視機關內績效管理的形式化現象。在自變項部分，新投入的外部政治環境、目標模糊性、目標衝突性三項，皆會明顯促使組織內的績效管理制度趨向形式化。申言之，若是地方政府組織所面臨的外部政治環境壓力越大、機關目標越模糊、或是機關內部門單位間的目標衝突性越高時，便越有可能造成機關的績效管理制度流於形式。

　　復次，本研究在模型二十一中新加入組織管理途徑與制度的五項測量變項後，整體模型仍然具有顯著性，且模型解釋力的提升也同時達到顯著水準。且此模型中共線性的問題亦不嚴重（VIF < 6.341）。在加入五項新變項後，在控制變項部分，與前一模型相較，多增加職等和社福機關（構）服務經驗兩項影響變項，亦即職等越高者、曾具有在社福機關（構）服務經驗者，較易坐視組織內績效管理制度的形式化現象。在自變項部分，雖然在公部門特質的三個變項中，皆仍然具有統計上的顯著影響效果，但是在此模型中，目標模糊性卻變為負向影響作用。而在本模型五個新增的組織管理途徑與制度測量變項中，內部官僚控制及官樣文章二項，皆對組織內的績效管理形式化現象具有驅動效果，相對的，成果導向的績效文化及績效制度運作的有效性二者，則能對績效管理形式化現象產生顯著抑制效果。

　　再復次，針對模型二十二的結果加以觀察，就整體模型的解釋力而言，依然達到統計上之顯著性，且在加入個人認知面的社會影響性認知及公共服務動機兩個變項後，模型的解釋力也獲得了明顯的提升效果。且此模型中共線性的問題亦不嚴重（VIF < 6.345）。針對各觀察變項的效果加以檢視，與前一模型相較起來，控制變項中的社福機關（構）服務經驗之影響效果在此模型中消失，而在公部門特質面向中的目標模糊性影響力不再，而內部官僚控制及官樣文章的正向影響，以及績效文化和績效管理制度運作有效性的負向影響，依舊存在。而較令人訝異的是，新加入的社會影響性認知及公共服務動機兩個變項，對於績效管理形式化此一現象而言，竟具有正面影響效果。

表4-12　績效管理形式化之階層迴歸分析結果

	績效管理形式化 （N＝6083）					
	模型十九	模型二十	模型二十一	模型二十二	模型二十三	模型二十四
性別	-0.004(0.03)	-0.01(0.03)	-0.01(0.03)	-0.004(0.03)	-0.003(0.03)	-0.003(0.03)
年齡	-0.1(0.02)***	-0.06(0.02)**	-0.05(0.02)**	-0.06(0.02)**	-0.06(0.02)***	-0.06(0.02)***
教育程度	0.05(0.03)***	0.05(0.03)***	0.05(0.02)***	0.05(0.02)***	0.04(0.02)**	0.04(0.02)**
機關類型：環保 （相對於警察）	-0.02(0.04)	-0.01(0.04)	0.01(0.04)	0.01(0.04)	0.01(0.04)	0.01(0.04)
機關類型：工務 （相對於警察）	0.001(0.04)	0.005(0.04)	0.01(0.04)	0.01(0.04)	0.01(0.04)	0.01(0.04)
機關類型：衛生 （相對於警察）	-0.01(0.04)	0.0002(0.04)	-0.001(0.04)	-0.01(0.04)	-0.01(0.04)	-0.01(0.04)
正式／非正式人員	0.02(0.07)	0.002(0.06)	-0.02(0.06)	-0.02(0.06)	-0.02(0.06)	-0.02(0.06)
職等	0.05(0.01)	0.06(0.01)	0.06(0.01)*	0.07(0.01)*	0.07(0.01)*	0.07(0.01)*
主管／非主管	-0.02(0.05)	-0.01(0.04)	0.005(0.04)	0.0003(0.04)	-0.0005(0.04)	-0.0004(0.04)
業務類型：管制 （相對於內部）	0.04(0.03)*	0.001(0.03)	-0.02(0.03)	-0.02(0.03)	-0.02(0.03)	-0.02(0.03)
業務類型：服務 （相對於內部）	0.03(0.04)	0.01(0.03)	-0.01(0.03)	-0.02(0.03)	-0.01(0.03)	-0.01(0.03)
目前職務年資	0.003(0.01)	-0.002(0.01)	-0.02(0.01)	-0.01(0.01)	-0.01(0.01)	-0.01(0.01)
公部門總年資	-0.03(0.01)	-0.03(0.01)	-0.01(0.01)	-0.02(0.01)	-0.02(0.01)	-0.02(0.01)
直轄市／縣市	0.02(0.03)	0.01(0.02)	-0.01(0.02)	-0.01(0.02)	-0.01(0.02)	-0.01(0.02)
社福機關（構）服務經驗	0.04(0.06)	0.04(0.06)	0.05(0.05)*	0.04(0.05)	0.04(0.05)	0.04(0.05)
社福機關（構）服務年資	-0.05(0.02)	-0.05(0.02)*	-0.05(0.02)*	-0.05(0.02)*	-0.05(0.02)*	-0.05(0.02)*
外部政治環境		0.19(0.01)***	0.14(0.01)***	0.13(0.01)***	0.13(0.01)***	0.13(0.01)***
目標模糊性		0.16(0.01)***	-0.06(0.01)***	-0.03(0.01)	-0.02(0.01)	-0.02(0.02)
目標衝突性		0.15(0.01)***	0.05(0.01)***	0.05(0.01)***	0.05(0.01)***	0.05(0.01)***
內部官僚控制			0.12(0.01)***	0.10(0.01)***	0.09(0.01)***	0.09(0.01)***
授能與自主			0.01(0.01)	-0.02(0.01)	-0.04(0.02)**	-0.04(0.02)**
成果導向績效文化			-0.09(0.01)***	-0.09(0.01)***	-0.09(0.01)***	-0.09(0.01)***
績效制度運作			-0.23(0.02)***	-0.25(0.02)***	-0.25(0.02)***	-0.25(0.02)***
官樣文章			0.22(0.01)***	0.22(0.01)***	0.21(0.01)***	0.21(0.01)***
社會影響性認知				0.07(0.02)***	0.03(0.02)*	0.03(0.02)*
公共服務動機				0.05(0.02)**	0.02(0.02)	0.02(0.02)
自我效能感					0.10(0.02)***	0.10(0.02)***
管家精神						-0.004(0.01)
R^2	0.027	0.115	0.249	0.255	0.260	0.260
Adjusted R^2	0.024	0.112	0.246	0.252	0.257	0.256

表4-12　績效管理形式化之階層迴歸分析結果（續）

	績效管理形式化 （N＝6083）					
	模型十九	模型二十	模型二十一	模型二十二	模型二十三	模型二十四
F值	10.449	41.573	83.563	79.803	78.757	75.934
p值	0.000	0.000	0.000	0.000	0.000	0.000
$\triangle R^2$		0.088	0.133	0.006	0.005	0.000
$\triangle F$		202.024	215.216	26.311	38.643	0.059
P值		0.000	0.000	0.000	0.000	0.809

註：括號內數值爲標準誤。*p＜0.05；**p＜0.01；***p＜0.001。
資料來源：本研究。

　　繼之，本研究在模型二十三中，再加上個人認知層面的自我效能感變項，整體模型的解釋效果同樣具有顯著性，而且加入新變項後，模型也獲得解釋力上的顯著提升效果。且此模型中共線性的問題亦不嚴重（VIF＜6.345）。而就模型中納入分析的變項加以檢視，與前一模型相較，在控制變項中，具有顯著影響效果之變項與前一模型相同，但是在自變項中，新增加了授能與自主此變項之負面效果，但公共服務動機的影響力卻從而消失。不過，自我效能感此一新變項，卻也顯現其對績效管理形式化的正面影響效果。

　　最後，本研究將個人認知層面中的管家精神加入模型二十四中，並從而檢視各個變項的影響效果。在加入管家精神此一變項後，雖然模型整體解釋力仍具顯著性，但前開解釋力並未因此一變項的投入而有顯著提升效果。不過，此模型中共線性的問題並不嚴重（VIF＜6.345）。進一步針對個別變項的影響效果來觀察，可以發現，與前一模型相較，無論在此模型的控制變項、或是自變項中，具有顯著效果的變項，在項目及影響方向上，皆與前一模型結果相同，但是，管家精神此一變項卻無影響效果。申言之，當機關所面臨的外部政治環境壓力越大、機關的目標衝突性越高、組織內部的層級控制程度越高、官樣文章程度越高，同時組織成員對自身工作的社會影響性認知越強烈、自我效能感越高，皆有可能促使機關的績效管理制度走向形式化；相對地，若是機關內授能與自主的空間越大、越是強調成果導向的績效文化、越能落實績效管理制度，則越有可能降低或

減少績效管理與評核制度流於形式的可能。並且由結果來看，績效管理制度的有效落實，與組織內的官樣文章，乃是績效制度流於形式與否的兩項主要正、反拉力。

第四節　制度環境、任事態度與績效行為之因果分析

　　前文乃以階層迴歸分析法，檢視本研究所納入之測量變項，對於地方政府組織成員之績效行為反應與傾向之影響效果。這樣的分析方式，雖然可以幫助我們初步瞭解各測量變項是否對依變項具有影響作用，但是在社會實際系絡中，許多變項之間的關係，較之更為複雜；換言之，經由前述的分析，吾人尚無法得知，機關的內外部環境因素，是否會藉由組織成員的個人認知，進而影響其績效行為？尤其，更無法得知組織中的個人是否真的可能依其所面臨的制度環境，在認知層面產生自我調節作用，再進而影響其行為？

　　是以，為能進一步深入探究此些變項間的連續因果影響關係，本節將以結構方程式（Structural Equation Modeling, SEM）之結構模型（structural model）檢驗途徑，並以路徑分析（path analysis）及最大概似法之分析方式，更深入地探究各測量變項彼此所形成不同層面間的影響關係。以下便先從本研究全體樣本之結構模型開始檢視，繼而進一步由正式與非正式人員、四類機關人員、主管與非主管人員等不同人員類型，深入分析地方政府組織成員的績效行為結構成因。

　　之所以針對不同背景類型人員進行分析，主要原因在於，本研究在前揭差異分析部分，便發現分具不同背景類型之受訪公部門組織成員，於其心理認知和績效行為傾向上，各有其分殊性，故值得由此深入瞭解這些差異從何而來？以及會透過什麼樣的機轉方式影響其績效行為與傾向？

一、全體樣本之結構模型分析

本研究首先以全體樣本來進行路徑分析之結構模型檢驗。如表4-13所示，在進入模型結果之分析前，茲先就模型配適度加以檢視，此模型之χ^2為32398.716，p=0.000，自由度（df）為1867，χ^2/df之比為17.353，CFI為0.907，NFI為0.902，IFI為0.907，RMSEA為0.052；除卡方值因為受到樣本數的影響而數值偏高，致使卡方值與自由度之比值高於3之外，其餘四項指標皆能符合結構方程式模型配適度之要求標準，[13]因此，就此模型之配適度數值來看，應為可接受之結構模型。

繼而就結構模型中各變項間之路徑係數加以檢視。在總計84條路徑中，有17條路徑未達顯著。就這些達到顯著的因果路徑來看，首先可以看到，公部門特質中的外部政治環境、目標模糊性，及目標衝突性，皆與組織中的內部官僚控制及官樣文章呈正向影響關係，而除了「目標衝突性→成果導向績效文化」路徑不成立外，三項公部門特質變項，皆對授能與自主、成果導向績效文化、績效制度運作之有效性，產生負面影響。換句話說，若是組織所面臨的外部政治環境壓力越大、機關組織的目標模糊性和衝突性越高，則機關內部越有可能加重其層級控制的力道，越是偏好以繁文縟節的文書作業，來迴避外部威脅或是要求所有同仁以文字來載明彼此責任；同時，在這樣的環境下，越不可能授與組織成員自主決策空間，亦不可能強調論功行賞的績效文化，也不可能有效落實機關內的績效管理與評核制度。申言之，公部門所面臨的外部政治環境，以及公部門本身的條件特質，確實會影響機關組織內部在管理途徑或制度設計上的選擇方向。

其次，若從組織內部的管理途徑和制度對於地方政府組織成員的個人認知之影響來看，吾人可以發現，對受訪的地方公部門組織成員言，組織內部的層級控制程度，以及組織所授與的決策自主空間，都將對其工作的社會影響性認知、公共服務動機，及自我效能感具有正面助益。不過，二者比較起來，授能與自主所能產生的影響，大於組織的層級控制。同

---

[13] 前已述及，模型配適度之檢驗指標要求水準，係χ^2/df<3，CFI>0.9，NFI>0.9，IFI >0.9，RMSEA<0.08。

時，組織內若具有成果導向的績效文化，亦將對於組織成員的社會影響性認知、公共服務動機，及管家精神，具有正面作用；惟可能不利於組織成員對自我效能感及自我能力信心的建立。而機關內績效管理制度若能有效運作，亦將有助於組織成員的社會影響性認知、公共服務動機，及管家精神之發展。不過，若機關中充斥著官樣文章和繁文縟節，亦將對組織成員的社會影響性認知、公共服務動機，及管家精神，造成負面衝擊。由此觀之，組織內部的管理途徑和相關制度環境，確實會牽動著地方公部門組織成員的個人心理認知。

復次，我們也發現，若是組織成員感受到自己所負責的業務或工作，對於社會大眾所可能產生影響性越高，越有可能帶來較高的自我效能感，以及越高的管家精神；同時，若是組織成員的公共服務動機越高，也會為自己發展出越高的自我效能感及管家精神。此外，從模型中可以看到，組織成員的自我效能感，確實會正面帶動其個人的管家精神，換言之，此模型指出，地方政府組織成員在心理認知中，確實會透過本身的自我效能感，藉以調節其管家精神；亦即地方公部門組織成員的任事態度，的確是有一動態調節機制存在，而此任事態度的調節機制，亦受其所感受到的組織內、外部環境與制度的影響。

又，從模型中可以發現，影響公部門組織成員管家精神的主要因素有三，最主要來源是其公共服務動機，其次是個人的自我效能感，再次之是對社會影響性之認知。另方面值得注意的是，成果導向的績效文化與組織成員的自我效能感之間，存在著負向關係，此意謂著過度講求成果導向、論功行賞的績效文化，有可能藉由組織成員的自我效能感，而降低或傷害其管家精神。相對地，地方公部門組織成員的自我效能感，主要來自於其對工作的社會影響性認知，其次是公共服務動機，再次之為授能與自主；進言之，機關組織若欲提升員工對自身工作能力的信心，應從前述三方面著手努力，更進而強化其管家精神。

再復次，此模型中也指出，組織成員所具備的管家精神，確實能對其績效要求外行為，及積極性績效資訊運用等組織所期待的正面績效行為，產生正面引導效果；同時，亦可降低組織成員責難規避的負面行為傾向。

尤其，對於積極性績效資訊運用此一績效行為而言，管家精神存在與否以及程度高低，影響甚大。

最後，若再由外部和內部環境，及組織成員的心理認知角度，檢視各變項對於四個績效行為反應與傾向的影響，則可發現，組織所身處的內外部環境，對於組織成員的績效行為，個別皆具有不同程度的影響關係。例如從模型中可以看到，外部政治環境對於四種績效行為反應與傾向，皆具有正向作用；組織的目標模糊性則會助長責難規避的行為傾向，也會消弭組織成員運用績效資訊的傾向，但卻也可能抑制績效管理制度走向形式化的速度。而機關的目標衝突性，則是對積極性績效資訊運用、責難規避、績效管理形式化三項變項，皆具有顯著的正面影響。

另方面，此模型也指出，組織內部的層級控制力道越強，越有可能促使組織成員朝向責難規避、坐視績效管理制度流於形式之傾向，但同時，也有可能刺激了組織成員的績效要求外行為。相對地，組織對成員們的授權和給予自主空間，卻也可能替員工創造了規避責難的空間。而成果導向的績效文化，也是個利弊互見的因子，它一方面有助於抑制組織成員責難規避和坐視績效制度流於形式的行為傾向，但卻也可能壓抑成員們的社會性績效要求外行為。而此模型也明確告訴我們，若組織能有效落實績效管理制度，不僅能激發員工積極運用績效資訊的意願，亦能有效降低其責難規避和績效管理制度形式化的可能。至於組織內的繁文縟節，雖然發現可能對積極性績效資訊運用的期待行為有所助益，但是過多的官樣文章，卻也可能助長組織內責難規避和坐視績效管理制度流於形式之風。

至於個人認知層面的社會影響性認知及公共服務動機，都同樣對於組織成員的績效要求外行為及積極運用績效資訊的期待行為具有正面效果，但卻也都有可能助長績效管理制度形式化現象的發生。

～

前述之分析乃基於個別變項間所具有的直接關係來加以觀察，而為使吾人對於不同層次變項之間的影響效果產生整體性的瞭解，本研究遂將原始模型中未達顯著性之路徑予以刪除後，再以修訂後的結構模型，計算各

表4-13　全體樣本結構模型結果

全體樣本結構模型（N＝6083）

	內部官僚控制	授能與自主	成果導向績效文化	績效制度運作	官樣文章	社會影響性認知	公共服務動機	自我效能感	管家精神	績效要求外行為	積極性績效責訂運用	實難規避	績效管理形式化
外部政治環境	0.13*** (0.01)	-0.08*** (0.01)	-0.07*** (0.01)	-0.06*** (0.01)	0.12*** (0.03)					0.06*** (0.01)	0.04*** (0.01)	0.03* (0.01)	0.17*** (0.01)
目標模糊性	0.04** (0.01)	-0.56*** (0.01)	-0.61*** (0.02)	-0.65*** (0.01)	0.32*** (0.04)					-0.02 (0.02)	-0.15*** (0.02)	0.09*** (0.03)	-0.09** (0.02)
目標衝突性	0.36*** (0.02)	-0.05*** (0.02)	0.004 (0.02)	-0.09*** (0.01)	0.24*** (0.05)					0.03 (0.02)	0.06*** (0.02)	0.29*** (0.03)	0.05* (0.02)
內部官僚控制						0.19*** (0.01)	0.22*** (0.01)	0.09*** (0.01)	0.004 (0.01)	0.05*** (0.01)	0.01 (0.01)	0.21*** (0.02)	0.12*** (0.01)
授能與自主						0.39*** (0.01)	0.40*** (0.01)	0.27*** (0.01)	-0.01 (0.01)	-0.01 (0.02)	-0.01 (0.02)	0.16*** (0.02)	-0.02 (0.02)
成果導向績效文化						0.07*** (0.01)	0.08*** (0.01)	-0.04*** (0.01)	0.08*** (0.01)	-0.12*** (0.01)	0.02 (0.02)	-0.06*** (0.02)	-0.15*** (0.02)
績效制度運作						0.20*** (0.01)	0.24*** (0.01)	-0.01 (0.01)	0.12*** (0.01)	-0.02 (0.01)	0.18*** (0.02)	-0.05** (0.02)	-0.35*** (0.02)
官樣文章						-0.06*** (0.01)	-0.04** (0.01)	0.001 (.004)	-0.07*** (.004)	0.003 (0.01)	0.05*** (0.01)	0.19*** (0.01)	0.37*** (0.01)
社會影響性認知								0.37*** (0.01)	0.17*** (0.01)	0.25*** (0.01)	0.09*** (0.01)	-0.02 (0.02)	0.09*** (0.02)
公共服務動機								0.33*** (0.01)	0.28*** (0.02)	0.27*** (0.02)	0.06*** (0.02)	-0.03 (0.02)	0.07*** (0.02)
自我效能感									0.22*** (0.02)				
管家精神										0.19*** (0.02)	0.42*** (0.02)	-0.12*** (0.03)	0.01 (0.02)
配適度指標	χ²	df	χ²/df	p值	CFI	NFI	IFI	RMSEA					
模型數據	32398.716	1867	17.353	0.000	0.907	0.902	0.907	0.052					

註：細格內所呈現之主要數據，為各變項間路徑關係之標準化結構係數，括號內數值為標準誤。*p＜0.05；**p＜0.01；***p＜0.001。

資料來源：本研究。

個變項在整個結構模型中，經由具顯著性之路徑，所能產生的整體影響效果（見表4-14）。[14]

在修訂模型中，χ^2為32414.856，p=0.000，自由度（df）為1884，χ^2／df之比為17.205，CFI為0.907，NFI為0.902，IFI為0.907，RMSEA為0.052；因此修訂模型除了卡方值易受樣本數影響而使數值偏高，且亦使卡方值與自由度之比值高於3之外，從其餘四項指標來看，修訂後模型亦為良好、可接受之結構模型。

從表4-14可以看出，自我效能感與管家精神之間，確實具有正向影響關係，顯示在受訪地方公部門組織成員心中，其在組織中的任事態度，的確存有一個自我調節機制。再者，亦可看到，管家精神對於績效要求外行為及積極性績效資訊運用具有正向影響關係，而對責難規避的負面績效行為傾向亦可產生抑制性效果。惟組織成員心中的管家精神對績效管理形式化此一現象，無法發揮任何影響或作用力。申言之，組織成員的管家精神對於機關管理上所期待的績效行為、或是希望避免的行為傾向，確實具有其影響效果。

在確定前述各主要變項間的機制轉換關係後，接著我們可以發現，對受訪地方政府組織成員自我效能感影響最強烈之因素，乃是授能與自主，相對地，最有可能抹煞其對自我能力信心的因素，則是組織的目標模糊性。而對組織成員的管家精神而言，最具正面影響力者乃是其自身的公共服務動機，最有可能抑制其管家精神者，亦是組織目標模糊性。同時也可發現，最能激發組織成員的績效要求外行為之因素，乃是其公共服務動機，而負面影響力最高者，則是組織的目標模糊性；對於組織成員的積極性績效資訊運用行為而言，最具激發效果者，便是其自身的管家精神，而會使組織成員在績效資訊運用上消極以待的原因，最關鍵的亦是組織目標模糊性。

---

[14] 結構模型中所指整體影響效果（total effects），係指模型中各變項對於不同路徑中的最終依變項，所產生的直接效果（direct effects）加上間接效果（indirect effects）之總和效果。

相對於上述，本研究也發現，造成機關成員責難規避的行為傾向最主要的原因，在於機關內單位間的目標衝突性，無疑賦予了組織成員找尋逃脫責任的最佳藉口；可是，若要能夠有效防止如是的負面行為，最有效的方法，則是提振組織成員心中的那份管家精神。同時本研究也指出，就受訪的地方政府組織成員而言，造成績效管理形式化最主要的成因，乃是機關內的官樣文章，而唯有有效落實績效管理制度，方能獲得改善。

表4-14　全體樣本結構模型之整體影響效果

	內部官僚控制	授能與自主	成果導向績效文化	績效制度之運作	官樣文章	社會影響性認知	公共服務動機	自我效能感	管家精神	績效要求外行為	積極性績效資訊運用	責難規避	績效管理形式化
外部政治環境	0.125	-0.075	-0.068	-0.064	0.116	-0.03	-0.028	-0.027	-0.039	0.054	0.015	0.082	0.26
目標模糊性	0.04	-0.557	-0.611	-0.654	0.323	-0.401	-0.434	-0.412	-0.424	-0.216	-0.498	0.22	0.293
目標衝突性	0.364	-0.052	0	-0.091	0.238	0.017	0.026	0.033	-0.01	0.033	0.055	0.403	0.215
內部官僚控制						0.193	0.219	0.232	0.144	0.197	0.09	0.182	0.158
授能與自主						0.393	0.401	0.548	0.296	0.258	0.181	0.102	0.063
成果導向績效文化						0.065	0.078	0.005	0.111	-0.063	0.057	-0.072	-0.14
績效制度之運作						0.198	0.24	0.153	0.252	0.159	0.322	-0.093	-0.316
官樣文章						-0.064	-0.045	-0.039	-0.099	-0.046	-0.002	0.203	0.359
社會影響性認知								0.368	0.247	0.292	0.194	-0.036	0.089
公共服務動機								0.332	0.352	0.33	0.202	-0.051	0.071
自我效能感									0.213	0.039	0.09	-0.031	0
管家精神										0.185	0.421	-0.145	0

資料來源：本研究。

　　不過，同時也值得注意的是，本研究發現，組織的目標模糊性、官樣文章這兩項機關特質和內部制度環境，不僅皆會助長組織成員的責難規避和坐視績效管理形式化的行為傾向外，此二者都會同時有害於機關成員們的社會影響性認知、公共服務動機、自我效能感、管家精神，以及績效要求外行為和績效資訊運用之績效性，對組織之傷害甚大；相對於此，授能與自主卻是能夠同時驅動組織成員的社會影響性認知、公共服務動機、自我效能感，甚至是管家精神的最主要因素；此亦是值得公共組織管理者注意之處。

　　最後，更值得留意的是，在前面直接路徑的分析中已經提到，成果導向的績效文化，對於受訪公務同仁的自我效能感以及績效要求外行為都具有負面影響效果；因此，在此整體效果分析中亦可發現，成果導向之績效文化確實會形成績效要求外行為的不利因素；換言之，過度強調績效文化，有可能造成機關成員在基本要求外的積極行為上的退縮，有退而以保守的代理人自居的可能，此一結果值得關注。

二、正式與非正式人員之結構模型分析

　　藉由本研究全體樣本所構成的結構模型，吾人可以綜覽、鳥瞰的方式，瞭解受訪之地方公部門組織成員，在本研究所關心的研究議題上，所持認知、態度與行為傾向，以及當中的機制轉換過程。接著，本研究則將受訪者依正式或非正式人員加以分類，並就其各自之結構模型進行分析和討論。

（一）正式人員之結構模型分析

　　首先就正式人員之結構模型據以檢驗，如表4-15所示，此模型之χ^2為18818.508，p=0.000，自由度（df）為1867，χ^2 / df之比為10.080，CFI為0.908，NFI為0.899，IFI為0.908，RMSEA為0.052；基此，除卡方值因同樣受到樣本數的影響而數值較高，致使得卡方值與自由度之比值高於3之

外，CFI、IFI、RMSEA等指標皆能符合模型配適度之要求標準，而NFI亦已極接近配適度之標準，因此，應為可接受之結構模型。

繼就結構模型中的各路徑係數加以分析討論。在總計84條路徑中，有19項路徑未達顯著標準。若就具顯著性之因果路徑觀察，可以發現，絕大多數的變項關係結果，與全體樣本中的結果相近。諸如公部門特質中之外部政治環境、目標模糊性，及目標衝突性，皆對組織中的內部官僚控制及官樣文章等制度環境，具有正向影響關係；而此三項公部門特質變項，亦都對授能與自主、成果導向績效文化、績效制度運作之有效性，具有負面作用，除目標衝突性對績效文化不具影響力外。

其次，就組織內部的管理途徑和制度環境，對於地方公部門組織成員的個人認知之影響性而言，組織的層級控制程度，及組織授能與授權自主程度，都對受訪者中正式人員的社會影響性認知、公共服務動機，及自我效能感具有正面影響效果。而組織中若是強調成果導向的績效文化，或能有效落實績效管理制度，皆能對組織成員的社會影響性認知、公共服務動機及管家精神，產生正面引導作用；但是過於要求績效的組織文化，卻也可能斲傷組織成員的自我效能感。此模型同時指出，機關中若是官樣文章過高，則可能對組織成員的社會影響性認知、公共服務動機，及管家精神，帶來負面影響。

復次，從模型中也可看出，當組織成員越是認同自身業務具有社會影響性，以及具有越高的公共服務動機時，越能建立較高的自我效能感及管家精神。此外，組織成員的自我效能感，與其管家精神之間，亦具有正向影響關係。是以，再次確認了地方公部門組織成員在任事態度上，存有自我效能感與管家精神之間的自我調節機制。

再者，如此模型所示，組織成員的管家精神對其績效要求外行為，及積極運用機關績效資訊以推動和改善業務成果等績效行為之展現，具有正面影響效果；且亦有助於降低組織成員責難規避之行為傾向。

最後，在組織外部和內部環境，及組織成員個人認知等層面之變項，對於本研究之四項績效行為反應與傾向的影響部分，因絕大多數與前述全體樣本結果相似，便不再贅述，僅針對有所出入處加以討論。例如，此模

表4-15　正式人員結構模型結果

正式人員結構模型 (N=3385)

	內部官僚控制	授能與自主	成果導向績效文化	績效制度運作	官樣文章	社會影響性認知	公共服務動機	自我效能感	管家精神	績效要求外行為	積極性績效資訊運用	貫難規避	績效管理形式化
外部政治環境	0.12*** (0.02)	-0.09*** (0.02)	-0.06*** (0.02)	-0.05*** (0.01)	0.06*** (0.05)					0.07*** (0.01)	0.05** (0.01)	0.04* (0.02)	0.15*** (0.02)
目標模糊性	0.06*** (0.02)	-0.56*** (0.02)	-0.65*** (0.02)	-0.67*** (0.02)	0.32*** (0.05)					-0.05 (0.03)	-0.09** (0.03)	0.06 (0.04)	-0.11** (0.03)
目標衝突性	0.36*** (0.03)	-0.09*** (0.02)	0.02 (0.02)	-0.11*** (0.02)	0.29*** (0.06)					-0.01 (0.02)	0.05** (0.02)	0.31*** (0.03)	0.07* (0.02)
內部官僚控制						0.18*** (0.02)	0.23*** (0.01)	0.08*** (0.01)	-0.01 (0.01)	0.04* (0.02)	0.02 (0.02)	0.16*** (0.02)	0.11*** (0.02)
授能與自主						0.41*** (0.02)	0.41*** (0.02)	0.27*** (0.02)	-0.02 (0.02)	-0.04 (0.02)	-0.01 (0.02)	0.11*** (0.03)	-0.01 (0.03)
成果導向績效文化						0.13*** (0.02)	0.11*** (0.02)	-0.04* (0.01)	0.07*** (0.01)	-0.13*** (0.02)	0.02 (0.02)	-0.003 (0.03)	-0.12*** (0.02)
績效制度運作						0.15*** (0.02)	0.22*** (0.02)	-0.02 (0.01)	0.1*** (0.02)	-0.05* (0.02)	0.21*** (0.02)	-0.12*** (0.03)	-0.41*** (0.02)
官樣文章						-0.06*** (0.01)	-0.04* (0.01)	-0.01 (0.01)	-0.07*** (0.01)	-0.01 (0.01)	0.05* (0.01)	0.18*** (0.01)	0.35*** (0.01)
社會影響性認知								0.36*** (0.02)	0.20*** (0.02)	0.25*** (0.02)	0.08*** (0.02)	-0.01 (0.03)	0.05* (0.02)
公共服務動機								0.33*** (0.02)	0.33*** (0.02)	0.28*** (0.02)	0.09*** (0.02)	-0.01 (0.03)	0.06 (0.03)
自我效能感									0.19*** (0.03)				
管家精神										0.26*** (0.03)	0.43*** (0.03)	-0.15*** (0.04)	-0.01 (0.03)

配適度指標	χ^2	df	χ^2/df	p值	CFI	NFI	IFI	RMSEA
模型數據	18818.508	1867	10.080	0.000	0.908	0.899	0.908	0.052

註：細格內所呈現之主要數據，為各變項間經路徑關係之標準化結構係數，括號內數值為標準誤。*p＜0.05；**p＜0.01；***p＜0.001。
資料來源：本研究。

型中發現在受訪的正式人員認知中，組織的目標模糊性以及績效文化，與組織成員的責難規避行為間，並不具顯著關係；但組織的績效制度運作之有效性，卻有可能顯著降低成員表現績效要求外行為之機會。此外，該模型亦指出，組織成員的公共服務動機與機關的績效管理形式化之間，並不具顯著關係。

～～

同樣地，本研究再進一步將原始模型中不具顯著關係之因果路徑予以刪除，以修訂後之結構模型據以瞭解各個變項在整個模型中，所具有的整體影響效果。

在修訂後的模型中，χ^2為18838.139，p=0.000，自由度（df）為1886，χ^2 / df之比為9.988，CFI為0.908，NFI為0.899，IFI為0.908，RMSEA為0.052；故修訂模型除因卡方值乃受樣本數影響而使數值偏高，且亦使卡方值與自由度之比值高於3之外，從其他四項指標的數值來看，修訂後模型可稱良好、可接受之結構模型。

由表4-16可以看出，在受訪的地方政府正式人員心理認知中，自我效能感對管家精神依然具有正向影響關係，顯現此一自我調節機制確實存在，且牽動其任事態度。再者，從模型中可看出，管家精神對於績效要求外行為及積極性績效資訊運用皆具有正面影響關係，而對責難規避的行為傾向具有負面影響效果，但是對績效管理形式化並無影響力。

其次，就受訪的地方政府正式人員而言，對其自我效能感最具正面影響效果者，便是授能與自主；相對地，最主要的不利因素則是組織的目標模糊性。而對其管家精神而言，最主要的驅動效果乃來自於自身的公共服務動機，最有可能斷傷其管家精神者，則是組織的目標模糊性。本模型同時發現，對組織成員績效要求外行為最具鼓勵效果的因素，乃是其個人之公共服務動機，而組織的目標模糊性同樣最具殺傷力；對其積極性績效資訊運用行為來說，最能受其自身的管家精神所鼓舞，相對的，組織目標模糊性仍是不利因子。

　　又，形塑受訪地方政府機關成員責難規避之行為傾向，其最主要的原因乃是機關內部的目標衝突性；相對地，卻可以有效落實績效管理制度來降低正式人員的是類行為傾向。從模型整體效果中亦可看出，機關中的官樣文章乃是這群正式人員心中所認定，造成績效管理形式化的最主要原因，而改善之方則在於有效落實機關的績效管理制度。

　　不過，同樣值得注意的是，整體效果模型中也發現，如同全體樣本之模型結果，成果導向的績效文化對於受訪地方政府正式人員的績效要求外行為而言，確實會造成顯著的負面影響。

表4-16　正式人員結構模型之整體影響效果

	內部官僚控制	授能與自主	成果導向績效文化	績效制度之運作	官樣文章	社會影響性認知	公共服務動機	自我效能感	管家精神	績效要求外行為	積極性績效資訊運用	責難規避	績效管理形式化
外部政治環境	0.115	-0.088	-0.054	-0.05	0.062	-0.033	-0.03	-0.033	-0.036	0.058	0.021	0.068	0.214
目標模糊性	0.063	-0.556	-0.644	-0.664	0.323	-0.418	-0.449	-0.414	-0.441	-0.24	-0.48	0.189	0.308
目標衝突性	0.359	-0.092	0	-0.108	0.287	-0.007	0.007	0.005	-0.03	0.013	0.037	0.428	0.251
內部官僚控制						0.181	0.227	0.223	0.15	0.191	0.1	0.127	0.134
授能與自主						0.405	0.411	0.548	0.313	0.296	0.205	0.042	0.028
成果導向績效文化						0.127	0.114	0.04	0.144	-0.014	0.082	-0.024	-0.111
績效制度之運作						0.153	0.222	0.129	0.224	0.118	0.339	-0.183	-0.391
官樣文章						-0.063	-0.042	-0.037	-0.108	-0.056	-0.005	0.208	0.345
社會影響性認知								0.364	0.266	0.318	0.197	-0.045	0.07
公共服務動機								0.33	0.384	0.375	0.253	-0.065	0
自我效能感										0.048	0.077	-0.03	0
管家精神										0.266	0.429	-0.168	0

資料來源：本研究。

（二）非正式人員之結構模型分析

　　先就非正式人員之結構模型加以檢驗，如表4-17所示，此模型之χ^2為12617.286，p=0.000，自由度（df）為1867，χ^2/df之比為6.758，CFI為0.890，NFI為0.873，IFI為0.890，RMSEA為0.056；故，除卡方值因受樣本數影響而使數值較高，且亦使卡方值與自由度之比值高於3之外，CFI、NFI、IFI等三項指標尚能接近模型配適度之要求標準，而RMSEA亦已符合配適度之標準，因此，此應為可接受之結構模型。

　　接著針對結構模型中各因果路徑加以分析。在總計84條路徑中，有30項路徑未達顯著標準，與正式人員之結構模型有所差異。進一步就達顯著水準之因果路徑觀察，可以發現，公部門特質中之外部政治環境、目標模糊性，及目標衝突性，皆會促使組織強化內部的官僚層級控制，以及助長官樣文章的增生；惟此三項公部門特質，除目標衝突性對授能與自主及成果導向績效文化不具作用外，皆對機關內的授能與自主空間、成果導向績效文化、績效制度運作之落實推動，會造成不利影響。

　　其次，就組織內部的管理途徑和制度環境，對於地方公部門非正式人員的個人認知而言，機關內部所感受到的層級控制程度，以及主管所授與的決策自主空間，都對受訪地方政府非正式人員的社會影響性認知、公共服務動機及自我效能感，具有正面影響效果。而所服務的機關若是強調成果導向之績效文化，對非正式人員而言，卻有可能傷害其自我效能感。相對的，若是機關能有效落實績效管理制度，則將有助於提升非正式人員的社會影響性認知、公共服務動機，及管家精神。又，若是機關中有著過多的繁文縟節，則會明顯傷害非正式人員的管家精神。

　　復次，該模型也指出，就受訪的地方政府非正式人員而言，若其本身越是認同所承辦之業務對於社會大眾具有影響性，以及越是具有公共服務動機時，越能由此產生較高的自我效能感及管家精神。此外，我們也可以看到，自我效能感與管家精神之間的自我調節機制，同樣也存在於受訪的地方公部門非正式人員心理認知中。不過，這群非正式人員的管家精神，卻僅對其績效要求外行為及積極運用機關績效資訊兩項行為，具有正面引導作用。

　　而就組織的外部環境對於地方政府非正式人員的四項績效行為反應與傾向之直接影響而言，非正式人員所感受到外部政治環境的壓力，會助長其坐視機關績效管理流於形式的現象；而組織的目標模糊性不僅會扼殺非正式人員運用績效資訊的積極性，同時也會促使他們規避責難；比較令人訝異的是，儘管組織的目標衝突性同樣會驅使責難規避的傾向，但在受訪非正式人員心中，卻也會鼓舞他們的績效要求外行為與績效資訊運用的績效性。

　　若從組織內部管理途徑和制度環境來看，受訪的地方非正式人員認為，機關內的層級控制，對其績效要求外行為、責難規避及績效管理形式化等績效行為反應與傾向，皆具有正面顯著效果。而主管所給予的授權空間卻有可能助長其責難規避的傾向。機關中的績效文化雖能有效抑止責難規避及績效管理形式化等績效行為反應與傾向，但對非正式人員而言，卻也同時扼殺了他們展現績效要求外行為的意願；不過，若從績效制度運作的有效性來看，其應可鼓勵非正式人員的績效資訊運用行為，亦有可能降低相關制度流於形式化的可能。惟機關內的官樣文章，在非正式人員眼中，卻只帶來責難規避和績效制度流於形式的行為結果。

　　最後，就受訪地方公部門組織非正式人員而言，其自身的社會影響性認知，對其績效要求外行為、績效資訊運用之積極性，及對績效制度形式化的漠視，皆有正面影響。至於其公共服務動機，除能促成其績效要求外行為，及抑制責難規避的行為傾向外，卻也可能促使其冷眼看待績效制度流於形式的結果。申言之，受訪地方非正式人員之社會影響性認知和公共服務動機越高，越有可能漠視機關中績效管理形式化的現象，是否意謂著他們並不認同其機關中的相關績效管理制度，因而認為是類制度形式化後，越能讓其充分發揮公共服務之精神，不受其牽絆？此現象或許值得公共管理者之關注。

　　接著，本研究同樣進一步將原始模型中未達顯著水準的因果路徑加以刪除，並以修訂後之結構模型來檢視各變項在整個模型中，所能產生的整

表4-17 非正式人員結構模型結果

非正式人員結構模型 (N=1839)

	內部官僚控制	授能與自主	成果導向績效文化	績效制度運作	官樣文章	社會影響性認知	公共服務動機	自我效能感	管家精神	績效要求外行為	積極性績效資訊運用	實賽規避	績效管理形式化
外部政治環境	0.15*** (0.02)	-0.05* (0.02)	-0.12*** (0.02)	-0.06** (0.02)	0.15*** (0.06)					0.02 (0.02)	0.04 (0.02)	-0.004 (0.03)	0.18*** (0.02)
目標模糊性	0.05* (0.02)	-0.55*** (0.02)	-0.56*** (0.03)	-0.64*** (0.02)	0.35*** (0.06)					-0.01 (0.04)	-0.16*** (0.03)	0.13** (0.05)	-0.07 (0.04)
目標衝突性	0.35*** (0.04)	-0.01 (0.03)	-0.02 (0.03)	-0.06** (0.03)	0.11*** (0.09)					0.07*** (0.03)	0.08*** (0.03)	0.21*** (0.04)	0.01 (0.03)
內部官僚控制						0.19*** (0.02)	0.18*** (0.02)	0.07*** (0.01)	0.02 (0.02)	0.06* (0.03)	-0.01 (0.02)	0.3*** (0.03)	0.17*** (0.02)
授能與自主						0.37*** (0.03)	0.37*** (0.02)	0.28*** (0.02)	0.03 (0.03)	0.04 (0.03)	0.01 (0.03)	0.2*** (0.04)	-0.06 (0.03)
成果導向績效文化						-0.03 (0.02)	0.03 (0.02)	-0.06** (0.01)	0.02 (0.02)	-0.13*** (0.03)	-0.01 (0.02)	-0.13*** (0.03)	-0.24*** (0.03)
績效制度運作						0.24*** (0.02)	0.3*** (0.02)	-0.003 (0.02)	0.13*** (0.02)	0.01 (0.03)	0.17*** (0.03)	0.01 (0.04)	-0.27*** (0.03)
官樣文章						-0.04 (0.01)	0.002 (0.01)	0.00 (0.01)	-0.12*** (0.01)	0.05 (0.01)	0.02 (0.01)	0.2*** (0.01)	0.34*** (0.01)
社會影響性認知								0.39*** (0.02)	0.12*** (0.02)	0.22*** (0.03)	0.1*** (0.02)	-0.03 (0.03)	0.17*** (0.03)
公共服務動機								0.32*** (0.02)	0.26*** (0.03)	0.18*** (0.04)	0.04 (0.03)	-0.1*** (0.04)	0.13** (0.03)
自我效能感									0.23*** (0.04)				
管家精神										0.15*** (0.04)	0.42*** (0.04)	-0.05 (0.05)	-0.01 (0.04)
配適度指標	χ²	df	χ²/df	p值	CFI	NFI	IFI	RMSEA					
模型數據	12617.286	1867	6.758	0.000	0.890	0.873	0.890	0.056					

註：網格內所呈現之主要數據，為各變項間路徑關係之標準化結構係數，括號內數值為標準誤。*p＜0.05；**p＜0.01；***p＜0.001。

資料來源：本研究。

體影響效果。在此修訂模型中，χ^2為12652.465，p=0.000，自由度（df）為1898，χ^2／df之比為6.666，CFI為0.890，NFI為0.873，IFI為0.890，RMSEA為0.056；因此，此修訂模型除因卡方值受樣本數影響而使數值偏高，且亦使卡方值與自由度之比值高於3之外，從其他四項指標的數值來看，RMSEA符合要求標準，而CFI、NFI、IFI三項雖略低於要求標準，但仍極接近標準門檻，故此修訂模型應為可接受之結構模型。

　　就受訪地方公部門組織非正式人員結構模型之整體影響效果來看，如表4-18所示，此些非正式人員之自我效能感對其管家精神同樣具有正面顯著影響關係，表示一樣具備「自我效能感→管家精神」之任事態度自我調節機制。而且，受訪非正式人員所具有的管家精神，對其績效要求外行為及績效資訊運用之積極性，皆具有正面影響效果，惟對責難規避和漠視績效管理形式化之行為傾向不具影響性。

　　其次，對受訪之地方政府非正式人員而言，機關或主管所授與其決策或業務推行之自主空間，便是驅動其自我效能感最關鍵的因素，而組織的目標模糊性則是對其效能感傷害最大的因子。而對於地方政府非正式人員的管家精神來說，深受其公共服務動機影響，相對地，組織的目標模糊性則是最大的不利因素。從此修訂模型也可看出，地方公部門非正式人員的績效要求外行為，主要源自於其對自身工作之社會影響性的認同，其次則是其公共服務動機，且其之所以願意積極地運用機關績效資訊來推動業務，主要乃受其管家精神所驅導；惟對此二項組織所期待的績效行為傷害最大者，便都同樣是組織目標的模糊性因素。

　　而若地方政府非正式人員顯現出責難規避之行為傾向，則其最主要乃肇因於機關組織內部的目標衝突性，針對於此，可藉由激發非正式人員的公共服務動機予以克服。最後，機關中的繁文縟節、官樣文章無疑是造成機關績效管理流於形式的主因，其次則是機關目標的模糊性，而若能建立組織中成果導向的績效文化，同時健全績效管理制度的運作，應能有效改善此一現象。

　　在非正式人員的整體效果模型中，值得注意的一事是，一味地講求成果導向的績效文化，將會同時對於其自我效能感、管家精神、績效要求

外行為，及積極性績效資訊運用等一連串的重要態度和行為，造成負面影響；甚至可說，將使其明顯退縮成為「一個口令、一個動作」的消極代理人，這對組織的運作效能來說，影響不可謂不大。

表4-18　非正式人員結構模型之整體影響效果

	內部官僚控制	授能與自主	成果導向績效文化	績效制度之運作	官樣文章	社會影響性認知	公共服務動機	自我效能感	管家精神	績效要求外行為	積極性績效資訊運用	責難規避	績效管理形式化
外部政治環境	0.148	-0.052	-0.122	-0.058	0.147	-0.007	-0.011	-0.003	-0.03	0.021	-0.024	0.081	0.301
目標模糊性	0.054	-0.554	-0.558	-0.638	0.349	-0.346	-0.395	-0.382	-0.373	-0.139	-0.468	0.258	0.321
目標衝突性	0.354	0	0	-0.059	0.113	0.048	0.045	0.059	0.01	0.056	0.083	0.333	0.129
內部官僚控制						0.176	0.179	0.199	0.117	0.192	0.07	0.27	0.226
授能與自主						0.364	0.371	0.545	0.274	0.196	0.158	0.137	0.101
成果導向績效文化						0	0	-0.059	-0.014	-0.121	-0.006	-0.123	-0.228
績效制度之運作						0.241	0.312	0.194	0.304	0.161	0.324	-0.043	-0.192
官樣文章						0	0	0	-0.117	-0.017	-0.051	0.207	0.331
社會影響性認知								0.393	0.216	0.261	0.201	0	0.16
公共服務動機								0.319	0.346	0.247	0.151	-0.138	0.117
自我效能感									0.235	0.034	0.102	0	0
管家精神										0.145	0.435	0	0

資料來源：本研究。

（三）正式與非正式人員分析結果之比較

基於以上分析，吾人可以發現，受訪之地方政府正式與非正式人員，在各個變項的整體影響效果呈現上，有其不同面貌，若進一步加以比較的話，可以發現以下三項重要差異：

其一，成果導向的績效文化，對於非正式人員所造成之負面影響遠大於對正式人員之負面作用。即過於強調成果導向、或論功行賞之績效文化，對正式人員而言，可能僅對其績效要求外行為帶來負面效果，但對非正式人員而言，卻是可能包括自我效能感、管家精神、績效要求外行為、積極性績效資訊運用等任事態度和績效行為，皆會受到衝擊與傷害。進言之，在一講求績效文化的組織中，非正式人員會寧可犧牲自我的管家精神和積極性正面行為，並甘於做為一位代理人，其機率遠大於正式人員。

其二，公部門特質對於正式和非正式人員而言，所產生的認知和行為反應不同。例如，就外部政治環境而言，對正式人員之四項績效行為反應與傾向變項，總體來說，皆為正面之影響效果；惟當非正式人員感受到政治環境的紛擾時，卻更有可能降低其積極運用機關績效資訊以推動業務的意願或行為傾向。另一方面，組織的目標衝突性因素，將會削弱正式人員對自身工作的社會影響性認知，及其管家精神；但對非正式人員而言，卻是項刺激因素，換言之，面對相互衝突的組織目標，越能激發地方政府非正式人員謹守崗位、盡力付出的決心。

其三，正式與非正式人員之管家精神觸發因素不同。對受訪之地方政府正式人員而言，影響其管家精神塑造之主要因素依序為：公共服務動機、授能與自主，及社會影響性認知。而驅動地方政府非正式人員管家精神之主要來源，則是：公共服務動機、績效制度運作之有效性，及授能與自主。由此可以看出，除公共服務動機之外，非正式人員相較於正式人員來說，更在意機關首長或主管的管理方式，以及相關管理制度能否有效運作和落實。

三、四類機關人員之結構模型分析

　　本小節主要係針對受訪之地方環保、工務／建設、衛生、警察四類機關人員之觀點與態度，以結構模型方式分析其間關係。以下依序分析討論之。

（一）環保機關人員之結構模型分析

　　依循同樣的分析程序，本研究先就受訪地方環保機關人員之結構模型加以檢驗，如表4-19所示，此模型之χ^2為7345.094，p=0.000，自由度（df）為1867，χ^2／df之比為3.934，CFI為0.874，NFI為0.839，IFI為0.875，RMSEA為0.058；因此，除卡方值受樣本數影響而使數值偏高，且使卡方值與自由度之比值略高於3之外，此模型之CFI、NFI、IFI等三項指標亦已接近模型配適度之要求標準，且RMSEA也符合配適度之標準，故此應為適度、可接受之結構模型。

　　繼而針對此結構模型之各項因果路徑加以討論分析。在總計84條路徑中，有34項路徑未達顯著標準。若進一步就達顯著性之因果路徑加以觀察可以看出，公部門特質之外部政治環境、目標模糊性，及目標衝突性三項因素，皆對組織內官樣文章的成長具有顯著且正面的影響，而前述三項因素對於其他四項組織管理途徑與制度環境變項而言，則各有不同影響效果組合，其中尤以機關首長或主管對於員工授能與自主空間之授與，單受組織目標模糊性的負面影響。

　　其次，就組織內部的管理途徑和制度環境，對於地方環保機關人員個人認知之影響而言，機關內部的層級控制程度，以及員工所能獲得之授能與自主空間，皆對受訪地方環保機關人員的社會影響性認知、公共服務動機，及自我效能感等三項，具有顯著的正面影響。而成果導向之績效文化，對環保機關人員來說，雖有助於其公共服務動機和管家精神的培養和建立，但卻會顯著削弱其自我效能感。而機關中績效管理制度的落實程度，則對於提升環保人員的社會影響性認知、公共服務動機及管家精神，具有明顯助益。但，受訪之地方環保機關人員認為，組織內的官樣文章會明顯降低同仁們的管家精神。

表4-19　環保局人員結構模型結果

環保局人員結構模型（N＝883）

	內部官僚控制	授能與自主	成果導向績效文化	績效制度運作	官樣文章	社會影響性認知	公共服務動機	自我效能感	管家精神	績效要求外行為	積極性績效資訊運用	責難規避	績效管理形式化
外部政治環境	0.11** (0.04)	0.01 (0.03)	-0.09** (0.03)	-0.05 (0.03)	0.16*** (0.08)					0.03 (0.03)	0.04 (0.03)	0.05 (0.04)	0.13** (0.03)
目標模糊性	0.03 (0.04)	-0.46*** (0.04)	-0.6*** (0.05)	-0.62*** (0.04)	0.35*** (0.1)					0.02 (0.06)	-0.19** (0.06)	0.13 (0.08)	-0.06 (0.07)
目標衝突性	0.21*** (0.06)	-0.01 (0.05)	-0.01 (0.05)	-0.09** (0.04)	0.15*** (0.14)					-0.04 (0.05)	0.03 (0.05)	0.23*** (0.06)	0.04 (0.05)
內部官僚控制						0.17*** (0.03)	0.16*** (0.03)	0.11*** (0.02)	0.02 (0.03)	0.04 (0.03)	0.04 (0.03)	0.15*** (0.04)	0.11* (0.04)
授能與自主						0.38*** (0.04)	0.44*** (0.03)	0.37*** (0.03)	-0.06 (0.04)	0.05 (0.05)	0.04 (0.05)	0.13** (0.06)	0.02 (0.05)
成果導向績效文化						0.05 (0.03)	0.08* (0.03)	-0.21*** (0.02)	0.08* (0.03)	-0.21*** (0.04)	-0.04 (0.04)	-0.02 (0.05)	-0.24*** (0.04)
績效制度運作						0.16*** (0.03)	0.17*** (0.03)	0.04 (0.03)	0.14*** (0.03)	0.1* (0.04)	0.22*** (0.04)	-0.12* (0.05)	-0.34*** (0.05)
官樣文章						-0.07 (0.01)	0.001 (0.01)	-0.01 (0.01)	-0.12** (0.01)	0.12** (0.02)	0.08* (0.02)	0.08 (0.02)	0.27*** (0.02)
社會影響性認知								0.35*** (0.03)	0.16*** (0.04)	0.34*** (0.04)	0.04 (0.04)	-0.03 (0.05)	0.14** (0.04)
公共服務動機								0.25*** (0.04)	0.36*** (0.05)	0.14** (0.05)	0.03 (0.05)	0.04 (0.07)	0.12* (0.06)
自我效能感									0.11* (0.05)				
管家精神										0.13** (0.05)	0.37*** (0.06)	-0.22*** (0.07)	-0.08 (0.06)

配適度指標	χ^2	df	χ^2/df	p值	CFI	NFI	IFI	RMSEA
模型數據	7345.094	1867	3.934	0.000	0.874	0.839	0.875	0.058

註：細格內所呈現之主要數據，為各變項間路徑經關係之標準化結構係數，括號內數值為標準誤。*p＜0.05；**p＜0.01；***p＜0.001。
資料來源：本研究。

　　復次，從模型中也可以看出，當地方環保機關人員的社會影響性認知及公共服務動機越高時，其自我效能感和管家精神亦將越高；且其自我效能感亦正面影響著心中的管家精神，進而形塑其任事態度。進而，這樣的管家精神不僅對其績效要求外行為及積極運用機關績效資訊兩項績效行為，可產生正面影響效果，同時亦可降低其責難規避的行為傾向。

　　而若從機關的內、外部環境，及同仁個人認知層面，對其績效行為反應與傾向所能產生的直接影響來看，從表4-19中可以發現，地方環保人員的績效行為與傾向直接受到外部政治環境或公部門特質影響者甚少；就組織內部管理途徑和制度環境而言，受訪地方環保人員的績效行為與傾向，受到績效文化，以及如績效制度和官樣文章等制度環境之影響較多；尤其，成果導向績效文化的強調，將會明顯降低地方環保人員績效要求外行為的展現可能，此點值得重視。但相對地，資料卻指出，機關內的官樣文章有可能帶來環保同仁們的績效要求外行為與機關績效資訊的積極運用，此為令人訝異之處。

　　最後，此模型亦指出，地方環保機關人員的社會影響性認知及其公共服務動機，皆不僅有助於其績效要求外行為之驅動，但卻也同時會促使機關內的績效管理制度流於形式。

～

　　在前述各項直接路徑關係的檢視後，為瞭解各變項在模型中的整體影響效果，本研究進一步將原始模型中不具顯著水準的因果路徑予以刪除，並建立修訂模型。不過，在第一次修訂後之模型中，仍有「成果導向績效文化→管家精神」及「自我效能感→管家精神」兩條路徑未達顯著水準，故而再將此二項路徑刪除，進行第二次修訂模型的建立，最終獲致所留下者皆為通過統計檢驗、具顯著性之變項路徑模型。在此最終修訂模型中，χ^2為7386.146，p=0.000，自由度（df）為1902，χ^2／df之比為3.883，CFI為0.874，NFI為0.838，IFI為0.875，RMSEA為0.057；是以，此最終修訂模型除因卡方值受樣本數影響而使數值較高，且使卡方值與自由度之比值略高於3之外，從其他四項指標的數值來看，RMSEA符合要求標準，而

CFI、NFI、IFI三項亦極接近0.90的門檻，故此最終修訂模型應為可接受之結果模型。

在此基礎上來看受訪地方環保機關人員在各變項之整體影響效果，如表4-20所示，受訪環保人員之自我效能感對其管家精神並不具任何影響關係，顯示在環保人員心中並不具備經由自我效能感來調節其管家精神及任事態度之調節機制。換言之，對受訪的地方環保人員而言，或許個人對自身能力是否具有信心不是個重要問題，相對地，對於機關所交付的任務或工作，都將使命必達、全力以赴，可能才是環保人員共同的態度與認知。不過，受訪地方環保人員所擁有的管家精神，對其績效要求外行為及機關績效資訊運用的積極性，仍都具有正面影響效果，且能有效降低對於責難規避的行為傾向。

其次，從最終修訂模型中也可看出，機關所能給予的授能及決策自主空間，對受訪地方環保人員的自我效能感最具影響效果，相反地，組織所面臨的目標模糊性則是對其自我效能感最不利的因子。而若從地方環保人員的管家精神來觀察，主要乃受其公共服務動機所驅使，而同樣地，組織的目標模糊性對他們的管家精神傷害最大。同時，由這最終修訂模型也可看出，地方環保人員之所以願意付出績效要求外行為，主要感受到自身工作對社會大眾的正面影響性，但值得注意的是，成果導向績效文化的倡議與建立，卻可能阻卻環保人員這樣的正面行為。此外，地方環保人員之積極性績效資訊運用行為，主要乃受其管家精神所驅導，可是卻易受組織目標模糊性影響而產生反作用。

復次，我們亦可發現，地方環保局人員的責難規避行為或傾向，主要肇因於機關內部的目標衝突性，而機關中的績效管理制度之所以漸漸流於形式，機關目標的模糊性可能為其主因。不過，前述兩項負面績效行為與傾向卻可同時藉由績效管理制度的落實來予以改善和克服。

最後，值得注意的是，受訪的地方環保人員告訴吾人，過度強調成果導向之績效文化，可能反而造成同仁在績效行為上的保守態度，不願額外付出，這是組織管理者必須仔細斟酌的拿捏之處。

表4-20　環保局人員結構模型之整體影響效果

	內部官僚控制	授能與自主	成果導向績效文化	績效制度之運作	官樣文章	社會影響性認知	公共服務動機	自我效能感	管家精神	績效要求外行為	積極性績效資訊運用	責難規避	績效管理形式化
外部政治環境	0.109	0	-0.089	0	0.16	0.018	0.011	0.036	-0.012	0.045	0.013	0.02	0.215
目標模糊性	0	-0.467	-0.601	-0.619	0.346	-0.314	-0.359	-0.263	-0.353	-0.105	-0.429	0.261	0.359
目標衝突性	0.22	0	0	-0.099	0.159	0.015	0.018	0.032	-0.026	0.014	-0.013	0.303	0.105
內部官僚控制						0.162	0.159	0.199	0.097	0.094	0.04	0.142	0.144
授能與自主						0.398	0.441	0.621	0.259	0.241	0.107	0.085	0.098
成果導向績效文化						0	0.076	-0.165	0.03	-0.195	0.012	-0.006	-0.211
績效制度之運作						0.207	0.174	0.117	0.277	0.236	0.317	-0.196	-0.296
官樣文章						0	0	0	-0.124	0.106	0.06	0.026	0.275
社會影響性認知								0.351	0.212	0.374	0.088	-0.044	0.13
公共服務動機								0.256	0.397	0.208	0.164	-0.083	0.104
自我效能感									0	0	0	0	0
管家精神										0.129	0.414	-0.208	0

資料來源：本研究。

（二）工務／建設機關人員之結構模型分析

　　同前，先就受訪地方工務／建設機關人員之結構模型進行檢驗。如表4-21所示，此模型之χ²為10172.464，p=0.000，自由度（df）為1867，χ² / df之比為5.449，CFI為0.900，NFI為0.880，IFI為0.900，RMSEA為0.056；據此，除卡方因受樣本數影響而使數值偏高，且使卡方值與自由度之比值高於3之外，此模型之CFI、IFI、RMSEA等三項指標皆符合模型

配適度之要求標準，NFI也已接近配適度標準，故此應為良好、可接受之結構模型。

　　接著就此結構模型中各項因果路徑結果加以分析討論。在總計84條路徑中，有37項路徑未達顯著標準。進一步針對達顯著水準之因果路徑加以觀察可以看出，公部門特質之外部政治環境、目標模糊性，及目標衝突性三項因素，皆會明顯助長組織內官樣文章的增生，且外部政治環境和組織目標衝突性也會促使組織選擇以控制途徑來管理員工；相對的，不僅組織的目標模糊性將會壓抑機關內的授權空間，外部政治環境和組織目標模糊性，皆會對機關的績效文化和相關制度運行帶來負面影響。

　　其次，從組織內部的管理途徑和制度環境，對於地方工務／建設機關人員個人認知層面的影響來觀察，機關內部的層級控制程度，以及機關所給予的授能與自主空間，皆對受訪地方工務／建設機關人員之社會影響性認知、公共服務動機，及自我效能感等三項，具有顯著的正面影響效果。而成果導向之績效文化，對地方工務／建設機關人員來說，僅有助於其管家精神的提升。機關中績效管理制度運作的有效性，則對地方工務／建設機關人員的社會影響性認知及公共服務動機具有助益效果。相對於此，組織中的繁文縟節、官樣文章，卻會明顯傷害地方工務／建設機關同仁們的管家精神。

　　復次，吾人亦可發現，地方工務／建設機關人員所具有的社會影響性認知及公共服務動機，對其自身的自我效能感和管家精神亦能產生正面影響效果；而自我效能感更能帶動其管家精神，而形塑其任事態度。受訪地方工務／建設機關人員的管家精神，不僅可引領其績效要求外行為及機關績效資訊積極運用之兩項績效行為，亦可降低工務／建設機關同仁們的責難規避行為傾向。

　　繼而從機關內、外部環境，及同仁個人認知層面，對其績效行為反應與傾向所產生之直接作用來看，我們可以發現，地方工務／建設機關人員的績效行為與傾向直接受到外部政治環境或公部門特質影響者不多，特別是組織目標的衝突性反會刺激同仁積極運用機關績效資訊，引人側目；就組織內部管理途徑和制度環境，以及個人認知層面的影響而言，受訪地

表4-21　工務／建設局處人員結構模型結果

工務／建設局處人員結構模型（N＝1399）

	內部官僚控制	授能與自主	成果導向績效文化	績效制度運作	官樣文章	社會影響性認知	公共服務動機	自我效能感	管家精神	績效要求外行為	積極性績效資訊運用	責難規避	績效管理形式化
外部政治環境	0.14*** (0.03)	-0.04 (0.02)	-0.1*** (0.02)	-0.08*** (0.02)	0.17*** (0.07)					0.05 (0.02)	0.01 (0.02)	0.08** (0.03)	0.23*** (0.02)
目標模糊性	0.02 (0.03)	-0.63*** (0.03)	-0.53*** (0.03)	-0.65*** (0.03)	0.28*** (0.07)					0.06 (0.04)	-0.07 (0.04)	0.06 (0.05)	0.02 (0.05)
目標衝突性	0.36*** (0.04)	-0.01 (0.03)	-0.03 (0.03)	-0.03 (0.03)	0.19*** (0.09)					0.04 (0.03)	0.14*** (0.03)	0.24*** (0.04)	0.05 (0.03)
內部官僚控制						0.17*** (0.02)	0.15*** (0.02)	0.1*** (0.02)	0.01 (0.02)	0.08* (0.03)	-0.01 (0.02)	0.25*** (0.04)	0.14*** (0.03)
授能與自主						0.45*** (0.03)	0.45*** (0.03)	0.34*** (0.03)	0.04 (0.03)	0.04 (0.04)	0.04 (0.03)	0.23*** (0.05)	0.04 (0.04)
成果導向績效文化						-0.02 (0.03)	0.03 (0.02)	-0.03 (0.02)	0.06* (0.02)	-0.05 (0.03)	0.06* (0.02)	-0.14*** (0.04)	-0.17*** (0.03)
績效制度運作						0.2*** (0.03)	0.24*** (0.02)	-0.02 (0.02)	0.05 (0.02)	-0.02 (0.03)	0.28*** (0.03)	-0.04 (0.04)	-0.33*** (0.04)
官樣文章						-0.03 (0.01)	-0.02 (0.01)	-0.01 (0.01)	-0.08** (0.01)	0.05 (0.01)	0.03 (0.01)	0.17*** (0.02)	0.22*** (0.01)
社會影響性認知								0.3*** (0.02)	0.19*** (0.03)	0.25*** (0.03)	0.05 (0.03)	-0.06 (0.04)	0.06 (0.03)
公共服務動機								0.32*** (0.02)	0.25*** (0.03)	0.24*** (0.04)	0.08* (0.03)	-0.11** (0.05)	0.07 (0.04)
自我效能感									0.28*** (0.04)				
管家精神										0.11** (0.04)	0.38*** (0.04)	-0.08* (0.05)	0.09 (0.05)

配適度指標	χ²	df	χ²/df	p值	CFI	NFI	IFI	RMSEA
模型數據	10172.464	1867	5.449	0.000	0.900	0.880	0.900	0.056

註：細格內所呈現之主要數據，為各變項間路徑經關係之標準化結構係數，括號內數值為標準誤。*p＜0.05；**p＜0.01；***p＜0.001。
資料來源：本研究。

方工務／建設機關人員的績效要求外行為，主要受到組織層級控制及內心認知因素所驅使；而其積極性績效資訊之運用，則受機關內的績效文化、績效制度，及個人公共服務動機所影響；地方工務／建設機關人員的責難規避行為與傾向，乃受組織層級控制、授能自主、官樣文章的直接正面影響，但可藉助績效文化的建立及個人的公共服務動機來避免。最後，績效管理形式化的現象，同樣受內部官僚控制和官樣文章之影響而造成，且亦需仰賴績效文化之建立及相關制度的有效落實，才能予以克服。

$\sim$

　　基於前述各項直接路徑關係之檢視，為瞭解各變項在不同層面間所產生的整體影響效果，本研究遂進一步將原始模型中未達顯著水準之因果路徑予以刪除，並建立修訂模型。在此修訂模型中，χ^2為10262.354，p=0.000，自由度（df）為1904，χ^2／df之比為5.390，CFI為0.899，NFI為0.879，IFI為0.899，RMSEA為0.056；因此，此修訂模型除卡方值因受樣本數影響而使數值較高，且使卡方值與自由度之比值高於3之外，其他四項指標皆能符合或接近模型配適度之要求標準，故此應為可接受之結構模型。

　　接著由此來看各變項之整體影響效果，如表4-22所示，受訪之地方工務／建設機關人員的自我效能感對其管家精神具有正面影響關係，表示在工務／建設機關人員心中的確存有藉由自我效能感來調節其管家精神及任事態度之自我調節機制。此外，受訪地方工務／建設機關人員所抱持之管家精神，對其績效要求外行為及積極性績效資訊運用等期待的績效行為，皆具有正面影響效果，不僅如此，管家精神亦能有效降低其責難規避的行為傾向。

　　其次，從修訂模型中也可發現，機關所給予的授權與自主空間，對受訪地方工務／建設機關人員的自我效能感及管家精神最具正面影響效果，相反地，組織的目標模糊性則會同時傷害前述受訪者的自我效能感和管家精神。同時，地方地方工務／建設機關人員的績效要求外行為，主要乃受其社會影響性認知所驅使，而其積極運用績效資訊之行為則受到自身的管

家精神影響最深，不過，前述二項正面績效行為，卻皆可能受到組織目標模糊性的影響而降低。

最後，亦可發現，地方工務／建設機關人員的責難規避行為傾向，受到機關內部的目標衝突性影響甚鉅，而可以增強同仁的公共服務動機及形塑績效文化來予以克服。而工務／建設機關中績效管理制度的形式化現象，與外部政治環境的壓力或紛擾最有關係，而需以績效管理制度之落實來加以改善。

表4-22　工務／建設局處人員結構模型之整體影響效果

	内部官僚控制	授能與自主	成果導向績效文化	績效制度之運作	官樣文章	社會影響性認知	公共服務動機	自我效能感	管家精神	績效要求外行為	積極性績效資訊運用	責難規避	績效管理形式化
外部政治環境	0.138	0	-0.101	-0.081	0.169	0.006	-0.001	0.016	-0.016	0.017	-0.04	0.163	0.336
目標模糊性	0	-0.628	-0.532	-0.654	0.275	-0.447	-0.456	-0.483	-0.428	-0.245	-0.481	0.138	0.282
目標衝突性	0.362	0	0	0	0.19	0.059	0.053	0.071	0.033	0.074	0.163	0.343	0.102
內部官僚控制						0.164	0.146	0.197	0.133	0.209	0.073	0.206	0.177
授能與自主						0.503	0.459	0.622	0.414	0.258	0.228	0.071	0
成果導向績效文化						0	0	0	0.088	0.007	0.11	-0.177	-0.149
績效制度之運作						0.201	0.258	0.141	0.152	0.118	0.414	-0.056	-0.227
官樣文章						0	0	0	-0.078	-0.006	-0.032	0.187	0.199
社會影響性認知								0.304	0.303	0.269	0.127	-0.033	0
公共服務動機								0.311	0.355	0.25	0.268	-0.193	0
自我效能感									0.3	0.023	0.125	-0.033	0
管家精神										0.078	0.417	-0.11	0

資料來源：本研究。

（三）衛生機關人員之結構模型分析

　　如同前揭程序，先就受訪地方衛生機關人員之結構模型進行檢驗。如表4-23所示，此模型之χ^2為12002.819，p=0.000，自由度（df）為1867，χ^2／df之比為6.429，CFI為0.885，NFI為0.867，IFI為0.885，RMSEA為0.059；依此，除卡方因受樣本數影響而使數值較高，且使卡方值與自由度之比值高於3之外，RMSEA乃符合模型配適度之要求標準，而CFI、NFI、IFI也已接近0.90之配適度標準，故此應為一可接受之結構模型。

　　繼而針對結構模型中各項因果路徑結果加以分析討論。在總計84條路徑中，有28項路徑未達顯著標準。若進一步針對具有顯著性之因果路徑加以觀察則會發現，在受訪地方衛生機關人員的經驗中，公部門特質之外部政治環境、目標模糊性，及目標衝突性三項因素，皆會促使機關選擇以層級控制途徑來管理員工，同時也助長了官樣文章的生成；相對的，此三項因素也會促使地方衛生機關壓縮對同仁們的授權空間。此外，組織的目標模糊性將會抑制機關的績效文化及績效制度的運行效果，且組織的目標衝突性同樣有害於機關績效管理制度的運作。

　　其次，從組織內部的管理途徑和制度環境，對於地方衛生機關人員個人認知層面之影響來觀察，機關的層級控制程度，以及機關所賦予之授權與授能空間，同時皆對受訪地方衛生機關人員之社會影響性認知、公共服務動機，及自我效能感等三項，具有顯著的正面影響效果。而成果導向之績效文化，對地方衛生機關人員而言，竟有害於機關同仁們的自我效能感，乃值得關注之處。機關中績效管理制度運作的有效性，則對地方衛生機關人員的社會影響性認知、公共服務動機及管家精神，皆有正面促進效果。相對於此，組織中的繁文縟節卻有可能明顯傷害地方衛生機關人員的管家精神。

　　復次，從結果分析中亦可發現，地方衛生機關人員的社會影響性認知及公共服務動機，對其自身之自我效能感及管家精神皆能產生正面影響效果；而其自我效能感，亦能正面帶動本身具有的管家精神，進而形塑其積極的任事態度。再者，受訪地方衛生機關人員所具備的管家精神，不但可

表4-23　衛生局人員結構模型結果

衛生局人員結構模型（N＝1572）

	内部官僚控制	授能與自主	成果導向績效文化	績效制度運作	官樣文章	社會影響性認知	公共服務動機	自我效能感	管家精神	績效要求外行為	積極性績效資訊運用	賽責規避	績效管理形式化
外部政治環境	0.16*** (0.03)	-0.07** (0.03)	-0.03 (0.03)	-0.01 (0.02)	0.11*** (0.07)					0.06* (0.02)	0.04* (0.02)	0.001 (0.03)	0.2*** (0.02)
目標模糊性	0.20*** (0.03)	-0.55*** (0.03)	-0.63*** (0.03)	-0.68*** (0.03)	0.36*** (0.07)					-0.08 (0.04)	-0.14** (0.04)	0.13* (0.06)	-0.17** (0.05)
目標衝突性	0.36*** (0.04)	-0.06* (0.03)	-0.03 (0.03)	-0.1*** (0.03)	0.23*** (0.09)					0.02 (0.03)	0.03 (0.03)	0.26*** (0.04)	0.03 (0.03)
内部官僚控制						0.11*** (0.02)	0.18*** (0.02)	0.07*** (0.02)	0.01 (0.02)	-0.004 (0.02)	-0.02 (0.02)	0.2*** (0.03)	0.23*** (0.02)
授能與自主						0.37*** (0.03)	0.42*** (0.02)	0.32*** (0.02)	0.06 (0.02)	-0.03 (0.03)	0.02 (0.03)	0.09** (0.04)	-0.01 (0.03)
成果導向績效文化						0.02 (0.03)	0.004 (0.02)	-0.07** (0.02)	0.04 (0.02)	-0.11** (0.03)	-0.03 (0.03)	-0.1* (0.04)	-0.24*** (0.03)
績效制度運作						0.2*** (0.03)	0.26*** (0.02)	0.02 (0.02)	0.17*** (0.02)	-0.11*** (0.03)	0.14*** (0.03)	-0.02 (0.04)	-0.35*** (0.03)
官樣文章						-0.06 (0.01)	-0.05 (0.01)	0.01 (0.01)	-0.09*** (0.01)	0.004 (0.01)	0.06* (0.01)	0.15*** (0.02)	0.3*** (0.01)
社會影響性認知								0.43*** (0.02)	0.17*** (0.02)	0.23*** (0.03)	0.07** (0.03)	-0.01 (0.04)	0.18*** (0.03)
公共服務動機								0.23*** (0.02)	0.3*** (0.03)	0.28*** (0.04)	0.04 (0.03)	-0.07* (0.05)	-0.02 (0.04)
自我效能感									0.19*** (0.03)				
管家精神										0.25*** (0.05)	0.47*** (0.05)	-0.1* (0.06)	-0.14** (0.05)

配適度指標	χ^2	df	χ^2/df	p值	CFI	NFI	IFI	RMSEA
模型型數據	12002.819	1867	6.429	0.000	0.885	0.867	0.885	0.059

註：細格內所呈現之主要數據，為各變項間路徑經關係之標準化結構係數，括號內數值為標準誤。*p＜0.05；**p＜0.01；***p＜0.001。
資料來源：本研究。

激發其貢獻出績效要求外之行為，以及積極運用機關之績效資訊以推動業務，亦可同時降低衛生機關人員的責難規避行為傾向，與減少機關內績效管理制度流於形式的可能。

繼而從機關外部環境對機關同仁之績效行為反應與傾向所產生的直接影響作用來看，吾人可發現，外部政治環境的壓力，不僅可能造成受訪地方衛生機關內部的績效管理制度流於形式，卻也可能激發地方衛生機關人員的績效要求外行為和積極性績效資訊運用行為。而機關的目標模糊性不僅會減弱地方衛生機關同仁積極運用績效資訊的意願和行為，同時也會與目標衝突性一同助長責難規避行為的產生。

再者，就組織內部管理途徑和制度環境而言，官僚層級控制的力道越強，越有可能促使同仁傾向規避責難，及使績效管理制度流於形式；而若對機關同仁給予越多授權空間，卻也可能帶來更多責難規避行為。值得注意的是，機關內對於績效文化的強調，以及績效管理制度的推動，或許可以有效降低組織成員責難規避和坐視績效制度流於形式的行為；或是可鼓勵績效資訊的積極運用，但是卻有可能明顯降低地方衛生機關人員的績效要求外行為的付出。另外也發現，組織內的官樣文章，雖會助長同仁間責難規避與漠視績效制度形式化的行為傾向，但也會刺激地方衛生機關人員在績效資訊運用的積極程度。

最後，從個人認知層面來看，地方衛生機關人員的社會影響性認知，乃是促成其展現績效要求外行為與績效資訊積極運用的有效觸媒，但亦有可能使機關人員對於績效管理形式化之現象不以為意。而地方衛生機關人員的公共服務動機，則是一方面可激發同仁們的績效要求外行為，同時亦可降低組織成員產生責難規避行為的風險。

∽

為瞭解各變項在不同層面間所產生的整體影響效果，在前述各項直接路徑關係檢視之外，本研究進一步先將原始模型中不具顯著性之因果路徑予以刪除，再建立修訂模型。在此修訂模型中，χ^2為12028.619，p=0.000，自由度（df）為1895，χ^2 / df之比為6.348，CFI為0.885，NFI為

0.866，IFI爲0.885，RMSEA爲0.058；因此，此修訂模型除卡方值因受樣本數影響而使數值較高，且使卡方值與自由度之比值高於3之外，其他四項指標皆能符合或已極接近模型配適度之要求標準，故應爲可接受之結構模型。

　　接著以此爲基礎來看各變項之整體影響效果，如表4-24所示，受訪地方衛生機關人員的自我效能感對其管家精神具有正面影響關係，顯示「自我效能感→管家精神」之自我調節機制存在，亦也由此來調節地方衛生機

表4-24　衛生局人員結構模型之整體影響效果

	內部官僚控制	授能與自主	成果導向績效文化	績效制度之運作	官樣文章	社會影響性認知	公共服務動機	自我效能感	管家精神	績效要求外行為	積極性績效資訊運用	責難規避	績效管理形式化
外部政治環境	0.154	-0.062	0	0	0.107	-0.009	0	-0.013	-0.015	0.053	0.042	0.043	0.267
目標模糊性	0.196	-0.548	-0.636	-0.686	0.359	-0.345	-0.386	-0.357	-0.43	-0.176	-0.448	0.313	0.393
目標衝突性	0.354	-0.057	0	-0.093	0.23	-0.009	0.01	0.006	-0.039	0	-0.017	0.362	0.193
內部官僚控制						0.096	0.168	0.153	0.102	0.094	0.058	0.177	0.242
授能與自主						0.381	0.421	0.582	0.32	0.284	0.189	0.03	0.017
成果導向績效文化						0	0	-0.067	-0.014	-0.085	-0.007	-0.106	-0.24
績效制度之運作						0.226	0.274	0.161	0.36	0.122	0.328	-0.056	-0.369
官樣文章						0	0	0	-0.101	-0.026	0.016	0.161	0.322
社會影響性認知								0.431	0.259	0.293	0.211	-0.027	0.129
公共服務動機								0.23	0.367	0.37	0.18	-0.109	-0.053
自我效能感									0.208	0.053	0.102	-0.021	-0.03
管家精神										0.254	0.491	-0.103	-0.145

資料來源：本研究。

關人員的任事態度。此外，受訪地方衛生機關人員所具有的管家精神，對
其績效要求外行為及積極性績效資訊運用等期待的正面績效行為，皆具有
正向的提升效果，不僅如此，地方衛生機關人員的管家精神亦能有效降低
其責難規避及漠視績效管理形式化現象的行為傾向。值得注意的是，此為
本研究所納入分析的模型中，唯一一項指出管家精神能顯著克服績效管理
形式化現象的模型。

　　其次，從修訂模型中亦可發現，機關所給予的授權與自主空間，對
受訪地方衛生機關人員的自我效能感最具正面影響效果，而其管家精神及
績效要求外行為二項，皆受其自身的公共服務動機影響最深，至於績效資
訊的積極運用行為則是受自身管家精神所驅使；惟地方衛生機關人員的自
我效能感、管家精神、績效要求外行為、積極性績效資訊運用等認知與行
為，都有可能受到組織目標模糊性的影響而削弱或降低。

　　最後，我們也可發現，地方衛生機關人員的責難規避行為傾向，主要
受到機關內目標衝突性所影響，需仰賴強化同仁們的公共服務動機來加以
克服。至於衛生機關中的績效管理制度形式化現象，機關的目標模糊性可
能為其主因，而需靠落實機關內部的績效管理制度來予以改善。

（四）警察機關人員之結構模型分析

　　同前，本研究先就受訪地方警察機關人員之結構模型配適度進行
檢驗。如表4-25所示，此模型之χ^2為13212.595，p=0.000，自由度（df）
為1867，χ^2／df之比為7.077，CFI為0.904，NFI為0.891，IFI為0.905，
RMSEA為0.052；是以，除卡方因受樣本數影響而使數值較高，且使卡方
值與自由度之比值高於3之外，其餘四項指標中三項符合模型配適度之要
求標準，而NFI同樣也已接近要求之配適標準，故此應為一良好、可接受
之結構模型。

　　接著針對結構模型中各項因果路徑結果來做討論。在總計84條路徑
中，有28項路徑未達顯著標準。進一步針對具有顯著性之因果路徑加以觀
察，吾人可發現，在受訪地方警察機關人員的經驗中，公部門特質之外部
政治環境、目標模糊性，及目標衝突性三項因素，不僅會刺激機關內官樣

文章的成長，也多會促使機關選擇以層級控制途徑來管理同仁；相對的，此三項因素也會促使地方警察機關選擇以限縮同仁們的授權空間之方式來進行管理。此外，組織的目標模糊性將會不利於機關績效文化的建立及績效制度的落實效果，而組織的目標衝突性亦將對機關的績效管理制度運作產生負面影響。

其次，從組織內部管理途徑和制度環境，對於地方警察機關人員個人認知層面之影響來觀察，機關內的層級控制程度對受訪警察機關人員之社會影響性認知、公共服務動機、自我效能感，及管家精神等四項，皆能產生顯著的正面影響。而機關所授與的自主空間，也對地方警察人員的社會影響性認知、公共服務動機、自我效能感，具有正面作用，但卻不利於管家精神的養成。成果導向之績效文化及機關中績效管理制度運作的有效性，則對於地方警察機關人員的社會影響性認知、公共服務動機，及管家精神，皆有正面鼓勵效果。相對於此，警察機關中的繁文縟節，則會明顯降低警察人員的社會影響性認知和公共服務動機。

復次，在模型結果中可看出，地方警察機關人員的社會影響性認知及公共服務動機，對其本身的自我效能感及管家精神，皆能帶來正面影響作用；而其自我效能感，亦能進而正面影響警察人員的管家精神，塑造其積極任事態度。再者，受訪地方警察機關人員自身的管家精神，既可激發其績效要求外行為之付出，並且積極運用機關之績效資訊來推動和改進業務，同時亦可有效降低警察機關人員出現責難規避行為傾向的可能。

繼而從機關外部環境對於同仁之績效行為反應與傾向所產生之直接影響來看，由模型結果中可發現，外部政治環境的壓力，不但可能造成受訪地方警察機關內部績效管理制度流於形式的結果，同時卻也可能刺激地方警政人員付出績效要求外行為，及積極運用機關績效資訊之正面行為。而警察機關的目標模糊性不僅會顯著降低機關同仁積極運用績效資訊的行為，且與目標衝突性特質併同觸發機關人員責難規避之行為；不過有趣的是，在受訪地方警察人員的經驗看來，機關的目標模糊性卻有可能降低績效管理的形式化現象。

再者，就組織內部管理途徑和制度環境而言，警察機關內層級控制

表4-25　警察局人員結構模型結果

警察局人員結構模型（N=2229）

	內部官僚控制	授能與自主	成果導向績效文化	績效制度運作	官樣文章	社會影響性認知	公共服務動機	自我效能感	管家精神	績效要求外行為	積極性績效資訊運用	責難規避	績效管理形式化
外部政治環境	0.1*** (0.02)	-0.12*** (0.02)	-0.02 (0.02)	-0.08*** (0.02)	0.09*** (0.06)					0.04* (0.02)	0.05** (0.02)	0.04 (0.02)	0.14*** (0.02)
目標模糊性	-0.04 (0.02)	-0.56*** (0.02)	-0.69*** (0.02)	-0.65*** (0.02)	0.33*** (0.06)					-0.03 (0.04)	-0.19*** (0.03)	0.11* (0.05)	-0.11* (0.04)
目標衝突性	0.38*** (0.04)	-0.09** (0.03)	-0.03 (0.03)	-0.13*** (0.03)	0.26*** (0.09)					0.05 (0.03)	0.04 (0.03)	0.33*** (0.04)	0.06 (0.03)
內部官僚控制						0.24*** (0.02)	0.29*** (0.02)	0.08*** (0.01)	0.24*** (0.03)	0.08** (0.02)	0.01 (0.02)	0.18*** (0.03)	0.06 (0.03)
授能與自主						0.31*** (0.02)	0.33*** (0.02)	0.15*** (0.02)	-0.06* (0.02)	-0.04 (0.03)	-0.06* (0.03)	0.13*** (0.04)	-0.05 (0.03)
成果導向績效文化						0.26*** (0.02)	0.21*** (0.02)	0.03 (0.02)	0.12*** (0.02)	-0.09** (0.03)	0.04 (0.03)	-0.02 (0.04)	-0.06 (0.03)
績效制度運作						0.15*** (0.02)	0.22*** (0.02)	-0.02 (0.02)	0.14*** (0.02)	-0.02 (0.02)	0.13*** (0.02)	-0.05 (0.03)	-0.33*** (0.03)
官樣文章						-0.07** (0.01)	-0.05* (0.01)	0.004 (0.01)	-0.03 (0.01)	-0.03 (0.01)	0.04 (0.01)	0.24*** (0.01)	0.52*** (0.01)
社會影響性認知								0.34*** (0.02)	0.14*** (0.03)	0.2*** (0.03)	0.1*** (0.02)	0.01 (0.03)	0.04 (0.03)
公共服務動機								0.45*** (0.02)	0.24*** (0.03)	0.3*** (0.03)	0.05 (0.03)	0.05 (0.04)	0.1** (0.04)
自我效能感									0.25*** (0.04)				
管家精神										0.24*** (0.03)	0.46*** (0.03)	-0.15*** (0.04)	0.03 (0.03)
配適度指標	χ²	df	χ²/df	p值	CFI	NFI	IFI	RMSEA					
模型數據	13212.595	1867	7.077	0.000	0.904	0.891	0.905	0.052					

註：細格內所呈現之主要數據，為各變項間路徑關係之標準化結構係數，括號內數值為標準誤。*p＜0.05；**p＜0.01；***p＜0.001。

資料來源：本研究。

的程度，雖然有利於同仁績效要求外行為的展現，卻也可能成為同仁規避責難的誘因；而若給予機關同仁越多授權空間，不僅可能招致更多責難規避的行為外，卻也會降低地方警察同仁運用績效資訊的意願和行為。至於機關內部對於成果導向績效文化的塑造與強調，從受訪警察人員的經驗來看，並不利於績效要求外行為的出現；而績效管理制度的有效推動，一方面可以避免績效制度流於形式，另方面亦可鼓勵警察同仁積極運用機關的績效資訊。另，組織內的官樣文章，無疑將助長受訪地方警察機關人員之責難規避行為與坐視績效制度流於形式的行為傾向。

　　最後，從個人認知層面來看，地方警察機關人員的社會影響性認知，乃可有效鼓勵其展現績效要求外行為，及積極運用機關之績效資訊；而其公共服務動機，雖亦可激發同仁們付出其績效要求外行為，但同時卻也可能助長績效管理形式化的現象。

〜〜

　　為瞭解各變項在結構模型中的整體影響效果，在前述各直接路徑關係檢視之外，本研究進一步將原始模型中未達顯著水準的因果路徑予以刪除，並建立修訂之模型。惟於第一次修訂後之模型中，仍有「目標衝突性→績效要求外行為」一條路徑未能通過顯著性檢定，故再將此項路徑刪除，並進行第二次修訂模型的檢驗，最終所留下者皆是通過統計檢驗、具顯著性之變項路徑模型。在此最終修訂模型中，χ^2為13282.956，p=0.000，自由度為1896，χ^2／df之比為7.006，CFI為0.904，NFI為0.890，IFI為0.904，RMSEA為0.052；依此，此最終修訂模型除卡方值因受樣本數影響而使數值較高，且使卡方值與自由度之比值高於3之外，其他四項指標皆已符合或極接近模型配適度之要求標準，故此應為可接受之結構模型。

　　接著以此最終修訂模型為基礎來檢視各變項之整體影響效果，如表4-26所示，受訪地方警察機關人員的自我效能感對其管家精神具有正面影響關係，表示二者間之自我調節機制存在，地方警察機關人員乃藉由對自我能力之信心程度來調節自身的任事態度。又，受訪地方警察機關人員

所抱有之管家精神，對其績效要求外行為及積極運用其機關績效資訊等受期待之績效行為，皆具有正面的影響效果，且如是的管家精神，亦能有效降低其責難規避的行為傾向。

其次，從最終修訂模型中可以發現，受訪地方警察機關人員之自我效能感、管家精神，及績效要求外行為等三項，皆受其自身的公共服務動機

表4-26　警察局人員結構模型之整體影響效果

	內部官僚控制	授能與自主	成果導向績效文化	績效制度之運作	官樣文章	社會影響性認知	公共服務動機	自我效能感	管家精神	績效要求外行為	積極性績效資訊運用	責難規避	績效管理形式化
外部政治環境	0.095	-0.113	0	-0.076	0.087	-0.03	-0.031	-0.034	-0.024	0.042	0.049	0.028	0.231
目標模糊性	0	-0.564	-0.693	-0.656	0.323	-0.475	-0.499	-0.473	-0.444	-0.288	-0.535	0.198	0.26
目標衝突性	0.379	-0.088	0	-0.135	0.271	0.026	0.039	0.043	0.009	0.056	-0.004	0.463	0.203
內部官僚控制						0.237	0.291	0.291	0.171	0.27	0.111	0.17	0.04
授能與自主						0.314	0.332	0.409	0.164	0.197	0.055	0.113	0.045
成果導向績效文化						0.259	0.218	0.187	0.255	0.094	0.154	-0.036	0.03
績效制度之運作						0.152	0.224	0.153	0.253	0.156	0.261	-0.035	-0.326
官樣文章						-0.058	-0.043	-0.04	-0.028	-0.031	-0.02	0.249	0.547
社會影響性認知								0.346	0.214	0.246	0.228	-0.03	0
公共服務動機								0.447	0.35	0.374	0.165	-0.049	0.137
自我效能感									0.242	0.059	0.115	-0.034	0
管家精神										0.244	0.473	-0.14	0

資料來源：本研究。

所驅使，為最主要的影響因素，而其績效資訊的運用行為則主要受到自身管家精神所引導；不過，地方警察機關人員的自我效能感、管家精神、績效要求外行為、績效資訊運用等心理認知與行為，皆可能遭受到組織目標模糊性的威脅而降低。

最後亦發現，地方警察機關人員的責難規避行為傾向，主要乃受機關內目標相互衝突所影響，而需依靠強化警察同仁們的管家精神來予以避免。至於警察機關中若有績效管理制度形式化之現象，則其內部之官樣文章可能是為主因，需要藉由落實機關之績效管理制度來獲致改善。

（五）四類機關人員分析結果之比較

基於上述分析，吾人應可發現，受訪之地方政府四類機關人員，在其認知和經驗中，各個因素變項於各層面間所產生的整體影響效果，各有其不同風貌，故進一步加以比較，歸結以下七項重要差異：

第一，就受訪環保局人員而言，介於自我效能感與管家精神之間的自我調節機制，可能並不存在，且亦不影響管家精神在其績效行為與傾向的作用效果。在本研究所納入討論之分析模型中，僅環保機關人員呈現此一特殊現象。換言之，就受訪地方環保機關人員來說，個人對於自身能力的信心程度，並非決定其任事態度的因素，對於機關、首長或主管所交付的使命或任務，只要合於自身價值觀者，便會戮力以赴、全力完成。

第二，受訪地方工務／建設機關人員管家精神之驅動主因不同。詳細比較四類機關受訪人員的分析結果可以發現，在環保、衛生及警察三類機關受訪人員的觀點中，最能激發其管家精神的主因，多為其所抱持的公共服務動機，而僅有工務／建設機關之受訪人員表示，其管家精神的最主要來源乃是機關授能與自主空間的賦予。這或許與工務類機關之業務內容，經常必須在工程現地中，依據實際情況做出最適決策或施工調整有關，因而期望能有更多的授權空間給予工務人員。不過，另項有趣的發現是，儘管其他三類機關受訪人員的管家精神，皆主要受到其公共服務動機所驅導，但若細察其他影響因素，則可發現，受訪之地方環保和衛生機關人員的管家精神，多受公共服務動機、績效制度運作之有效性，及授能與自主

等三項因素所影響，且排序相同。而工務／建設機關受訪人員之管家精神，則依序多受授能與自主、公共服務動機，及社會影響性認知所驅使。最後，警察機關受訪人員的管家精神，則依序受到公共服務動機、成果導向績效文化，及績效制度之運作所影響。由此可以發現，不同類型機關之人員，其管家精神的主要形塑因素及組成亦有所不同；又可發現，警察人員之心理認知和行為確實深受警政機關的績效管理制度所牽引，而為一特殊現象。

第三，成果導向的績效文化可能使機關人員的管家精神及正面績效行為為之退縮。從四類機關受訪人員的資料分析中可以發現，成果導向績效文化此一變項，對於地方環保及衛生機關的人員而言，未必具有正面效果，反而有可能是個斲傷機關人員管家精神或正向績效行為的不利因子。此一現象尤其在受訪地方衛生機關人員身上最為明顯。申言之，成果導向績效文化的形塑與建立，可能是把雙面刃，或許有助於降低負面績效行為出現之可能，卻也同時可能傷害了公部門組織成員的積極任事態度，而從一位「管家」，退守成為一位「代理人」。在管理策略與作為上，此一研究發現值得深思。

第四，各類機關中造成績效管理形式化之主因不同。從前述四類機關受訪人員的感受和經驗中分析觀察，發現造成機關內部績效管理制度日漸流於形式的原因，大多包含外部政治環境、目標模糊性，及官樣文章此三大變項；惟各類機關人員所提供之主因判斷，卻有所不同。例如：環保和衛生機關之受訪人員，同樣認為造成組織內績效制度日益形式化的原因，依序為：目標模糊性、官樣文章、外部政治環境；故目標模糊性乃是最大主因。而工務／建設機關之受訪人員則認為，其最大主因為受外部政治環境之影響，其次則為目標模糊性及官樣文章。而受訪之地方警察同仁則指出，組織中的官樣文章方是造成績效管理制度徒具形式的最主要原因，其次才是目標模糊性及外部政治環境因素。進言之，在不同機關業務屬性的影響下，各類機關組織文化特性亦有所不同，因而造成對同樣的不利因子的感受程度有所不同。諸如環保和衛生機關在某種程度上，同時肩負服務性和管制性之業務，因而對機關的目標模糊性感受較深。而工務／建設機

關人員則多屬使命必達之工程師性格，故不喜紛擾的政治環境對工程進度造成影響。而警政機關中過多的制度約束和來自其他機關的行政協助請求，造成必須在主要勤務執行外，額外應付不斷增生的文書報表作業，自然形成對績效管理制度敷衍以對的態度和行為。

　　第五，可做為降低責難規避行為之策略工具不同。從前述分析中發現，造成四類機關人員可能出現責難規避行為傾向之主因，皆為機關內部的目標衝突性；但有趣的是，從各類機關受訪人員的觀點來看，可用以降低此一負面績效行為之途徑或工具，卻有所不同。例如工務／建設及衛生機關之受訪人員多認為，可藉由激發同仁們的公共服務動機來予以消弭此一傾向。而地方環保機關之受訪人員則指出應從強化績效管理制度的有效性著手，警察機關的受訪者則建議應由激勵同仁們的管家精神來予以克服。由此顯見，不同類型之公務機關應從不同策略途徑思考如何降低同仁們的責難規避傾向。

　　第六，官樣文章乃一利弊互見之因子。藉由前述分析，毫無疑問地可以發現，機關中的官樣文章程度越高，越有可能造成受訪四類機關中的人員出現責難規避之行為傾向，以及助長績效管理制度流於形式的現象。不過，實證資料亦指出，官樣文章的存在卻也有可能是項正面因子，例如，環保機關的受訪者便指出，官樣文章可能有助於其績效要求外行為及績效資訊運用之積極性；而地方衛生機關的受訪者亦認為，官樣文章的存在對其績效資訊運用行為具有正面意義。或許因為這些機關人員為了克服繁文縟節對其業務推動所造成的阻礙，反而更激發了環保和衛生機關人員的正面績效行為，而形成此一現象。

　　第七，社會影響性認知與公共服務動機亦有可能促成負面績效行為。從四類機關人員的資料分析中，發現一些有趣的現象，例如機關人員的社會影響性認知或公共服務動機，竟是績效管理制度流於形式的潛因。地方環保機關的受訪者便指出，其本身之社會影響性認知與公共服務動機，對於績效管理形式化之現象具有正面影響效果；而衛生機關人員的社會影響性認知，及警察機關人員之公共服務動機，同樣呈現如是的效果。可能的解釋或許在於，在這些受訪機關人員心中，現行績效管理制度並不具有太

多實際的效果和意義，卻反而成為自身業務推動上的一種干擾，而為使自身的公共服務動機或是業務的社會影響性得以更形擴大，只好任由績效管理制度處於一種存而不廢，但卻又不會造成實質干擾的狀態，而最終便默許了績效管理制度日益流於形式的現象。

四、主管與非主管人員之結構模型分析

本小節主要針對受訪地方公部門組織中的主管和非主管人員之認知與行為傾向，及其所構成的結構模型，加以分析和比較。以下分述之。

（一）主管人員之結構模型分析

依循前揭之同樣程序，本研究先就受訪地方公部門組織主管人員之結構模型配適度進行檢驗。如表4-27所示，此模型之χ^2為6158.656，p=0.000，自由度（df）為1867，χ^2／df之比為3.299，CFI為0.886，NFI為0.846，IFI為0.887，RMSEA為0.059；因此，除卡方因受樣本數影響而使數值較高，且使卡方值與自由度之比值略高於3之外，其餘四項指標中，RMSEA符合模型配適度之要求標準，而CFI、NFI、IFI三項也已接近要求之配適標準，故此應為一可接受之結構模型。

接續針對結構模型中各項因果路徑結果來做分析討論。在總計84條路徑中，有41項路徑未達顯著標準。進一步就達顯著水準之因果路徑加以觀察，可以發現，在受訪地方政府局處主管人員的看法中，機關之所以偏好採用層級控制途徑來進行管理，係受公部門特質之外部政治環境、目標模糊性，及目標衝突性三項因素所影響，此外，這三項因素也會助長機關內繁文縟節之滋生；相對的，公務機關的目標模糊性，將不利於機關首長或主管的授權意願、績效文化的形塑，以及績效制度運作的有效性，同時，組織的目標衝突性亦將對機關的授權空間，及績效管理制度的落實程度造成負面影響。

其次，從組織內部管理途徑和制度環境，對於地方局處主管人員個人認知層面之影響來觀察，可以發現，內部官僚控制、授能與自主、績效文

表4-27　主管人員結構模型結果

主管人員結構模型（N=661）

	內部官僚控制	授能與自主	成果導向績效文化	績效制度運作	官樣文章	社會影響性認知	公共服務動機	自我效能感	當家精神	績效要求外行為	積極性績效資訊運用	畏難規避	績效管理形式化
外部政治環境	0.14*** (0.04)	-0.05 (0.03)	-0.05 (0.04)	-0.02 (0.03)	0.11** (0.1)					0.09* (0.03)	0.05 (0.03)	0.11** (0.04)	0.13*** (0.03)
目標模糊性	0.11* (0.05)	-0.48*** (0.04)	-0.57*** (0.05)	-0.57*** (0.05)	0.27*** (0.12)					-0.13 (0.05)	-0.07 (0.06)	0.01 (0.08)	-0.08 (0.06)
目標衝突性	0.37*** (0.06)	-0.17*** (0.04)	0.05 (0.04)	-0.08* (0.04)	0.42*** (0.13)					-0.06 (0.04)	0.01 (0.04)	0.33*** (0.07)	0.13* (0.05)
內部官僚控制						0.08* (0.03)	0.13*** (0.03)	0.04 (0.02)	0.06 (0.03)	0.01 (0.03)	0.01 (0.03)	0.15*** (0.05)	0.04 (0.04)
授能與自主						0.38*** (0.04)	0.36*** (0.04)	0.23*** (0.03)	0.08 (0.04)	-0.02 (0.04)	-0.02 (0.05)	0.03 (0.07)	-0.08 (0.05)
成果導向績效文化						0.2*** (0.03)	0.21*** (0.03)	-0.01 (0.02)	0.03 (0.03)	-0.09 (0.04)	0.04 (0.04)	-0.01 (0.06)	-0.12* (0.05)
績效制度運作						0.17*** (0.03)	0.15*** (0.03)	-0.04 (0.02)	0.07 (0.03)	-0.09 (0.03)	0.27*** (0.04)	-0.15*** (0.05)	-0.48*** (0.04)
官樣文章						0.01 (0.01)	-0.04 (0.01)	-0.04 (0.01)	-0.10* (0.01)	0.04 (0.02)	0.08 (0.02)	0.12* (0.02)	0.33*** (0.02)
社會影響性認知								0.51*** (0.03)	0.10 (0.05)	0.27*** (0.04)	0.08* (0.04)	-0.04 (0.06)	0.05 (0.05)
公共服務動機								0.31*** (0.03)	0.38*** (0.05)	0.31*** (0.05)	0.17*** (0.05)	-0.07 (0.08)	0.03 (0.06)
自我效能感									0.19** (0.08)				
當家精神										0.19*** (0.06)	0.35*** (0.06)	-0.06 (0.09)	0.09 (0.07)

配適度指標	χ^2	df	χ^2/df	p值	CFI	NFI	IFI	RMSEA
模型數據	6158.656	1867	3.299	0.000	0.886	0.846	0.887	0.059

註：儲格內所呈現之主要數據，為各變項間路徑關係經關係之標準化結構係數，括號內數值為標準誤。*p＜0.05；**p＜0.01；***p＜0.001。
資料來源：本研究。

化，及績效制度之運作等四個變項，大多僅對於主管人員的社會影響性認知及公共服務動機造成影響，且是正面效果，且機關的授權程度亦與主管人員的自我效能感程度息息相關；相對於此，機關內的官樣文章則會明顯損害地方政府主管人員的管家精神。

復次，地方局處主管人員的社會影響性認知及公共服務動機，皆對其本身的自我效能感及管家精神帶來正面作用，且其管家精神亦受渠等自身的公共服務動機所影響；自我效能感，亦能正面影響主管人員的管家精神，進而形塑其任事態度。另，受訪地方局處主管人員所抱持的管家精神，可為其激發出績效要求外行為，及績效資訊運用之積極態度和行為。

繼從機關外部環境對於地方局處主管人員的績效行為反應與傾向所產生之直接影響來觀察，不難發覺，外部政治環境的壓力，雖然一方面能促使地方主管人員展現績效要求外的積極行為，但也可能使主管人員產生責難規避的行為，及坐視績效管理制度流於形式的結果。而地方公務機關中目標衝突的特性，也會促使主管人員發生責難規避和無視績效制度逐漸形式化之行為。

再者，從組織內部管理途徑和制度環境角度來看，可以發現，此層面之變項對於地方局處主管人員的績效要求外行為及績效資訊運用行為，多無顯著影響；相對地，僅少數面向對於責難規避及績效管理形式化具有顯著影響。

最後，從個人認知層面來觀察，地方局處主管人員的社會影響性認知及公共服務動機，乃可有效激發其付出績效要求外之積極行為，及強化績效資訊之運用以解決機關或單位之問題。

∽

為進一步瞭解各變項在結構模型中的整體影響效果，在前述各直接路徑關係檢視之外，本研究遂將原始模型中不具顯著水準的因果路徑予以刪除，並建立修訂之結構模型。惟於第一次修訂後之模型中，仍有「成果導向績效文化→績效管理形式化」一條路徑未能通過顯著性檢定，故再將此項路徑刪除，並進行第二次修訂模型的檢驗，最終僅留下者皆通過統計

檢驗且具顯著性之變項路徑模型。在此最終修訂模型中，χ^2為6232.926，p=0.000，自由度（df）為1909，χ^2／df之比為3.265，CFI為0.886，NFI為0.844，IFI為0.886，RMSEA為0.059；是以，此最終修訂模型除卡方值因受樣本數影響而使數值較高，且使卡方值與自由度之比值略高於3之外，其他四項指標中，RMSEA乃符合模型配適度之要求標準，CFI、NFI、IFI亦甚接近配適標準，故此最終修訂模型應為一可接受之結構模型。

　　繼之以此最終修訂模型為基礎來檢視各變項之整體影響效果，如表4-28所示，受訪地方局處主管人員的自我效能感對其管家精神具有正面

表4-28　主管人員結構模型之整體影響效果

	內部官僚控制	授能與自主	成果導向績效文化	績效制度之運作	官樣文章	社會影響性認知	公共服務動機	自我效能感	管家精神	績效要求外行為	積極性績效資訊運用	責難規避	績效管理形式化
外部政治環境	0.138	0	0	0	0.105	0.012	0.018	0.011	0	0.108	0.004	0.115	0.2
目標模糊性	0.108	-0.478	-0.56	-0.571	0.267	-0.378	-0.37	-0.408	-0.316	-0.267	-0.382	0.171	0.352
目標衝突性	0.37	-0.186	0	-0.083	0.422	-0.053	-0.034	-0.077	-0.083	-0.04	-0.065	0.468	0.309
內部官僚控制						0.085	0.127	0.082	0.081	0.075	0.06	0.132	0
授能與自主						0.381	0.366	0.521	0.32	0.267	0.217	0	0
成果導向績效文化						0.204	0.209	0.167	0.144	0.141	0.109	0	0
績效制度之運作						0.16	0.16	0.13	0.11	0.109	0.375	-0.208	-0.469
官樣文章						0	0	0	-0.105	-0.022	-0.037	0.141	0.316
社會影響性認知								0.505	0.152	0.285	0.157	0	0
公共服務動機								0.308	0.54	0.397	0.367	0	0
自我效能感									0.301	0.062	0.105		
管家精神										0.207	0.349	0	0

資料來源：本研究。

影響關係，代表著地方局處主管人員會藉助對自我能力之信心程度來據以調節自身的任事態度，亦表示二者間的自我調節機制存在。而受訪地方局處主管人員的管家精神，皆有助於其績效要求外行為之付出，及積極運用機關績效資訊以推動等績效行為之展現。

其次，從最終修訂模型中可以發現，受訪地方局處主管人員之自我效能感，乃受機關授權自主決策之空間影響最鉅，而其管家精神及績效要求外行為，則受其自身的公共服務動機影響最大；又，地方局處主管人員績效資訊的運用行為則主要受機關績效制度運作的有效程度所影響。但是，地方局處主管人員的自我效能感、管家精神、績效要求外行為、績效資訊運用等認知與行為，皆可能因為機關之施政目標過於模糊，而有不利影響。

最後，本研究發現，地方局處主管人員的責難規避行為，主要係受機關內目標相互衝突性過高所影響，且機關中績效管理制度形式化之現象，組織目標模糊性乃是主因之一；而前述兩項負面績效行為與傾向，從地方局處主管人員的觀點來看，需從加強機關績效管理制度的落實程度來加以避免。

（二）非主管人員之結構模型分析

同樣，先就非主管人員之結構模型配適度據以檢驗。如表4-29所示，此模型之χ^2為27625.774，p=0.000，自由度（df）為1867，χ^2／df之比為14.797，CFI為0.906，NFI為0.900，IFI為0.906，RMSEA為0.052；基此，除卡方值因受到樣本數的影響而使數值較高，且亦使卡方值與自由度之比值高於3之外，其餘四項指標皆能符合模型配適度之要求標準，因此，此應為一良好、可接受之結構模型。

繼而就結構模型中各因果路徑結果加以分析。在總計84條路徑中，有17項路徑未達顯著標準。若就達到顯著水準之因果路徑加以觀察，可以發現，公部門特質中之外部政治環境、目標模糊性，及目標衝突性，皆對組織中的內部官僚控制及官樣文章等管理途徑選擇及制度環境，具有正面影

響關係；而此三項公部門特質變項，亦皆對授能與自主、成果導向績效文化、績效制度運作之有效性，具有負面影響效果，除目標衝突性對績效文化之形塑不具顯著影響力外。

其次，就組織內部的管理途徑和制度環境，對於地方政府非主管人員個人認知之直接影響而言，組織內的層級控制程度，及機關所授與的業務自主程度，都對受訪地方政府非主管人員的社會影響性認知、公共服務動機，及自我效能感具有正面驅動效果。而若是組織中能形塑出成果導向的績效文化，或能強化績效管理制度的有效性，皆可對地方非主管人員的社會影響性認知、公共服務動機，及管家精神，產生正面影響作用；但需注意的是，若是過於強調組織的成果導向績效文化，卻也可能降低非主管人員的自我效能感。同時，此模型指出，機關中的官樣文章程度越高，越有可能對地方政府非主管人員的社會影響性認知、公共服務動機及管家精神，帶來負面影響效果。

復次，從模型中也可看出，若是地方政府非主管人員越是認同自身業務所具有的社會影響性，以及公共服務動機越高時，越有可能塑造較高的自我效能感及管家精神。並且，地方政府非主管人員的自我效能感，與其管家精神之間，亦具有正向影響關係，顯示二者間具有任事態度的自我調節機制。再者，地方政府非主管人員所抱有的管家精神，對其績效要求外行為，以及積極運用機關績效資訊以推動或改善業務績效等積極性績效行為，都具有正面影響作用；且亦有助於降低組織成員責難規避的行為傾向。

最後，從組織的內、外部環境及個人認知等層面之變項，對地方政府非主管人員之績效行為反應與傾向所產生影響進行觀察，則可發現，外部政治環境對於四項績效行為反應與傾向，皆具有正面影響效果；機關組織的目標模糊性不僅可能助長地方政府非主管人員的責難規避行為傾向，也可能降低其運用機關績效資訊的意願和行為，但卻也可能抑制機關中績效管理制度逐漸形式化的現象。至於機關的目標衝突性，則是對地方政府非主管人員的績效要求外行為、積極性績效資訊運用，及責難規避等三項績效行為，具有顯著的正面作用。

表4-29　非主管人員結構模型結果

非主管人員結構模型（N=5128）

	內部官僚控制	授能與自主	成果導向績效文化	績效制度運作	官樣文章	社會影響性認知	公共服務動機	自我效能感	管家精神	績效要求外行為	積極性績效資訊運用	責難規避	績效管理形式化
外部政治環境	0.12*** (0.02)	-0.08*** (0.01)	-0.07*** (0.01)	-0.07*** (0.01)	0.12*** (0.04)					0.06*** (0.01)	0.04** (0.01)	0.03* (0.02)	0.18*** (0.01)
目標模糊性	0.04* (0.02)	-0.56*** (0.01)	-0.62*** (0.02)	-0.66*** (0.01)	0.32*** (0.04)					-0.03 (0.02)	-0.17*** (0.02)	0.1*** (0.03)	-0.09* (0.03)
目標衝突性	0.36*** (0.02)	-0.03* (0.02)	0.01 (0.02)	-0.09*** (0.02)	0.21*** (0.05)					0.04* (0.02)	0.07*** (0.02)	0.28*** (0.02)	0.03 (0.02)
內部官僚控制						0.21*** (0.01)	0.23*** (0.01)	0.1*** (0.01)	0.001 (0.01)	0.05*** (0.01)	0.01 (0.01)	0.22*** (0.02)	0.14*** (0.02)
授能與自主						0.39*** (0.02)	0.4*** (0.01)	0.27*** (0.01)	-0.02 (0.02)	-0.03 (0.02)	-0.01 (0.02)	0.17*** (0.02)	-0.003 (0.02)
成果導向績效文化						0.04** (0.01)	0.06*** (0.01)	-0.04*** (0.01)	0.09*** (0.01)	-0.12*** (0.02)	0.01 (0.02)	-0.06** (0.02)	-0.14*** (0.02)
績效制度運作						0.21*** (0.01)	0.25*** (0.01)	-0.01 (0.01)	0.14*** (0.01)	-0.01 (0.02)	0.18*** (0.02)	-0.04* (0.02)	-0.34*** (0.02)
官樣文章						-0.06*** (0.01)	-0.04* (0.01)	0.01 (0.004)	-0.07*** (0.01)	0.003 (0.01)	0.05* (0.01)	0.20*** (0.01)	0.36*** (0.01)
社會影響性認知								0.36*** (0.01)	0.18*** (0.02)	0.24*** (0.02)	0.09*** (0.02)	-0.02 (0.02)	0.09*** (0.02)
公共服務動機								0.33*** (0.01)	0.27*** (0.02)	0.27*** (0.02)	0.04* (0.02)	-0.02 (0.03)	0.07** (0.02)
自我效能感									0.21*** (0.02)				
管家精神										0.19*** (0.02)	0.42*** (0.02)	-0.14*** (0.03)	-0.01 (0.02)

配適度指標	χ²	df	χ²/df	p值	CFI	NFI	IFI	RMSEA
模型數據	27625.774	1867	14.797	0.000	0.906	0.900	0.906	0.052

註：細格內所呈現之主要數據，為各變項間路徑關係之標準化結構係數，括號內數值為標準誤。*p＜0.05；**p＜0.01；***p＜0.001。
資料來源：本研究。

　　再者，從地方政府非主管人員的觀點來看，組織內層級控制的程度越高，越有可能促使其產生責難規避、或坐視績效管理制度流於形式的行為傾向，雖然也有可能刺激非主管人員付出績效要求外之行為。不過，很明顯的是，機關所賦予的授權空間，卻也可能鼓勵了地方政府非主管人員的責難規避行為。而成果導向的績效文化，一方面有助於避免地方政府非主管人員產生責難規避及漠視績效制度流於形式的消極行為，但同時卻也可能使得非主管人員不願付出其績效要求外行為。不過，若是機關能夠有效推動並落實績效管理制度，不僅能有效降低地方政府非主管人員之責難規避和坐視績效管理制度流於形式的負面行為，亦可刺激非主管人員積極運用機關之績效資訊。而機關內的繁文縟節、官樣文章，雖然可能對地方政府非主管人員的績效資訊運用行為有所助益，但是卻也可能助長了非主管人員責難規避的行為傾向，及繼續坐視績效管理制度流於形式的現象。

　　最後在個人認知層面之社會影響性認知及公共服務動機，皆對地方政府非主管人員的績效要求外行為及績效資訊運用行為，具有正面促進效果，但卻也可能使得機關內績效管理制度形式化的現象更形嚴重。

　　為瞭解各變項在結構模型中不同層面的整體影響效果，本研究進一步將原始模型中不具顯著性之因果路徑予以刪除，藉以從修訂後之結構模型觀察各變項的整體效果。在修訂後的模型中，χ^2為27637.107，p=0.000，自由度為1884，χ^2／df之比為14.669，CFI為0.906，NFI為0.900，IFI為0.906，RMSEA為.052；故修訂模型除因卡方值乃受樣本數影響而使數值偏高，且亦使卡方值與自由度之比值高於3之外，從其餘四項指標來看，修訂後模型應為一良好、可接受之結構模型。

　　基此探討各變項的整體影響效果。由表4-30可以看出，在受訪地方政府非主管人員的經驗中，自我效能感對管家精神具有正向影響關係，顯示此一自我調節機制不僅存在，且顯著影響其任事態度。再者，從模型中可看出，管家精神對於受訪地方政府非主管人員之績效要求外行為，及績效資訊運用行為二者，皆具有正面影響效果，而對責難規避的行為傾向能產生負面抑制效果。

表4-30　非主管人員結構模型之整體影響效果

	內部官僚控制	授能與自主	成果導向績效文化	績效制度之運作	官樣文章	社會影響性認知	公共服務動機	自我效能感	管家精神	績效要求外行為	積極性績效資訊運用	責難規避	績效管理形式化
外部政治環境	0.12	-0.081	-0.064	-0.069	0.115	-0.031	-0.03	-0.028	-0.041	0.053	0.012	0.078	0.273
目標模糊性	0.034	-0.559	-0.615	-0.663	0.32	-0.396	-0.432	-0.404	-0.426	-0.209	-0.501	0.22	0.291
目標衝突性	0.363	-0.033	0	-0.095	0.215	0.029	0.039	0.05	-0.001	0.074	0.069	0.392	0.171
內部官僚控制						0.209	0.232	0.249	0.149	0.199	0.089	0.188	0.184
授能與自主						0.388	0.401	0.543	0.286	0.25	0.168	0.113	0.06
成果導向績效文化						0.041	0.063	-0.011	0.106	-0.075	0.051	-0.073	-0.134
績效制度之運作						0.21	0.249	0.157	0.266	0.164	0.315	-0.083	-0.307
官樣文章						-0.066	-0.036	-0.035	-0.093	-0.043	0.001	0.21	0.359
社會影響性認知								0.357	0.249	0.284	0.189	-0.038	0.087
公共服務動機								0.328	0.335	0.321	0.179	-0.051	0.066
自我效能感									0.199	0.038	0.085	-0.03	0
管家精神										0.189	0.425	-0.152	0

資料來源：本研究。

　　其次，就受訪地方政府非主管人員而言，對其自我效能感最具正面影響效果者，便是授能與自主，且對其管家精神及績效要求外之行為而言，皆主要受其自身公共服務動機所驅導，而其績效資訊運用行為則明顯取決於其所擁有的管家精神；相對地，對於地方政府非主管人員之自我效能感、管家精神、績效要求外行為、積極性績效資訊運用等認知與行為而言，來自組織的目標模糊性則是最大的不利因子。

又，可能形塑受訪地方政府非主管人員之責難規避行為傾向，最主要的原因乃是來自機關內部的目標相互衝突性；而此可由提振非主管人員的管家精神來予以克服。從模型整體效果中亦可看出，機關中漫布的官樣文章，無疑是受訪地方政府非主管人員所觀察，造成機關績效管理形式化的最主要因素，而有賴於落實機關的績效管理制度來予以改善。

不過，值得注意的是，從整體效果模型中也可看出，過於強調成果導向的績效文化，對於受訪地方政府非主管人員的自我效能感和績效要求外行為而言，皆是項負面因子，而有可能使其退縮成為一位保守的機關代理人。

（三）主管和非主管人員分析結果之比較

透過上述分析可以發現，受訪之地方政府主管與非主管人員，經其認知和經驗於問卷調查中之反映，各個納入分析之變項在各層面間所形成的結構模型及其整體影響效果，各有其不同組成，此小節進一步加以比較，歸結以下四項主要差異：

第一，主管與非主管人員對外部政治環境的影響認知不同。從上述分析中不難發現，外部政治環境此一因素在受訪地方政府主管人員的認知中，在不同變項上所產生的整體效果皆為正面影響；但是對受訪地方政府的非主管人員而言，外部政治環境之壓力，卻會對其社會影響性認知、公共服務動機、自我效能感，及管家精神等個人認知變項，產生負面影響。可能的原因在於，相較於非主管人員，擔任主管職者經常必須在自身業務上進行決策，或是參與首長、或主管們的決策討論，因此較常感受到來自組織外的政治因素與壓力，也較習於在決策過程中，將外部政治環境因素納入思考討論中；而非主管人員則因較少機會接觸此些因素，而會認為這些政治因素對其自身是種沉重的負面壓力。

第二，成果導向績效文化造成非主管人員的認知與行為退縮。從受訪地方政府主管和非主管人員的資料分析中可以發現，主管人員對於在組織中建立成果導向的績效文化，抱持正向的態度；惟相對地，這樣的績效文化，對於受訪非主管人員而言，卻可能斲傷其自我效能感，及其績效要

求外行為之付出意願。換言之，若是在機關中過度強調論功行賞的績效文
化，可能反而會促使地方政府非主管人員擔心無法達到組織所期望的績效
水準，甚至不願做出積極性的績效行為。因此，在這績效文化的形塑一事
上，需要管理者仔細拿捏和思考。

第三，績效管理形式化成因認定不同。比較受訪地方政府之主管和非
主管人員之看法，可以發現，主管人員認為組織內績效管理制度之所以流
於形式，主因乃來自機關的目標模糊性特質，不易精確訂定有效的績效評
核指標；相對地，非主管人員則主張績效管理制度流於形式，係因機關內
已有過多的官樣文章，因而使得相關績效制度也日漸成為這些繁文縟節的
一部分。

第四，主管人員相對重視績效管理制度之運作，而非主管人員相對重
視管家精神。仔細比較受訪地方政府之主管和非主管人員之整體影響效果
模型便可發現，主管人員較為信賴屬於制度面之績效管理制度，做為組織
運作之憑藉，例如受訪主管人員認為，若欲鼓勵組織成員積極運用機關之
績效資訊，或是期望消弭同仁們責難規避的行為傾向，或緩解績效管理制
度形式化的趨勢，便要仰賴有效落實績效管理制度方能成功。相對於此，
對受訪之非主管人員而言，激發人員的績效資訊運用行為，以及避免組織
成員的責難規避傾向，便首要依靠提振機關同仁們的管家精神，以此做為
精神號召。申言之，此一結果展現了主管和非主管人員不同的世界觀，對
於主管人員而言，自己做為制度的設計者與執行者，自然相信組織的運作
必須仰賴制度才能維繫；可是，對於屬制度下的被管理者，僅能訴諸於自
身所抱持的管家精神來為民奉獻。因此，此一實證結果，精準反映了二者
間觀點的不同。

第五節　小　結

綜整本章之分析結果，立基於來自22個直轄市與縣（市）之68個地方
局處及其同仁所回覆問卷調查資料，經由不同方式的統計分析，讓吾人得
以獲致其於地方公部門組織的制度環境、任事態度，及績效行為之基本瞭

解圖像。以下便就前述分析結果，做一簡要歸結。

第一，總體而言，受訪之地方政府組織成員，具有高度的自我效能感及管家精神，惟普遍認為其所服務機關之績效管理制度已日益流於形式。不過，從本研究所關心的研究課題來說，分從公部門特質、內部管理途徑與制度環境、個人認知，及績效行為反應與傾向等層面據以觀察，由階層迴歸分析逐步投入不同層次變項之分析結果來看，如此的層次劃分具有其意義；而從結構方程式之路徑分析結果來看，不同層次之變項間，確實具有相互影響關係，符合學理上的期待。基此，由整體資料結果觀之，地方公部門組織成員心中，的確具有一自我調節機制，藉由其自我效能感，影響其管家精神，而形塑其在組織中的任事態度；且此一管家精神亦會進而影響組織成員的績效要求外行為，及積極性績效資訊運用等正面績效行為，並發揮正面引領效果，又可降低組織成員責難規避的負面行為傾向。這當中，地方公部門組織成員的自我效能感深受機關內的授能與自主空間所影響，而其管家精神則主要受到個人之公共服務動機所驅使，且其公共服務動機亦受授能自主程度之影響，顯見機關授能幅度所能產生影響之深遠。不過，遺憾的是，公部門特有的目標模糊性，乃本研究個人認知層面四項變項及正面績效行為之最大不利因子；且本研究亦發現，若組織過度強調成果導向的績效文化，恐不僅將直接扼殺組織成員的自我效能感，且亦將阻卻同仁於績效要求外行為之付出。

第二，從地方公部門組織正式與非正式人員角度來做觀察，本研究發現，非正式人員的自我效能感乃高於正式人員，而正式人員的責難規避傾向，及坐視組織績效管理形式化的可能性，則高於非正式人員。且值得注意的是，機關內成果導向績效文化之建立，將同時對正式與非正式人員之績效要求外行為帶來衝擊，尤其這樣的績效文化對非正式人員所造成於心理認知和績效行為兩層面之負面影響，將遠大過於對正式人員之負面作用。

第三，從分屬不同業務特性之四類地方局處來觀察，可以發現，受訪的衛生機關人員，在四項個人認知變項上，即社會影響性認知、公共服務動機、自我效能感、管家精神，相較於環保、工務／建設，及警察機關人

員而言，皆是程度最高者，且受訪之衛生機關人員在績效要求外行為、積極性績效資訊運用等兩項正面績效行為上，傾向程度亦顯著高於其他三類機關人員。相對於此，在責難規避此一變項上，警察局同仁的行為傾向則顯著高於其他三類機關人員。再者，透過結構模型發現，在受訪環保機關人員心理認知中，其自我效能感與管家精神間，不具顯著關係，亦即是類人員未必仰賴自我調節機制來決定其任事態度。又，除工務／建設機關人員外，其餘三類受訪機關人員之管家精神，乃多受其自身公共服務動機所驅使，且過度強調成果導向的績效文化，對受訪環保及衛生機關人員之管家精神及其正面績效行為而言，乃是不利因子，尤其對衛生機關這類具高管家精神之人員來說，相關績效管理制度之推行方式，應仔細斟酌考量。最後，依據四類機關受訪人員之經驗，各類機關績效管理形式化之主因不同，於環保、衛生機關為目標模糊性，在工務／建設機關為外部政治環境，於警察機關則是官樣文章。

　　第四，由主管與非主管人員角度據以觀察，本研究發現，就社會影響性認知、公共服務動機、自我效能感，及管家精神四項個人認知變項而言，受訪地方政府主管人員之反應皆高於非主管人員。在具體績效行為上，受訪主管人員之績效要求外行為，及績效資訊運用行為，皆優於非主管人員；惟在責難規避傾向上，受訪非主管人員則高於主管人員。若就多層面整體結構觀察，受訪地方政府主管人員對於外部政治環境較能正面看待，而非主管人員則認為外部政治環境與壓力，對其心理認知具有顯著衝擊性。本研究亦發現，受訪地方政府主管人員相對較為重視機關中績效管理制度之運作狀況，及其對於自身心理認知及績效行為之影響，而非主管人員則相對重視管家精神之價值，且更為彰顯管家精神對其影響力，同時，若機關過於強調論功行賞的績效文化，則可能造成非主管人員於心理認知與績效行為上之退縮，而捨棄其管家精神。

第五章　地方機關首長與組織成員之系絡觀點分析

　　本章主要係針對5位地方政府之研考會主委或計畫處處長及4位局處首長，計9位機關首長之深度訪談資料，以及24位來自不同地方政府局處之正式及約聘僱人員之焦點團體座談資料，進行分析，藉以由業務局處首長、研考機關首長，及機關組織成員的不同角度，從中瞭解和探討各方對於績效管理與評核制度的看法與觀點、相關制度對於組織成員任事態度之影響，以及吾人可如何從這些觀點和經驗中，重新思考績效管理制度與組織成員之間應有的互動關係。

　　透過與不同直轄市、縣（市）研考或計畫首長，及局處首長（或副首長）之訪談互動，可以瞭解，目前各地方政府在其施政計畫或機關績效的管考與評核做法上，雖不必依循或仿照在中央政府層級，由國發會所提出並規範行政院所屬各機關配合辦理之施政績效評核架構，但在直轄市與縣（市）層級，是類制度之設計主軸，仍是將其民選首長之政見或施政藍圖，或所謂之旗艦計畫，以策略目標及關鍵績效指標（Key Performance Indicator, KPI）的形式加以轉化並進行管考。換言之，目前各地方政府之施政績效管理與評核方式，在架構上，具有多元彈性，乃依各地方縣市首長之要求或施政特性，而有不同的架構形式，且不受國發會或各地審計處（室）的統一規範；但在具體操作上，仍多是以績效指標的方式進行追蹤與管考。因此，就受管考之機關首長及組織成員而言，對於是類制度的基本感受性仍為相近。在此基礎上，吾人便可進一步探討不同層級機關成員對於績效管理與評核制度的觀點和看法。

　　是以，本章第一節將從不同地方政府研考／計畫機關，及環保、工務／建設、衛生、警察機關首長（或副首長）之受訪內容，瞭解這些機關首長、甚至是績效管理與評核制度的設計或推動者，如何看待此一制度，

以及他們的管理思維；第二節則轉而由績效管理制度之被管理者——組織成員（包含正式和約聘僱人員）的角度，理解不同位置者如何思考同一制度。最後在第三節，則是綜合不同角度之觀點，試圖從中找出未來在績效管理與評核制度，及組織成員間，得以取得平衡的一個制度思考方向。

第一節　機關首長觀點分析

如前所述，本節將針對9位不同地方政府的研考及業務機關首長（或副首長）之訪談資料，從渠等對於績效管理之理念理解、當前所面臨的管理挑戰，及績效制度改善方向等三大面向，加以分析和討論。希冀由首長們的上位高度，協助吾人對於相關議題的瞭解。

一、機關首長之績效管理理念

如同在本書第二章末所討論者，從社會認知理論的角度來看，機關內組織成員之任事態度，可能受其所感受到的制度環境所影響，而機關內所形塑出的制度環境，亦可能受到機關首長、甚至制度設計者等，其心中的管理理念所牽引。是以，本研究以為，在探討績效管理與評核制度對於組織成員所造成之影響前，應先瞭解此些首長或制度設計者對於績效管理制度之理念究係為何？

（一）績效之管理乃是一種民主課責之回應

在我國已歷經多次直轄市與縣（市）政府首長之民選過程後，無論是研考首長或是業務局處首長，大多皆已體認到，在一民主社會中，政府之存在與施政運作，甚至是所謂的施政績效管理，皆是為協助民選首長得以落實其於競選時所提出之政見（受訪者IR-1、IR-2、IE-1、IE-2），並且促使政策之推動讓人民有感，爭取民眾的認同（受訪者IR-2），由此，就地方政府而言，所謂之績效，或可謂為民選首長政見之落實、民眾之滿

意，及客觀指標數據之進步三種層次。

> 講績效，我剛剛講的這三個層次是說，市長，他的政見有沒有貫徹，那滿不滿意；第二個，市民滿不滿意，有沒有感；再來最後是說，還是有一些客觀的指標，就是可以訂出來的，然後可以去追蹤說今年有沒有比去年好。（IR-2）

事實上，受訪首長們如此的觀點，無疑便是體認到，做為一民主政府，不僅在施政作為上必須能對選民的期待與託付有所回應，在政府內部及其運作上，更需透過一套有系統的管理方式，或是定期、持續性地進行施政資訊和資料的蒐集，藉以回應外部政治環境的壓力，使民意機構、媒體、社會輿論知曉地方政府的運作現況。由此可以看出，民選地方政府亦需藉由績效評核與管理之做法，做為一種對於民主課責要求的回應方式。

> 我們同仁……先不要管他自己的工作壓力，一般來自外界壓力，簡單來說大概有幾個方面，一個是來自議會，一個是來自媒體，所以議會要資料直接打到機關同仁他會受不了，他會很難過，媒體直接問到他，所以大概議會、媒體、上級機關（是主要的外部壓力來源）。（IE-1）

> 既然是民主政治的時代，民眾對政府的要求很多，那又是在地方政府，柴、米、油、鹽、醬、醋、茶都是跟市民很貼近的，不爽就是要說的，什麼年金改革，都更貼近自己的生活，什麼交通阻塞、路不平、燈不亮啊、水溝不通，這些都是每天要去面對的……，所以整個施政的導向還是要回應民主政治的需求。（IR-2）

（二）績效管理與評核乃是一種官僚控制手段

訪談過程中，筆者向受訪機關首長們請益，在他們眼中，績效管理與評核等相關制度，究竟是一種管理控制的手段，抑或是一種授能與授權的

思維？多數受訪研考或業務機關首長認爲，無論從其自身角度的理解，或是設想機關同仁的感受，績效管理與評核制度基本上仍是一種管理者對被管理者的管理控制手段，即便在某些較屬爲民服務的業務區塊，或許會有較多授權機關施展的空間，但整體而言，機關首長們多數認爲，不可能做到完全授能的程度，如部分受訪者便明確指出：

> 從那些各局處公務員，他會覺得這不是授能，那有一套機制來管制的話，這是種管理控制。（IR-3）

> 以現在民選首長他們對這些績效管理的看法，我是認爲當然有可能是管理控制導向的取向會比較高一點。（IE-3）

> 在工程類是控制導向，在非工程類有一點點控制導向，可是他比較授權……（IE-1）

> 其實我覺得啦，從政府這些管理角度來看，大概完全做到授能不太可能！（IR-3）

尤有甚者，更有受訪研考首長具體點出，儘管這些績效制度會讓機關成員感到束縛或壓力，但是由上位者的角度來看，就是要透過績效管理與評核制度來監督和瞭解，到底哪些重要政見或政策已被落實，哪些尚在執行中，又有哪些並未如預期地推動，明顯認爲績效評核制度的推行，乃是機關管理中的「必要之惡」。

> 爲了配合你（縣市首長）的這些，我必須就你所要求的點去做某些事情，甚至他（機關同仁）會認爲被你綁手綁腳的，但是從上面那個角度來看，我因爲設了這個樣子我才知道，哪些事情你有沒有做到，哪些事情做得好不好。（IR-3）

在上位者的如是管理理念下，績效評核制度無疑地具有高度控制意味，因此，便有出身基層文官、歷練多個地方政府與機關的研考首長便直指，「績效評核對這些事務官他的看法是什麼，我覺得，就像一個緊

箍咒！」（IR-3）充分道出常任文官對於績效管理和評核制度的看法與心聲。可是，我們為何需要對於廣大的公部門組織成員施以這樣的緊箍咒？其核心目的為何？另一位同樣由基層文官做起的研考首長，精要地點出上位管理者的內心觀點，亦即相關績效制度其核心精神在於維持一種政府組織運作的「紀律」（受訪者IR-4），希冀以此手段使政府機器得以規律地向前推進和運行。

> 我覺得KPI最重要其實就是紀律，它倒不是說一定要去評核一個單位最需要的獎懲，不是結果論，它應該是在過程。所以紀律其實很重要，因為沒有紀律的話，這個政府的組織永遠就會這樣散散的。（IR-4）

綜上，吾人可明顯理解，從受訪的研考與業務機關首長的角度來看，績效管理與評核相關制度的存在和規劃理念，便在於使其成為一種上位者對於組織成員，得以進行管理控制和維持紀律的手段和工具，亦也充分表現出代理人理論觀點的管理思維，即在政府機器運作中存在著多重代理關係的情況下，只好透過績效制度和績效指標，做為對於這些施政執行「代理人」的管理控制和降低監督成本的工具或手段。但，這樣的理念思維，是否真能藉由績效制度的推行達到其目的？無疑是值得吾人關心的議題。

二、控制思維下的管理挑戰

如果地方政府之研考與業務機關首長咸多認為，績效管理與評核制度乃是為確保機關中龐大的代理人體系，能夠落實民選首長政見與政策的管理控制工具，那麼，在實際運作中，這套工具是否真能如其所想像，達到其制度目的？誠如一位研考機關首長於受訪時所說，若是績效評核相關制度，乃是基於代理人觀點所發展，則吾人必須細細思考當中可能必須付出的成本與代價：

> 公務體系如果是建立在代理人制度的基本的假定，那貓捉老鼠這樣的遊戲就一直會存在，那所以這種所謂的道德風險它會存在，

> 然後你的管理成本，就代理人成本它也會存在。（IR-1）

（一）績效制度下所形成的形式主義

訪談過程中，可以很明顯地感覺到，儘管許多機關首長可以理解目前存在官僚體系裡面的相關績效評核制度，乃是一種管理上的必要之惡，但是，卻也同時瞭解，甚至承認，這些制度皆已產生了許多績效管理上的形式主義。例如，某位受訪研考機關首長便指出，「過去（制度）太繁複，造成在管考的過程當中可能沒有得到管考的效用，但是卻造成許多更為繁複的行政作為」（IR-1），另位研考首長也承認績效管理與評核上的形式主義確實存在，「事實上，上有政策下有對策，他們用這個跟你虛應，所以就會造成績效管考的不彰，所以從中央到地方，只要是公務機關，我看都有這個通病」（IR-2），可見績效制度的形式主義可能不僅已是一項「公開的秘密」，甚至已是一種普遍的公務現象。如一位機關首長所言：

> 這個幾乎是所有的文官體系裡面，大家的共識。所以那東西其實是……都形式化啦。（IE-2）

而吾人可能好奇的是，究竟是什麼原因造成政府內部的績效管理與評核制度逐漸流於形式？

1.一體適用的評核形式

藉由不同局處機關首長的訪談，可以發現，這些首長們在歷經不同職務與機關業務的歷練，對於目前多數政府部門所採行「一套模式、全體適用」之績效評核制度之不耐，如一位受訪業務局處首長便直指：

> 在現實上，我不可能設計一套機制，27個局處大家同樣用這套設計下去……，因為剛提到的本來（各局處業務）就是差異這麼大……（IE-1）

甚至，更有業務機關首長質疑指出，我國中央政府所規劃制訂，交由地方政府執行之業務指標，竟然可以一項指標年復一年地使用二十年不

變，成爲「長壽指標」，而未思檢討此些指標在不同時代背景下的適用性，或是檢視此些指標是否已經頓化，不再具有其監測意義。當然，如此一來，第一線的基層人員對於這類指標早已無感，也感受不到它的績效意義，在實際心態上，必也流於形式。

> 其實文官體系裡面最重要的其實是這一塊，因爲這一塊他有時候比較有長遠性，而且比較有持續性，但長遠性、持續性最大問題是他沒辦法一直在創新跟進步，他可以一個指標……可以用二十年。（IE-2）

2.沉重的文書作業負擔

從訪談過程中，可以明顯感受到，無論是研考機關首長，或是業務局處首長，大多認爲由績效管理與評核制度所衍生的文書作業，對於基層人員而言，確實造成極重的業務負擔，而這樣沉重的業務負擔，對於長期欠缺充足人力的地方政府而言，無疑是造成績效制度流於形式的主因之一。

> 他會覺得說這都是研考會、市長，龐大的官僚體系加諸於我的burden。我爲什麼要去讓那麼多的指標來管考我？很煩，所以會有點應付，所以自保第一嘛。（IR-2）

> 每天都在做那個paper work就好啦，很多我們基層公務人員都會說很大一部分時間都在應付你這些填表。（IR-3）

再者，受訪機關首長也認爲，在目前多數績效管理與評核制度乃採管理控制的思維途徑之下，在實際的操作上，公部門組織成員所能感受到的，只有程序性的管控，根本談不上管理，更別說授能與授權。甚者，在這樣的程序管控思維下，所得代價是，公務機關只會習於線性思考與慣性思考，而無法跳脫慣有的思考框架進而產生創新或前瞻性作爲。

> 它（績效評核制度）就是官樣文章啊！它全部都是走程序嘛，所以哪有管理控制，沒有啊。它也沒有管理，所以也沒什麼授能

啊。（IE-2）

> 因為已經變成是程序性的在管績效的時候，你很容易（變成）做線性思考。（IE-2）

另，亦有機關首長認為，地方民選首長或政務官員的更迭，也會帶來自己的想法和不同的施政重點，亦也使得基層公務同仁疲於應付不同長官的想法，一方面可能帶來業務推動上的困擾，另方面，久而久之，公部門組織成員自然會以不變應萬變的態度，習於漠視這些新構想。

> 問題是說，如果每個人來一套……每個人來一套，新的長官來有個想法，每個都不一樣，會困擾、無所適從，當然有可能做虛工啦！（IE-4）

不僅如此，在地方民選政治的壓力下，民選首長為求政績，自然會將其重視之處，要求研考機關或各業務機關將其轉化為績效指標與重點，但如此做法的結果是，造成許多績效指標或施政業務的推行，變成僅是政治誘因下的短線操作，對於長期施政效能而言，並無所助益，可是，這卻也成為基層公務同仁的負擔。

> 另外一種就是說，有時候不管是每個局處都有自己想要去做…力求表現嘛，可是因為現在的政治的氛圍為是……短線，所以那種東西都是用短線的方式去呈現，他不追求實質的、長期的效果。（IE-2）

（二）結果導向思維所產生的扭曲

在當代績效管理的思維中，非常強調成果導向（result-oriented）的管理概念，主張管理之運用應聚焦於施政成果或結果面向上。當然，這樣的思維，也被帶到我國的政府部門理念來，引導著中央與地方政府的績效管理方式。但，一位機關首長提出其極為深層的經驗與觀察，指出這樣的結果導向概念，由於欠缺對於執行與推動過程層面的細緻思考，且在「指標

引導施政」的傾向下，尤其對於地方執行機關而言，將會造成施政與管理上的扭曲現象。

> 我不太認同說，因為現在中央政府有一個不好的趨勢，他太強調結果導向，他沒有過程的思考，因為過程裡面牽涉到我們要訂什麼策略，用什麼方式去達成。（IE-2）

> 因為結果的指標有侷限性，有些東西會看不到。（IE-2）

進言之，在強調結果導向的指標設定趨勢下，及結合中程施政結果將被回推計算成為各年度績效目標值設定的作業現況，例如某項績效指標於四年後之目標值為下降20%，因此在此原則下，在目標值的設定上便會被分配為每年降低5%的目標，如此武斷的結果配置行為，便會造成各地方機關只好硬著頭皮加以配合，而致僅能追求短期性效果的達成，而無法細究此指標背後所指涉真實現象的動態性，例如毒品防治或流行疾病等在處理上便可能有高峰或低峰期之現象，以致各機關只得採淺碟思考的方式形式以對。

> 有些（行動）策略是有長期的效果，有些方法只有短期的。那所謂短期就是會有一個情況就是，假設我今天當這個首長，效果會很好，等到有一天我走了之後，效果就馬上變很爛，後面的人要去收拾；有些東西是有短期效果，長期是反而會compensate回來，會變成說更不好，所以假如你只用結果導向來思考就會出很大的問題，就是除了我剛才講的問題之外，會讓你的思考會變得很淺。（IE-2）

惟更值得吾人重視的是，在這樣一味講求只看最終結果或成果的管理思維下，是否可能造成行政機關僅求最後數字的達標或是美化，而不在意施政執行的真實效果，甚至可能形成績效數字造假的情況。

> 你會把那個目標的結果導向想得非常的naive，這種naive的結果怎樣，你在公務體系會怎樣，就兩個結果嘛，第一個大家做假，

再來搞鬼嘛！對不對，你這樣的話反而會把公務體系的文化全部弄糟。（IE-2）

（三）現行績效制度對官僚體系任事態度與績效行為的影響

在前述的制度環境下，本研究最關切的仍是，這樣的績效制度推行現況，對於地方公部門組織成員的任事態度與績效行為，會造成什麼樣的影響？事實上，這樣的問題，也是受訪首長們所關心的，更有研考機關首長直接指出，如是由委託代理觀點出發所設計的管理制度，恐終將形成一種「玩假的」形式化的現象。

> 在組織當中對於這個所謂的績效管理，它如果不是形成一種文化，主管跟部屬之間、委託人跟代理人之間，他對於績效管理沒有這種共同的一種認知，並且是共同的……不只是認知，而且還相信它有用，那這套制度始終都淪為就是貓捉老鼠，甚至到有一種狀況更好笑，那就是委託跟代理人之間，大家根本都是玩假的，就是你講的形式主義……（IR-1）

在訪談過程中，可以發現，這些受訪的機關首長們，無論是研考機關或是業務局處，都會認為若是這樣著重管理控制的思維途徑不改，績效制度將越趨形式化，甚而將帶來鼓勵造假的負面行為；甚至，更有首長指陳，若是這些屬於過於形式化、行禮如儀的績效報告，在處理的原則上，除要求所屬絕對必須達標外，只要符合此原則，則甚少過目。

> 你這種形式主義的東西如果越來越高漲，我相信所有的人都報假的。（IR-5）

> 對啊，所以每個都百分之百啊，你要是自己沒有百分之百，那你自己傻瓜，因為沒有百分之百，你要被列管，那些所有的列管跟什麼，實質上，都是非常形式化的，所以那個東西，連我幾乎都不看。（IE-2）

可是，本研究更好奇的是，這樣的形式化現象，在官僚體系當中，究竟是透過什麼樣的動態過程所形成？針對此點，一位受訪研考機關首長直指，「績效管理的問題反而是在政務體系跟事務官之間的不同調，這個才是我覺得根本的問題」（IR-1），換句話說，在績效管理與評核此事上，政務官和事務官之間發生了代理人無法忠實執行委託人所交付的使命和任務之問題。

就如同業務機關首長的觀察和體驗，績效指標的設定，確實會發揮引導施政作為與方向的效果，但吾人皆知，政府的施政範疇及人民的感受經驗，是遠超過這些細節性指標所指涉的重點；惟在「考試引導教學」的效果下，恐會形成官僚體系目標錯置與自我限縮的情況。

> 那簡單來講嘛，中央的考核，你要得第一名，這目標就很清楚，對不對，那他考核的指標都會有分母、分子嘛，對不對，那你就去想辦法去做那個啊，所以他會引導一個組織所有你的方向跟重點要擺哪，那通常不在績效管考裡面的東西，就通常沒人管。
> （IE-2）

除了造成官僚體系僅聚焦於納入管考項目的自我限縮效果外，許多機關更有可能產生消極以對的態度，而必須研考機關以列管、或是提報的方式，強力介入給予壓力後，才會有所改善。

> 一個月一次的這種落後案件的這個會議，你會發現當他們被挑案的時候，跟他下次報告大概有兩個禮拜到三個禮拜的時間，很多單位都到了報告的時候，進度趕上來了，那就叫燈哦！點一下它就亮了！（IR-1）

針對前述這般消極面對績效管考的官僚行為，由外部進入政府機關且以政務任命之首長和從基層文官升任之首長，二者間便有不同的觀察和體認。政務官首長認為，在政府機關中絕大多數乃是常任文官，具有身份之保障，因而可能未必完全服膺由上而下所設定的政策或績效目標，造成機關上下之間不同心，且認為常任文官之間存在已久的慣性與文化，甚難改

變，而不利於績效管理之推動（受訪者IR-1）。

> 他不是進來跟你不同心，他是做公務人員本來就跟你不同心了。
> （IR-1）

> 最有效去確保績效管理是那個accountability，可是在事務官層次
> 上來講的話，事務官有很多種性格、類型等等的，他也被過去的
> 組織文化跟組織的慣性，文化跟慣性，他不見得是文化但是一種
> 慣性，他就存在，這個不是一時半刻可以改變得了，在機關當中
> 要去形成這種一體同命跟凝聚……（IR-1）

相對於此，一路由基層文官升任上來的局處首長，從其長久在公務機關中的觀察指出，當前公部門組織當中，普遍存在著擔任首長或主管者，僅具短視觀點，未能針對所負責之業務或計畫深入構思長遠規劃，未能從施政方向和業務重點中，思考研擬出具有實質意義的績效或管考指標，「你很難想像一個考核指標，科長不清楚，竟然要問承辦人，這很普遍哦，而且可能是中央重要的上位計畫的指標哦！」（IE-2）。

進言之，在其觀察中，原本應該在政府機關中承擔責任的主管人員，反而將公務推動的重責大任推卸給非主管職之承辦人員，形成一種向下卸責的文化，而使得願意承擔責任，忠誠為機關的主管「管家」消失大半，亦也造成主管人員反成為基層人員的代理人的扭曲現象。

> 理論上應該主管要像管家，那基層公務員就算是代理人……，可
> 是我剛才講的情況，我們現在主管都變代理人，但是有一些比
> 較熱忱的公務人員是管家，主管裡面會當管家的比例太低了。
> （IE-2）

> 有個組織文化變成說……他把那個科長當作代理人，所以我只
> 要當上科長，我就卸責了，那你這個組織文化就是往下卸責。
> （IE-2）

申言之，從與各機關首長的訪談對話中可以發現，在管理控制思維下所發展的績效管理制度，不僅形成政務官與事務官之間，上有政策、下有對策的消極應對態勢，同時也造成行政機關內部養成僅短視於短期績效的呈現，只求能應付績效指標的數據要求，而無力對於機關的業務、政府的施政，做出具有深度、前瞻性、長遠性的策略和行動思考，無疑儼然已成地方公務機關的一種沉痾現象。

三、績效行為改善之方

儘管從本研究訪談過程中發現，地方政府部門在績效管理相關制度的推動與落實上，不僅造成基層莫大的文書壓力，更從而衍生公部門組織成員消極以對的應付態度，而存有甚為嚴重的形式化問題；但，受訪機關首長們仍由其公務經驗，提出許多改善此一病徵之處方，如同一位受訪研考機關首長所言，「這樣委託代理關係最後回到這種所謂的績效考核，到底要怎樣讓它work……」（IR-1），可能才是吾人必須關心的。

（一）形塑績效文化

訪談過程中可以發現，多數機關首長雖然觀察到目前地方政府部門在績效管理一事上的消極或不利現況，但仍抱持希望，期盼能嘗試扭轉目前的低迷情勢。誠如一位研考機關首長所言，吾人應從目標錯置的現況中，找回當初建立績效管理制度的初衷，重新檢討最初對於績效管理制度的期盼為何？

> 凡事還是要回到問題、原來的初衷，就是說你為什麼要有這個績效管考制度，你想達成什麼？但是在公務機關就是說，幾年之後就會變成本末倒置，為了達成那套，都是要去follow那套規則，卻忘記了原來的達成目標的初衷。（IR-2）

對此，另一位研考機關首長剴切直言，推動績效管理制度的核心關鍵在於，應在機關組織中，形塑並建立一種績效文化。

我覺得績效管理這個東西是一種文化，甚至是一種信仰。（IR-1）

我覺得績效管理是一種文化，在組織內部當中是要全員都信仰，或者大部分人都信仰。（IR-1）

申言之，機關首長們認爲，目前政府機關績效管理制度推行不彰的癥結，乃在於至今仍未能有效建立一種績效導向的組織文化。事實上，這種績效文化建立的關鍵在於，要能使機關成員們都相信，透過績效管理與評核制度的協助，機關的策略目標是能夠逐步達成，機關的任務和使命也能夠因爲這套制度，更能有所成果；從而認同、服膺此一觀念邏輯，且積極參與發展績效管理制度的內容，並藉此制度搭配有效的管理與執行，使組織一步步邁向成功（受訪者IR-1）。

不過，從本研究前述地方政府組織成員的問卷調查結果中發現，過度強調成果導向的績效文化，對於組織成員的任事態度或是績效行爲，未必是個有利的正向驅導因子；同時，前亦述及有受訪機關首長對於目前過於強調結果導向的績效評核方式，所帶來忽略過程動態與細節規劃的線性思維之憂心。是以，這所謂的「績效文化」，可能需吾人以更細緻的方式構思其內涵，方能趨利而避害。

（二）發展「適性評核」概念

由於受訪的機關首長，大多具有多年的公務機關服務經驗，極爲熟悉公務體系的文化和氛圍，亦多能體會和理解之所以產生諸項負面績效行爲的源由，因此，多能由其公務生涯經驗中提供具有洞見之觀察。

其中，多位業務局處首長、甚至研考機關首長紛紛提到，目前無論是中央或地方政府的績效管考或評核機制，大多採取一種模式、一體適用的方式在推動，並且認爲此乃目前績效管理制度流於形式的主要病因所在。

它（績效管考制度）是一定要存在，就算這套機制在某些局處流於形式，可是你要很清楚，你的目標對象是哪些單位，那你把他

那個地方經營好，因為你不可能設計一套機制讓27個局處都一體適用……（IE-1）

你越主導他的話，他就越制式給你看。（IR-4）

甚至有位首長，過去為業務局處首長，目前轉任為研考機關首長，角色從被管考者轉變為管考者，便從其經驗直言指出，績效管考與評核制度對於業務機關多存有一種不友善的態度，並且認為這種不友善的態度會促使被管考的機關或是公務同仁，更不願意積極配合制度的運作，甚至是以「敵視」此一制度的態度和方式來處理相關資料或資訊。

績效在評核的時候其實是蠻直接的，就像你看到這些就是，對不對，它一點都不友善，那你不友善的話你就很難去瞭解有些單位是不是願意很明顯去表達你的績效。（IR-4）

誰只要被評鑑或是被考核，都會帶有一種很敵視的方式去處理。（IR-4）

而這種「不友善」的感覺從何而來？一方面主要來自前述評核制度中一體適用的運作模式，未能充分考量不同業務屬性機關間的差異性，或是績效表現與評價之間的難易程度，例如工程機關與文化機關之間的明顯差異。另方面，則是機關會感受到在這一體適用的模式操作下，必須承受的獎懲後果壓力。換句話說，某些不易快速或具體呈現其施政績效的機關，其所承受責罰或責難的壓力，可能遠高過於另一類型的機關。

基此，為解決前述困境，一位受訪局處首長提出一項「適性評核」的觀點。其所謂適性評核觀點之概念乃在於，必須先能清楚瞭解不同局處機關的業務屬性和特性，釐清各機關最主要的施政重點或預期目標，並在此基礎上，透過一種機制讓各局處願意依其特性為其施政目標來努力。最後，則就此原則來看，各機關是否在其特質上展現充分的努力，且獲致施政成果。

> 所謂的適性就是你的考核目的最後就是要達到目標，所以這就
> 是你要讓對方想努力或是不要出狀況，不管積極面、消極面。
> （IE-1）

> 在績效的評核上，我覺得身為一個研考單位要去做到所謂的適性
> 機關的評核……（IE-1）

這樣的適性評核觀點也同時獲得不同研考機關首長的認同（受訪者
IR-3、IR-4）。另位研考機關首長同樣認為，績效管考制度應能變得更友
善，而此友善觀點是指，與其研考機關一直採用高強度、高壓方式要求各
局處，使各機關處於一種立足點不公平的基礎上做競爭或表現，倒不如透
過一種友善的互動和溝通方式，化解對方對於管考制度的敵視態度，鼓勵
各局處將他們真正想要在施政上面展現的指標或政績拿出來，才能真正表
現出地方政府的真實績效。

> 所以他（縣長）一直強調就是說，每個局處長都應該有他發揮的
> 空間。（IR-4）

> 適性是一個尊重，我想是尊重績效的一個方式，因為你必須有一
> 個公平的立足點；那友善的部分，我是覺得我的友善比較站在啟
> 發的一個思考。（IR-4）

申言之，受訪機關首長多認為，目前各地方政府的績效管理與評核制
度，乃屬於欠缺彈性、僵化的形式，因而油生應尊重各機關之特質，並賦
予其合適的發揮空間，打破一體適用的管考架構，以適性、尊重之原則推
動績效管理的建言與觀點。

（三）重建文官自主性和主動性

在訪談過程中，多位受訪機關首長提及，若欲提振地方政府的施政績
效，在目前的公務環境系絡下，必須多賦予我們公務機關同仁自主揮灑的
空間，並激發其積極主動性。受訪的研考機關首長似乎都能感受到，各自

府內局處的自信心，在現行績效管考制度下已被消磨殆盡，因此主張，首要之務便是要建立起各局處及局處同仁的信心（受訪者IR-4、IR-5）。

其次，受訪首長們認為，應該要能夠重視機關內的組織氛圍，如同一位首長提到，「我是非常在意組織氛圍，組織氛圍不好你大概也很難有所謂的績效，你就算嚴格要求那也不是好事」（IE-1），而這樣有利於機關績效的組織氛圍，其重點在於要能夠建立機關同仁們之間的共榮感，以及對於局處績效重點的認同感，因為唯有透過團隊成員之間的認同感和共榮感，他們才會真心接受這些績效目標，也才會在績效達成時獲得成就感，以及感覺到與機關共生共榮的團隊榮譽感。

> 每一個局處所做的事都不無聊，都很有聊，只是你會不會去說故事，你會不會把自己的那些東西當作是一個很有共榮感的貢獻，這差很多。（IR-5）

> 我自己覺得績效就是一個我的當事人滿意，第二個是我自己帶的組織同仁是快樂的，他喜歡enjoy在這個工作環境。（IE-1）

> 我說這是我的目標我的想法，可是麻煩各科長靜下來想一下，就是說會不會因為我這個局長三年或四年後離開，就不想推這個政策了，（如果是這樣的話）那就不要了。（IE-1）

進而，除了績效目標或指標的達成外，若政策的目標與組織成員的價值相契合時，更能激發出同仁們自我實現的感受。如同一位受訪機關首長所述，

> 他在做這件事情要enjoy的時候，除了有成就感，最後是因為我們都是學環保的，他背後那個環保的價值跟信念是可以跟他match的，所以回到馬斯洛那他是可以自我實現的。（IE-1）

最後，受訪機關首長們著墨甚多者，便是應透過授權，重新建立起公部門組織成員的自主性和主動性。事實上，受訪首長們多認為，我國公務人員在其業務領域上，皆有其一定的專業性，因此，在前述建立其信心的

原則下，無論是制度或機關，都應給予更多的授權空間，甚至是授能。

> 我覺得如果我是事務官公務人員，我的期望，因為我對自己有信心，我對自己有專業，所以我希望你做到授能。（IR-3）

> 其實你只要讓他覺得他在學習，不是讓他覺得他在工作，或者不是讓他覺得他只是個工具人，他會有非常大的向心力。就是他會覺得你交辦他的工作是讓他成長，或者是讓他可以有學習到新的東西的時候，他其實投入感非常的大。（IR-5）

而且，這樣的授權與授能，必須仰賴機關首長、甚至是民選首長的支持，甚或是扛起抵擋外界眼光或異議的壓力，組織成員們才能夠真正獲得授權自主的空間，亦才能負起責任為其業務付出心力。

> 就有些不重要的、沒有用的、不用做的，我不會叫我同仁做，對，是這樣的。因為我這樣做是有我很現實的理由，我要把資源空下來用到我覺得有用的地方啊！（IE-2）

> 外在的環境是這樣，所以如果不是這個民選首長他很堅持，他不在意這個形式，你下面都是沒有辦法做事。（IR-5）

在前述的基礎上，接下來，最重要的工程便是要重建文官體系的自主性、獨立性及主動性（受訪者IE-2）。在筆者過往與公務機關互動的經驗中，經常遇到業務局處、或是研考主管甚至是首長提及，這些能夠放入績效評核體系裡面的所謂關鍵績效指標，僅代表了政府（尤其是地方政府）的少部分業務面向，那麼其他那些未能放入績效評核體系中的業務，難道就不重要了嗎？難道這些業務就不代表政府的「績效」了嗎？

誠哉斯言，從績效管理的學理觀點來看，能被放入績效評核體系當中者，多屬關鍵績效指標，某種程度代表著地方政府民選首長、或是局處首長所特別在意的施政重點；但是，從地方政府的運作實情來看，仍有一大部分公務同仁每日兢兢業業所忙碌者，是依法必須執行或是提供的公共服務，而這些業務卻也時時刻刻影響著民眾對於地方政府施政的評價和感

受。並且，誠如受訪機關首長所觀察者，多數的政務官必須在極為有限的任期時間內，完成民選首長所交付的重點項目，因此勢必僅聚焦於少部分的關鍵要點上，或是扮演政策企業家的角色，在某些政策或制度的改革上，從事必要的推手，至於維繫行政部門穩定運作者，「那個執行面太多東西，你都要透過文官系統來做」（IE-2）。

換句話說，政府是一體的，政府的績效也是整體的，當民選首長或政務官將目光焦點聚焦在其所關切的少數政績上時，地方政府許多「基礎性績效」，如公共安全、食品安全、交通秩序、治安維護、公共衛生……等，仍須仰賴強而有力的文官體系及公部門組織成員來照顧和維繫。但，這些未必能成為關鍵績效指標的面向，可能慢慢已受人所忽略，而欠缺有效的管理關照。

> 其實百分之七十是我們在這個文官體系要運作的，那些東西也不見得民選首長會有興趣，除非是剛好在民眾的議題上剛好碰到了，不然他不會去注意。但我覺得這個東西是很正常，你不能期待民選首長去注意那些東西，他怎麼可能，所以文官體系他要一定的自主性跟獨立性，要一定他的自主性跟獨立性去運作這個東西。（IE-2）

> 其實你不能期待叫縣長去管那個啊，那是你文官體系裡面自己就要去管的，是這樣。所以我們現在很麻煩就是這東西沒人管，沒人管。（IE-2）

申言之，這些未能端上績效評核體系成為關鍵績效指標的施政面向，亦即那些所謂的日常服務，更需倚靠公部門組織成員，以其專業性為基礎，發揮其自主性和主動性，在公共服務動機和公共價值的驅動下，悉心地為人民來守護，同時一同體會公共價值維繫的共榮感。而此，便是本研究所關切文官體系的**管家精神**，以及此一管家精神的重要性。

> 那種東西你如果真的有心去塑造，他慢慢就會形成一種文化跟制度，那也是國家很穩定的力量，因為我們日常的服務嘛，你就把

這個服務做好，對民眾的服務，你就是持續去做改善……（IE-2）

我說你們不要覺得你做的事都很無聊，你做的事是很有意義的，因為我們是一塊一塊磚堆起來的。（IR-5）

（四）轉型為協助式管考角色

當地方行政機關能夠逐漸建立起自己在施政上的自信心，且能在民選首長或機關首長的充分授權及給予自主空間，並能重建公部門組織成員的自主性和主動性之後，一方面各機關的首長和主管應對於自身機關或單位的績效重點，投入更多的心力和想法，即如一位受訪首長所說：

那些績效的指標其實是要你這些主管者裡面你很多的策略跟想法的、你的意圖，他是反映在這指標上面，所以它就很簡單是一個你跟同仁之間在組織的目標追求上的一個很重要的工具。（IE-2）

另方面，研考機關亦應從前述適性、友善、尊重的角度和立場，轉換其功能，從以往強調由上而下的管考態度，逐漸轉變為協助型管考角色，亦即替各局處「代為看管」其所提出的績效指標或重點，從協助的角度，進行資料的蒐集與彙整，並且適時地扮演「點燈者」的提醒角色，從而授與各機關更為寬廣的施政揮灑空間，同時也讓各局處更能心平氣和地看待績效管理與評核一事。

我覺得很簡單的事情就覺得你就交給他們（各局處）管不就好了，交給他們管的意思不是你（研考機關）不管，而是他們要你管什麼，由他們來提出來，我覺得這比較重要。（IR-4）

我希望有自己府的指標去要求局處照著這個目標去做，那我不是管理你KPI，我是管理你自己要做到的目標是什麼，然後我們希望建立這個，而不是要隨著外面的民調這樣東擺西擺。（IR-5）

第二節　組織成員觀點分析

在瞭解了不同地方政府的研考與業務機關首長們，對於目前公部門績效管理與評核制度的管理理念和看法後，本節將回到本研究最關心的政府機關成員的角度，透過6場次、24位來自不同地方政府的正式與約聘僱人員在焦點團體座談中的對話與自我揭露，由其觀點來探究當前相關績效制度環境，對其任事態度及績效行為之影響，以及從基層組織成員的視角來瞭解渠等所期待制度改造方向。

一、投身公部門之動機

本研究所邀請參與焦點團體座談之與會者，來自全國不同縣市政府，從其言談對話可以發現，少部分公務同仁乃為尋求一份穩定的工作外，多數與會者之所以投身公部門，主要還是希望能夠為民服務，抱持著一份服務國家社會的熱忱，如同一位與會者所說，「我當初投身公務人員，其實很簡單啦，就是想要為民服務，就是想要說為國家做一點點事情」（FG1-6），抑或是期望能將自身專長和所學，能夠貢獻給民眾與社會（與會者FG1-5），或是能夠回饋和奉獻鄉里（與會者FG2-2、FG3-2）。

同時，亦有與會者表示，當初會選擇走入公部門，乃受當時早期社會環境背景的影響，但是在歷經不同職務的歷練後，為民服務的理想越受激發、越發明顯（與會者FG1-3），甚而開始體會到從事公部門服務工作當中的意義（與會者FG1-2）。更有與會者表示，從踏入公部門服務開始，自始至終乃以使命必達作為自我期許，服務熱忱不減；且即便是組織中的約聘僱人員，亦仍秉持自我的道德感，在本位上兢兢業業地為民眾服務著。

> 自己在工作上跟機關扮演的角色，我覺得我是承上啟下、使命必達型，我覺得我跟當初我進公務機關一樣，我覺得我還是一樣有那個熱忱。（FG1-6）

我們還是要有道德心，我今天領的這份薪水，我就應該要把這份
工作做好。（FG4-1）

由此不難看出，在目前的地方政府機關中，仍有爲數不少的公務同
仁，自始便是秉持著爲民服務的熱忱而來，並在自己的崗位上戮力從公，
甚至從自己的工作中，更深入地領略和體會自身工作對社會的影響與價
值，從而更堅定這份公共服務的價值信念；換句話說，我們可以相信，在
公務機關服務的同仁們，多數是具有管家精神與情懷的公共服務貢獻者。

二、績效制度環境對組織成員任事態度與績效行為之影響

事實上，本研究所好奇者在於，若是公部門組織成員大多抱持爲民服
務之心及管家精神而來，那麼，在其所處的組織與制度環境中，是什麼因
素影響著渠等的任事態度和績效行爲？而在此些因素中，績效管理與評核
制度是否爲其之一？

（一）組織成員對績效制度之感受與認知

在前一節中，我們請教了地方政府機關首長們對於績效管理制度背
後管理理念的理解，同樣地，本研究也試圖瞭解地方公務同仁們對於是類
制度的認知和感受。大致而言，認爲其所服務機關所採行的績效管理與評
核制度，偏向管理控制取向者較多（與會者FG1-2、FG1-5、FG1-6、FG3-
2、FG4-1、FG4-2、FG5-1、FG5-3、FG5-4），例如一位與會者便直言：

大概屬於管理控制取向，那我爲什麼會這樣說，因爲我們在訂考
核就是績效評比的指標，我們大部分都是用量化的數據……，
因爲你必須要跟市府其他單位去評比你的這個機關的績效考
核……，這樣提上去跟市府其他機關就比較容易凸顯自己機關的
績效。（FG1-6）

至於，這樣強調管理控制做法的績效制度，在機關中，同仁們又是怎
樣的感受呢？此一與會者提出這樣的觀察：

其實其他同仁是不喜歡的……，那變成說質化的那部分就是比較不能考慮。然後另外一個就是，你服務他的程度有多深，你是很表象的，譬如說他陳情隔壁亂丟垃圾，你是徹底解決了這個問題、還是暫時的……，這可能都是不一樣的結果，但是你可能在績效這邊看起來就是一件，不管你花多少時間就是一件，所以就我們私底下同仁並不喜歡，而且另外就是這樣子會造成他們一直在做報表……，他也許其實是很認真，但是因爲漏失了，就績效不好。（FG1-6）

這是非常具體地描繪行政機關同仁在績效管考制度下的眞實景況。在公部門中，尤其在地方政府層級，業務態樣和難易程度之分殊性甚高，特別是在部分屬於必須透過與利害關係人、或相關業務機關高密度互動的單位業務上，對於前述情景的感受便會更爲深刻。

當然，亦有與會者認爲，這樣的管理控制在如同政府機構這樣龐大規模的機器中，爲產生整體推進的動能，類似的制度實爲必要之惡；但，同樣也有不同與會者指出，這樣的管理控制手段，在現今政府部門中，已過度濫用，甚有與會者直言，這樣的管理方式，不過是主管人員一種最爲便利、偷懶的手法。

對於績效評核制度，我雖然覺得說它是控制我們去，有一些管理控制，可是我覺得在一個大的團體裡面，這些是必要的，因爲你如果沒有做一些控制的話，可能那個績效沒有辦法提升很快，或者是會拉下來，那還是有一些必要基本的，你爲民服務基本的還是要達到。（FG1-6）

針對這樣的管理控制取向，我認爲是管理控制的一些做法我覺得是必要的，可是有時候我覺得我們太濫用了。（FG1-5）

我覺得這樣是會讓下面的人反而會有點分身乏術，可是對管理者來說或許這是最好，就是……應該說是最偷懶、最方便的管理方

式啦。（FG3-3）

儘管如此，亦有與會者能感受到機關在績效評核上的授權自主空間（與會者FG2-1、FG2-2、FG2-3、FG2-4、FG3-1、FG3-3），例如一位與會者便說到：

> 在中央跟市府都是管理控制，那我覺得局級比較可以發展出所謂
> 的授能這樣子的一個功能……（FG1-3）

申言之，仍有部分局處機關，在其首長的授權和賦能下，仍可感受到業務推動、甚或決策上的自主空間；只是從焦點團體座談過程中隱約可以感受到，抱持此一看法者並不多。

此外，部分與會者也提及，儘管各局處機關積極地推動施政績效，但地方行政機關仍是可以感受到來自機關外部，如民意機關、媒體、社會大眾等，對於機關所給予的批判壓力、甚至是政治壓力，不僅使得所有的績效努力煙消雲散，也使公部門組織成員的士氣大受影響。

> 你不管你的績效管理做得再好，但是它會被政治、媒體跟民眾會
> 去做，……就是會被弄得你的績效管理，根本會人家不會去注意
> 到你的績效到底好不好。（FG1-1）

> 所以現在會造成這樣一個心境上的轉變，我覺得有很大一部分
> 其實就像剛剛前輩講的，有時候是民代的壓力、民眾的壓力。
> （FG1-5）

> 有時候你可能常常做了很多事情之後，那你的績效感覺起來再被
> 媒體或民眾講的一文不值，那你聽到了其實對你的打擊是有點
> 大。（FG1-1）

（二）績效制度對組織成員任事態度之影響

在座談過程中，我們請與會的公務同仁們自我剖析在地方政府任職的感受和心路歷程，尤其是與我們分享其自身在任事態度上面的心境轉變或

調適。很明顯地，可以看到，不少與會者對於現存於公務體系中的績效管理與評核制度，及其所營造的制度環境，抱持悲觀、不耐的看法。例如就有與會者坦言，機關內的績效管考制度，確實造成他們為民服務熱情的消逝和消退，甚至轉為消極和保守的任事態度。

> 我覺得當然是當初年輕的時候一定會有很多抱負理想啊，可是當我們看到很多現實面，看到很多制度啊，還是包括像績效評比、考核等，就會覺得慢慢你的熱情就會變消極。（FG3-3）

> 針對我這樣的一個心境或想法的一個改變的話，當然前面提到績效考核的部分也可能會是其中一個原因……（FG1-5）

但是，更值得吾人關心的是，究竟是什麼樣的制度環節，會對公務同仁帶來如此大的心境上的衝擊和影響？從與會者的分享中，吾人可以發現：其一，現行僵化的管考制度，無法真實反映公務同仁們在每一件業務或個案上，所投注的努力和心力，僅是呈現一種業績上的「計數」表象，以及無法反映真實的民眾關切與需求，以致難以獲得公務同仁們的心理認同。

> 尤其認真工作的人，更會這樣覺得，譬如說啦，我花那麼多時間我徹底的去解決了一件沉痾，可是我可能件數只有一件，但是我其實花了很多心力。（FG1-6）

> 他不知道說這個業務的資料為何的時候，他就很容易淪為說是一種目標，這是數字的追求而已……（FG5-2）

> 中央考核地方的時候他不知道地方實際執行的困難，那地方政府在執行的時候也有時候常常會忽略民眾真實有感的一些項目……（FG1-5）

甚至有與會者直言，在現行績效管考制度下，「就是太過於追求那個數字，而去忽略到他這個數字背後要做的真正的意義是什麼？」（FG4-

2），顯見許多公務同仁仍然在意「服公職」及「爲民服務」的眞實意
義，而對於目前績效管考制度過度追求「數字」一事感到不耐與無奈。很
自然地，公務同仁們心中的那份管家精神，也在重視績效數字的環境，無
以彰顯，以致受到澆熄和冷卻。

其二，在目前追求短期績效呈現的「速成」和「計數」雙重制度壓
力下，對於認眞負責、實事求是、戮力從公的公務同仁來說，渠等所付出
的努力，不僅未必受到機關或長官的賞識和感謝，甚至可能反而變相成爲
對自己的懲罰。如此一來，無疑消磨了認眞的公務同仁之熱忱及其積極任
事之意願；甚至，有與會者直接在座談中直言，自己已經從過往的「管
家」變成學理上所謂的「代理人」，承認在其任事態度上，的確有著不小
的轉變和退縮。當然，這當中有部分原因乃來自於現行法令制度的限制和
規範，但在現今政府部門中，許多法定業務或政策的執行成果或成效，最
終還是必須轉化爲一個個指標上的數據，因此，彼此之間仍是存在著關聯
性。

> 今天他查到了一個這個違法的業者，其實他算是立了一件大功，
> 結果他回來之後有一大堆的行政作業跟手續，反而好像變相在懲
> 罰自己……（FG1-5）

> 像現在我爲甚麼會變成「代理人」，可能就是我們有一些規範在
> 那邊了，所以今天如果逾越了之後，可能我們會被人家冠上圖
> 利，你是爲了怎樣怎樣，可是其實我們出發點搞不好只是爲了便
> 民，但是因爲有一道舊時代這樣法規的枷鎖在，造成我們可能沒
> 有辦法這樣子去做，所以有的時候我覺得根本上可能是立法的部
> 分造成我們產生今天這樣的一個制度。（FG1-5）

其三則是，現行績效管考制度帶來過多的額外文書負擔，造成公務
同仁在疲於處理自身業務之外，還要應付資料報表的彙整與呈報工作。而
且在績效體系下，這樣的要求對於無論何種屬性的機關，都是「一視同
仁」。對許多業務承辦單位或人員來說，這些資訊彙整或呈報皆屬配合研

考單位的額外事務，很多時候不僅需要將相同資訊重複填報外，更覺這樣的官樣文章與文書作業，對機關實際的業務績效與推動，並無實質效果，使承辦人員因而感到疲累和困擾。

> 本來我們工程做得好好的，我可能是做個20項工程，但是變成你工程在推動的過程，你硬要叫我們去把它指標化或者是量化，但是對同仁而言，這個真的是一個額外的負擔，就是變成你除了在本業上推動你的業務之外，你變成還要去做要去把它量化，量化的過程變成你會去想一些要怎麼樣把他指標化的狀態，這種對我們學工程的人會是一個很大的負擔。（FG1-1）

> 績效對機關的一個形象、各方面，還有一些業務上面的有沒有什麼助長的話，是毫無意義，是沒有什麼意義的，只是說就我們現行業務上多出一些工作量出來而已。（FG1-2）

> 其實我覺得管制有點不切實際啦，而且做很多，變說我們同仁必須花很多時間去填很多表格，那有時候是工程會要的，他要一份，我們研考會也要一份，變成我們要填兩份……（FG3-2）

其四是，與會者認為，造成他們感到任事態度越趨消極的另一項原因，在於「公務部門的層級，最主要它的層級節制太多了」（FG2-1），在官僚體系的層級節制之下，一方面組織成員的自主性降低，在業務推動或決策上，時常必須向上請示，儘管強化了垂直性課責，卻也同時限縮了同仁們的揮灑空間，令人感到束縛；另方面，為使組織成員的行動能有所一致，因而衍生出許多規則與規範，亦也造成具有抱負心、行動力的公務同仁，感到許多牽絆，管理上欠缺彈性，久而久之也影響了公部門組織成員的任事態度。

> 進入公務部門之後會發現一個現象，就算你是本科系，帶了滿腔的熱情進去那個公部門，久了會發現公部門的自主性非常的低，然後它的發展空間也比較壓縮，它的層級節制太多了，尤其是越

大的局，他長官上面的長官越多，每一個長官如果是不一樣意見
的時候，你要應付很多不一樣的長官類型，所以困難度便很高，
然後加上法令規定也蠻多的，時常在變化，所以有時候會受限
制。（FG2-1）

在政府機關裡面，就是有太多的束縛。（FG2-5）

我覺得我好像用了那20%的人，花了80%的心力去處理他，但是
你又不得不這麼做，因為你不可能說要求所有的人都是一樣的素
質，一樣的態度，然後你就只能用就是這樣的規範去做，結果我
同時有一些人就會被你打到，然後那些人就會覺得我為什麼要被
這麼繁瑣、被這麼管理，我反而綁手綁腳，還是我為了說我做
一件事情要跟你交代很多事情，而影響了我正式業務的時間。
（FG5-2）

　　最後，前述的種種因素，最終便是使得眾多公部門組織成員心中的
熱情與熱忱，慢慢地消退。在焦點團體座談過程中，隨著對話交流的熱度
不斷提升，與會者也紛紛揭露自我的心聲，無論是正式人員或是約聘僱人
員，亦不論來自何種業務領域，多會承認，自己在公務與工作上的熱情及
那份管家精神，確實是有消逝，與剛進公部門時相比，在工作上的成就感
也不斷地磨蝕，覺得應付那些「績效數字」已成為一件苦差事，因此在心
態上越趨保守，不願再像過去那樣的「雞婆」，只願顧好自己的業務，不
出錯即可；甚至，有與會者直言，既然無法改變環境，只好改變自己的心
態，轉而使自己越來越消極、或是想辦法離開此一環境。

我認識就還蠻多這樣，就會覺得我每天為什麼都在行屍走肉，都
在應付長官，應付這些數字……（FG3-3）

因為你沒有辦法改變環境，你只能改變自己，那改變自己第一就
是充耳不聞，就是做好自己的事就走，另外一種就是你趕快跳
脫，就是去看你要上進也好，不然就是離職，就是離開這個環

境，各種不同的方式都有可能。（FG3-4）

像我們一般公務人員一直在辦業務，一直無限跳針，可能會有一些工作待改，就是一直在做同樣的事情，有時候會覺得行屍走肉，然後那種成就感真的會被消磨殆盡……，所以我覺得很難免，就是制度上如果沒有進步的話，我覺得公務員大概做久了，真的沒有辦法維持那個熱忱。（FG3-3）

我的熱情是有減少的，因為我覺得我的業務的工作，做了這麼久，我的熱情已經不會像以前說我要做好做大做更多，沒有，我現在只想要把我的事情做好……（FG4-2）

我當初進來這個職場，其實也有熱忱，結果太雞婆做得太多，慢慢的那個熱度就失去了，失去之後，但是你的本性是善良的，所以說你會維持不要逾越，不要堅持做太多，所以都保持一樣就平常，不會再像當初這樣……（FG6-1）

　　但，值得吾人深思的是，這是我們所期待的公務現象嗎？這是我們期待績效管理制度所帶來的結果嗎？這現象對政府部門的績效和施政效能，會是正面的影響嗎？這些原本懷抱為民服務理想和熱情的公務管家們，何以在面對績效管考制度數年後，開始漸漸澆熄了心中的那份熱情？本研究認為，這的確是當前政府治理中，值得、也需要我們深入省思的一項問題。

（三）績效制度對組織成員績效行為之影響

　　當我們瞭解到目前的績效體系或相關制度對於地方公部門組織成員的任事態度所造成的影響後，接下來，可能更關心的是，那麼此些制度對於渠等在組織中的績效行為，是否也會帶來衝擊？很顯然的，面對無法改變的制度環境，在漸漸瞭解和熟悉公務機關的運作現實之後，以應付的心態來處理此些績效管考作業，似乎已成公務部門一種普遍的現象。如與會者

們便說到：

> 經驗不斷累積之後，我發現我填了這些東西好像上去也沒有什麼
> 意義，而且上面的其實好像只是為了填寫而填寫，那後續的話，
> 我大概就會知道我以後大概只要填個大概，其實說穿了就是應
> 付……（FG1-5）

> 你趕快把公文弄出去就好，你要留很多心力去處理比較繁瑣，或
> 是比較難做的事情，其他的你就只能複製貼上，或是匯出匯入這
> 樣子，然後修改那些日期等等。對呀，所以我們會被詬病不是沒
> 有原因的。（FG3-4）

> 因為有的人一樣還是應付應付，有的人就是真的會認真的去把自
> 己的業務去做改善，所以我覺得在後來這兩年局的績效管理一
> 樣是一半一半，我覺得沒有到變得非常進步……，就是人的感
> 受度，（有些人）他不是完全的認同，還是有反向的聲音……
> （FG4-2）

當地方政府組織成員無法感受到績效管理與評核相關制度的實質意
義，以及普遍以應付的心態和作為來回應管考要求時，績效管理制度流於
形式的結果，似乎已是無可避免的結局。甚至有與會者說得直白，「他每
一個東西都盯的時候，那我就會流於形式……」（FG5-3），而且績效管
理制度淪為官樣文章的形式化現象與感受，頗能引起諸多與會者的共鳴。

> 那個目標訂下去對我們而言真的是，每次為了那個只是做文章而
> 已，所以這個對我們而言就是真的是很大壓力，因為做不到啊，
> 做不到你目標要達到，那你就要想辦法來寫一些東西來輔助，然
> 後形式上最起碼可以交代過去……（FG1-2）

> 我倒覺得中央有的時候他在訂給我們的評核制度，就是流於形
> 式……（FG5-3）

他也不得不有這些考核，所以這些考核東西說實在，也不太會有
什麼變化，所以一定會流於形式……（FG5-4）

所以往往會給我們覺得這個績效管理跟評核制度其實是一個形式
上而已，那我們不會覺得這個是公平的一套制度，然後同仁對這
個原則上，講白一點都是一個應付的。（FG1-2）

甚至一位屬約聘僱人員的與會者提出她的公務心得與觀察，指出公務
機關中為何績效管理會流於形式，乃是因為許多常任文官，尤其是主管人
員，在整個包含中央與地方的政府體系中調動與來去，未必能有時間或未
必有心深究業務的細節和眉角，一旦短期績效獲得成果，便會獲得拔擢和
陞遷而前往他職，造成許多淺碟式的管理思考，自然許多管考作為會流於
形式、或粉飾妝點的內容。此點觀察與前一節中部分機關首長的體會，極
為相符。

其實為什麼它這樣考核會流於形式，是因為上面向我們考核、我
們上面的長官，他們會升官，然後他們升官了就會走人了，走人
之後來一個新的，他對這業務不懂，那你想他們有什麼創新嗎？
他們一定也是會照之前的模式下去做，因為我們都不會動，我們
沒有升的機會，所以我們會一直留在原地，我們知道問題點在哪
裡，可是跟他講，他也不想變，因為他不懂，他也聽不懂，他就
乾脆一直沿用，然後時間到他就升官了，然後又來一個，就是這
樣子，所以這一定是這種模式啊！（FG5-4）

而且，更值得吾人關切的是，不少與會者直言，在這樣日趨形式化的
績效管考制度下，由於上有政策、下有對策，許多績效數字或成果，存有
造假的可能。

如果單純要說績效的話呢，績效會是做出來的，看不出來，因為
東西是假的。（FG2-5）

變成說同仁會因為為了應付這些考核，有時候會做一些假數
字……（FG3-3）

數字會講話，但是數字也會騙人啦，對不對，我不想說太白就是
這樣，所以說那個有些都可以動手腳的，你如果要做漂亮一點
的，看人家的功力呀，我會不會說得太白？！（FG6-1）

　　綜合上述，吾人可以清楚發現，一旦地方政府公務同仁們的任事態度
受到績效管理與評核制度的影響，而日顯消沉之後，面對這些繁雜、未必
具有實質意義的管考制度時，便會油生應付以對的心態與行為，進而使得
此些績效制度落入形式化的結果，甚至這些績效成果報告中的數據，也未
必能夠盡信。那麼，這一連串的連鎖反應與行為，真的是政府管理者、學
界，所共同期待、或是樂意見到的結果嗎？我們有沒有可以嘗試翻轉此一
現象的思考方向呢？或許從公務同仁們的集體智慧中，有機會找出一些端
倪。

三、對績效制度改變的期待

　　誠如前述，多數在公務機關服務的同仁們，仍是具有為民服務的初
衷和管家精神，只是在現有的制度環境下，使其熱忱與熱情逐漸消退；但
是，在座談對話過程中可以發現，許多公部門組織成員仍然期待能有一個
轉機，讓現有制度產生改變與轉變，進而重新燃起渠等心中那塊從事公職
的成就感、榮譽感，及管家魂。

講真的對自己熱忱，還是有管家的心態也是有，我們是公務員，
大家會覺得我們就是公務員大家是一體的，這種熱忱一定有
啦……（FG2-5）

我是覺得說這個績效管理，我剛剛也有提到就是說是必要的，還
是必要的，可是有時候真的是太濫用，它如果用得好的話，的確
這個機關會比較有一個目標有一個方向……（FG1-5）

我覺得其實對於公務員來講，是不是真的只能用這樣子不管是自己訂的、或者是別人訂的，這樣子的一個指標來反應事實上的一個狀況？（FG1-3）

甚至，一位與會者便直指，在當前的績效管理制度下，無疑是暗示公務同仁不必多做，只要把那些績效指標照顧好即可，其他不在指標上的事務，既然無法受到長官的關注，所以不必耗費心力在那些事務上面；但是，整體社會或是上位者又期待官僚體系是能創新、有效能，可廣泛照顧民眾的，形成官僚體系中價值錯亂的矛盾現象和感受。

目前整個社會氣圍，對於我們公務人員覺得沒有創新、或者是沉痾，但是因為整個給我們的考核制度就是這樣，他就已經告訴我說，你不用做其他的，或者是說你做其他的也沒有人會看到，你就把你原來的做好就好了，那這樣子又希望我們有績效、有特殊、有創意，可是整個的架構上又希望我們把原來的事情做好，那我覺得整個制度上就是矛盾的。（FG1-3）

因此，我們有無可能翻轉或改變這樣的現象？可從何做起？參與座談的公務同仁們提出了他們的看法與期待。

（一）展現信任

與會者表示，在目前包含績效管考制度在內的政府制度環境中，充滿著對於官僚體系的不信任與防弊思維，在這趨勢和大環境下，公務同仁們自然趨於保守行事。因此，若要能回復公部門組織成員的管家精神，首要便是要從制度面、首長端，展現對於公務同仁的信任。

可是如果說，用一種防弊的態度去管理你的時候，你會覺得不被信任，如果說我是一個，我鼓勵你向上的話，其實一般人就會比較能夠接受，我這樣覺得。（FG5-2）

這個管家的話就是，沒有受到重視跟保障，這個信任關係基本上

就沒有了！（FG5-2）

我覺得只要在這個好的長官底下，我覺得至少這個熱情跟為民服務的心多少都能保持著。（FG1-5）

（二）授能與自主

在找回公部門於制度面和管理面對組織成員的信任之後，與會者們認為，應該要去改變目前績效管考制度裡面，對於公務同仁過多的管制和束縛，予以鬆綁，不應將績效評核制度或指標奉為至高的圭臬，而以此做為評斷組織成員價值的唯一標準；且期待機關首長應能抓穩自己的施政方向，不必完全隨著這些績效指標走，受其牽引，甚至有與會者便直言，在現行制度體制下，反而會去尋找具有自我主張與看法的首長來追隨，以維繫自己的服務熱忱。

那目前的績效管理跟評核的制度到底會不會對公務人員的熱情有所減損，我說一句實在的話，我覺得是會的，也就是說以我的想法就是這樣，所以我會不停的我會去尋找就是有點像，我會尋找一個我覺得這個局裡面的氛圍，或者是說這個領導者或者是這個長官，他對於中央甚至有一些既定的績效評核，不是那麼完全的配合。當然這個部分要有一些部分的遵從跟達到，但是我覺得他也要有一點點他自己個人的想法……（FG1-3）

像績效的部分，其實我覺得對首長而言，他不應該把它當成是一個評斷你價值的依據，他應該績效管理認為是當成他做為施政參考的一個方向。我覺得如果是這樣的話對我們公務人員而言會比較不會被它牽著走……（FG1-1）

其實人都會有惰性，人他還是會犯錯，但是我為了避免人犯的錯誤，所以我用了很多制度，就是像一張一張的網子這樣子用下

去，可是這些網子有時候，就是太大、太密，它反而讓別人就是
對人跟人之間的信任感都失去了，它沒有從一個人的角度出發，
它是以一種績效利益的角度去出發，我們如果以績效去做這件事
情的時候，沒有錯，你為了績效，你會要達到這個目的，你必須
也會犧牲掉某一些東西。（FG5-2）

其次，與會者也指出，一方面希望在業務的執行與推動上，能夠獲
得較多的授權空間，藉以激發更高的投入意願；另方面，則是期待在績效
管理與評核制度上，能夠改變甚至打破過往一體適用、一視同仁的僵化形
式，進而期望能夠賦予行政機關以及公務同仁，部分可自我發揮的自主空
間，以一些專案形式或是允許具有創意性的指標設定，使其在專業領域上
能夠有所發揮，並且願意自發性地投入心力，進而獲得成就感，同時也能
展現公務機關與同仁們的實際績效成果。

我覺得還是要保留一些包括給我們創意，跟有發揮的一個空間的
部分，而不是全然用一個很制式一樣的衣服，就像我們時常在講
的，那個績效其實很多時候都是一樣的衣服，叫我們套進去，那
其實有很多不同的情況，我覺得其實是要保留那個空間，讓公務
人員有辦法做發揮，或者是凸顯自己的一個成就感。（FG1-3）

尤其是公務人員，我們不可能只被那個目標數或達成率追著走，
可是有一些效能的部分、可以自我發揮的部分，我覺得尤其是專
案的部分，那個部分我覺得會讓公務人員有成就感跟他願意投入
的心力，我覺得會更受到肯定。（FG1-3）

很多事情不見得就是上面的長官意見是對的，但是畢竟他是長
官，為了讓事情能夠圓滿結案，我們也是配合做，但是那種做起
來那個心態上面就會比較消極。但是如果遇到一個很完全授權、
完全相信的長官，我們做起來就會百分之百用心，而且會把全部
的心力放在這邊。（FG1-2）

（三）重新找回自我價值與成就感

　　最後，在焦點團體座談執行過程中，可以很明顯地感受到，與會的公務同仁們極為期待、甚至是渴望能夠找回自身在公部門服務的價值和成就感。首先，不少與會者表示，能否維繫渠等自身對於公共服務的熱情與管家精神，很重要的一點乃在於，能否在業務與工作中找到自我價值，換言之，若是能夠在其所負責的業務中，找到可以說服自己繼續投入的價值，那麼，那些績效管考制度對他們而言都是次要的（與會者FG1-2）。甚至，當公務同仁同時面臨兩件交辦工作，其中一件與民眾期盼或需求攸關，而另一件卻非如此時，與會者表示，會優先處理那一項能為民眾服務的工作，因為「我們會覺得有工作價值的或是你自我肯定價值上面，我會先去走那一塊，雖然它一樣都是一分，但是對我們而言，其實意義是不一樣的」（FG1-1），由此可以看出，多數公務同仁極為在意自己的工作當中所存在的實質意義。

　　而從與參加座談的公務同仁的對話中，可以發現，無論是地方政府的正式或約聘僱人員，渠等多會由自身工作對於社會、民眾、被服務對象所產生的正面影響，或是所能創造的公共利益與福祉，來尋找和定位自我價值。而且，當他們越能從這工作中找到自我價值和自我肯定時，方能繼續燃燒自己的服務熱情。

> 我覺得還是取決於自己對於這個角色跟這個職務，你有什麼樣的一個期待，那當你的期待越多的時候，你會對於自己賦予的角色跟功能更加肯定。（FG1-3）

> 我就是灌輸自己一個觀念，就是說我們這些政策其實都是為了民眾的健康，講白一點其實有點像在做公益、做慈善事業，把它這樣子想像，這樣子可能就不會讓自己的熱情減損。（FG1-5）

> 所以我就覺得我對每個陳情案都非常的重視，一定要很熱情的幫他把這事情處理好，然後蠻多陳情的人都很謝謝我，因為我就是去幫他們解決問題，真的是解決問題。（FG4-2）

我會覺得基層都很努力，那我們在做規劃的時候，就是我們局的
角色來看的話，就會變成說，就不能夠只做我自己的事情，那如
果說這件事情我可以做得更好、或是更為民眾著想的話，我覺得
會是一件好的事情。（FG5-3）

就是我們不要忘記說我們要服務的對象是人，我不是服務長官，
不是服務政府怎樣……（FG5-2）

我希望每個人還是重視說人的角色跟價值，如果重視每一個人的
角色跟價值的話，其實每個人都有所發揮的！（FG5-2）

因為我們做少年（保護），可能是偏差行為，所以都要好幾年的
陪伴，那可能第一年、第二年看不出來，也許這個孩子國中沒
什麼感覺，高中的時候你發現他轉念了，成長之後，你就會得到
很滿足，然後你就覺得做這項工作是有意義的，就會push你繼續
做。（FG6-3）

　　其次，在前述自我價值外，與會的公務同仁也會在自身所承辦的業
務或工作上，找尋些許的成就感，這些成就感可能來自於民眾的感謝與回
饋、工程進度的完成、替民眾解決困擾已久的問題，或是建立與找到有別
於其他機關的特殊成果與成就。

對，自我價值，如果說我在這份工作上面沒有得到任何一些成就
感，或者是說長官的一些肯定跟信任的話，有時候會覺得說，好
像是不是不被重視？或者說這個職位我是不是適合的？（FG5-
2）

我覺得是公務部門尤其做這種工程來講，公共工程對民眾有好
處的，我覺得有立即的效益，所以我覺得自己有比較高的成就
感……（FG3-2）

你就是每一件事情，幫民眾陳情的那些案件幫他處理的圓滿的話，他就滿意了，相對的，他對我們公部門這邊會有認同感……（FG6-1）

如果說是要引進企業界的績效管理，那就要保留一部分創意的，或者是特殊的部分的指標，讓我們突出，而不能說我每個公務人員都長一樣……（FG1-3）

同時也有與會者提出與長照中心的個案管理師比起來，更羨慕他們能從業務中獲得被服務對象的直接反饋和感謝，能夠直接感受到那份工作的成就感，讓自己每天都有很高的服務動力和熱情。

他們是直接面對服務的個案，而且他得到的回饋是直接的，所以他覺得他的付出對這些那個老人家，或是需要被照顧者，或是他的家人能夠有馬上的改變，他們的狀況或者是他們得到服務之後，後續他跟他們的關係是比較直接的，所以他會覺得他做的工作是很有意義的，所以我覺得這個部分跟我們很多公部門的工作同仁，並沒有直接去接觸民眾的，然後大家都在政策面規劃面在紙上作業的很多，所以那個直接的感受會不一樣。（FG2-3）

是以，我們在地方政府有許多公務同仁是渴望獲得工作上的自我價值和成就感，而也就是這些自我肯定和成就感，支撐渠等持續在崗位上為民眾服務的動能，並且得以抵抗來自績效管考制度的消磨效果。就像一位與會者以其長官所提醒的話語來分享的：

局長也說，我們要服務的對象都是人，不要忘記！就是我們像做行政業務做久了之後，你就是會僵化，流於形式也不知道為什麼而做，因為你們不知道你服務的對象是誰。（FG5-2）

在公部門制度環境的牽絆下，許多公務同仁可能早已不知「為何而戰、為誰而戰」，早已忘記當初投身公部門的初衷，而變成一副僵化的軀殼與機器。因此，扭轉此一現象的方法，便是改變包含績效評核在內的相

關制度，賦予公部門組織成員更多的自主空間，令其找回服公職的自我價值和成就感，最終方能重振其內心的管家精神。

四、正式與約聘僱人員的任事態度差異

在前述諸項討論議題之外，本研究同樣好奇，政府機關中的約聘僱人員，相較於正式人員，是否可能因其考核制度不同，或甚至幾乎感受不到直接的考核、或未曾拿到考核成績的情況下（與會者FG5-1、FG5-2、FG5-3、FG5-4、FG6-2），而有著與正式人員不同的任事態度。因此，在與各地方政府機關首長的深度訪談，以及與公務同仁們的焦點團體座談中，皆有於此面向的對話。

很有趣的是，有幾位政務首長就其對機關內正式人員的觀察指出，有少部分正式人員從進入公部門時的心態，就未必具有積極態度，「他只是要做公務人員，但是他不是要做事的公務人員」（IR-5），因此擔憂抱持這樣心態的正式人員，反而會影響其他組織成員的工作態度，更有機關首長直言，公務員的保障制度，恐會造成劣幣驅逐良幣的效應。

> 有很多公務人員他的資歷其實不到五年，但他官僚化程度已經超乎想像，那他官僚化絕對不是官僚組織改變的，是他進來之前他就是一個官僚的特質……（IR-1）

> 有一批公務人員非常會考試，但是不會做事，那他們非常會考試，也讓其他有心的公務人員會很挫敗……（IR-5）

> 過度保障的公務人員的文官制度也絕對是扼殺，因為那會劣幣驅逐良幣。（IR-1）

同樣地，也有參與座談的約聘僱人員提及類似的觀點，認為機關中的正式人員因受公務員制度的保障，因此為確保未來能夠安穩順利退休，多必須避免犯錯，同時也需求自保（與會者FG4-1），連帶造成在處事風格上較為保守。

參加國考他追求的是安定保障，所以他知道他這一輩子就在這裡，就在這一條路上，他沒有其他選擇，他就是只能這一條路一直走下去，那我覺得他們很多時候就是自保，我只要能夠平順的走完這一條路，我安全下莊就好，我也沒有奢求要有什麼表現呀！（FG4-1）

正職他可能說好不容易考上公務員，可能就會說比較珍惜這個工作機會，所以我們給他的壓力也會不一樣，那壓力大的當然會比較不快樂……（FG3-2）

我覺得看到很多的國考的正式公務人員，我覺得真的就是這樣子，因為那就是他人生唯一的一條路，沒有其他選擇，所以他從起點就看到終點了，他就希望就是我可以安然度過直達終點。（FG4-1）

此外，由於公務員制度中，尚有其陞遷和考績獎金等激勵誘因，且此些誘因也是多數公務員極為在意的部分，因此座談與會者也認為，這些激勵措施也是造成正式人員習慣趨於保守、避險態度較高的原因。

為什麼他們會有壓力？他們壓力來自於考績獎金，我們沒有壓力是因為我們根本沒有，所以我們不需要。（FG5-4）

我們對我們的待遇，還有我們沒有陞遷的機會，頂多只有俸點的調整，這件事情我們是很清楚，然後我們是接受的，所以我們去從事這樣的工作，我會覺得因為公務人員，我會覺得會不會他們有所謂的懷才不遇的部分……（FG6-3）

但是，相對於正式人員傾向保守的行事態度與風格，與會的約聘僱人員反倒認為，進入公部門服務並非其人生唯一選擇，重點在於找到自己的服務價值；若發現任職環境與自身期待相違背，亦可選擇轉換跑道，而無身上枷鎖和牽掛，反而更能全心投入自己覺得重要、對的事情。

約聘雇人員他是一年一聘，再者就是這不是我人生的唯一一條路，我可能會有其他選擇，我也可以提早回家休息呀，我不用說我一定要等到退休，所以這不是我的唯一選擇，所以我可以比較開心的去做也可以，我比較消極的做也可以，就是我會覺得我們的彈性比較大。（FG4-1）

像我就是這麼覺得，我覺得你也不用特別跟我講我是甲乙丙丁（等），你只要跟我說我做得好、做不好的地方，做得好我繼續做，做不好的地方我改進，這樣就好，其他分數我都不必知道，然後就是說，我真的覺得說，這個工作真的沒有、或失去它的意義怎麼樣的話，我自己就會離開，反正我又不戀眷這個公務生涯怎麼樣……（FG5-2）

　　另一方面，如前所述，因為正式人員較為在意其考績、陞遷、退休等誘因與福利，但相較於此，約聘僱人員在制度上僅有續聘與否的情境，因此，許多約聘僱人員為了繼續保有這份工作，會比正式人員更為賣力和付出心力，以求來年如期獲得續聘。

我們公務員要的是甲乙丙丁（等），這些人（約聘僱人員）他們要的是有跟沒有，對他來講是有跟沒有，今年約過了，明年呢？可能被換掉都有可能，他沒有保障，所以他必須更盡力去表現，因為他的表現好，就讓它成為有，表現不好明年就沒有，所以他願意去做、甚至表現更多他角色外的行為，他更願意去做，甚至他對機關認同度比公務人員還高，因為他沒有陞遷，但是他只在乎我一直（留）在（機關裡）……（IR-3）

還有就是他們有一個護身符，他們有保障，所以我覺得我們一直要就就業業是因為我們也很怕這份工作不保，說實在話，所以我們的熱忱一般會比他們高，那他們就是公務人員啊，你公家也不可能跟他砍掉，我們有可能你今天表現不好你有可能被fire，所

以說實在，我就算在這裡快二十年，我每天都還是很兢兢業業。
（FG5-4）

是以，約聘僱人員在欠缺制度的保障以及激勵誘因的情況下，唯一能夠維繫渠等工作與服務熱情的元素，除了期望持續獲得續聘外，最主要的便是這份工作所能帶給他們的價值與成就感；同樣的，在少了制度保障及束縛的情形下，這些約聘僱人員或許更願意以開放的心胸、彈性的手法，在其崗位上執行業務或推動服務，甚至，一位由基層文官升任上來的地方機關首長也認為，這些約聘僱人員確實會願意為其所認同的價值，展現較多的角色外行為。

顯然你是有注意到，注意到他們在考核體制內、體制外，從事比較多角色外行為，確實是有。（IR-3）

那這個東西在聘僱人員身上，反而因為他不是波動的，也沒有所謂的陞遷，所以這一塊對我們來說就不是絕對的主因，所以很多時候想法做法就會比較有彈性。（FG4-1）

他們因為陞遷是沒得比，可是就對他來講，你會覺得說，也許只是為了一份工作，可是他在工作之餘，他會找到他可以服務民眾的那種態度。（FG5-1）

照管專員其實他們的工作性質，我覺得心境做得好、心境對的話，其實他們會發現他們這個工作是非常有意義的工作，因為他們主要是去連結一些長照服務，就給一些需要的一些民眾，尤其是弱勢的一些民眾……，那可以讓民眾得到他們所需要的一個需求、滿足他們的需求，所以他看到這樣子的時候，他也能夠的到相對的一個工作的成就感。（FG1-5）

基此，或許吾人應該思考的是，若是原本期待透過給與公部門正式人員於制度上之保障和誘因福利，激發其勇於任事的態度，但在制度實際實

施上，卻反而造成正式人員在任事和處事態度的保守、避險等傾向，呈現較約聘僱人員更為消極的態度，我們是否樂於見到如是的公務現象持續下去？是否更需積極思考前文所討論者，如何藉由績效制度理念的改變，給予公部門組織成員更寬廣的揮灑空間，重新激發渠等的服務動機和任事態度，甚至重振其管家精神？

第三節　小　結

　　綜合前面不同地方政府之機關局處首長，及公部門組織成員之觀點、經驗和感受，可以清楚發現，渠等雖然在地方政府部門中，分屬不同位階和職務，但是彼此對於績效管理與評核制度，及其對公務機關組織成員的任事態度和績效行為之影響等議題，卻有著極為相似的看法和見解（詳表5-1）。

　　首先，機關首長們多能體認到，在一民主政府中，績效管理與相關評核管考的做法，基本上乃是一種對於民主課責要求和期待的回應。除此之外，無論從機關首長們的管理理念層次理解，或是由機關同仁們的實際認知與感受來觀察，大多皆認為績效管理與評核制度乃是一種從上位管理者角度出發，欲對官僚體系進行管理控制的手段，充分帶有委託代理理論的觀點，甚至有受訪首長認為，此乃一種維持政府機關運作紀律的必要之惡。

　　再者，在現行我國政府部門績效管理與評核制度的實際推行上，不論是地方機關首長或是基層同仁，一致都對是類制度所形成的僵化、一體適用、欠缺彈性、造成過多的文書作業負擔及官樣文章等諸多負面現象，表示不耐與批判。且亦多同樣認為，目前這樣的績效管考制度在地方政府的運作上，已造成各機關僅重視指標數據和程序性控制，只追求短期績效目標的呈現和實現，而不在意政策目標的實質效果與意義，諸如此類負面公務文化的蔓延，甚至連結果導向的績效管理意涵，也在制度操作過程中被扭曲了。更有與會的公務同仁直言，績效管考制度早已成為官僚體系中，多重層級節制下的一種便利、偷懶之管理手法罷了。

表5-1　機關首長與組織成員觀點之比較

	機關首長	組織成員
績效制度之管理理念／認知感受	・民主課責之回應 ・官僚控制手段	・管理控制手段爲主 ・少部分乃因機關首長授權
績效制度之影響根因	・績效管理的形式主義 　⇨一體適用的評核模式 　⇨文書作業負擔 　⇨僅著重程序性管控 　⇨短線操作 ・結果導向的指標設定帶來機械性的目標值配置與扭曲思考 　⇨追求數字的達標而不在意實質效果	・管考制度之僵化 ・僅重視指標數字表象，忽略服務眞實意義 ・追求短期績效的呈現 ・額外文書作業負擔 ・過多層級節制
績效制度對官僚體系任事態度與績效行爲之影響	・績效制度流於形式 ・官僚體系自我限縮、消極以對 ・機關首長、主管欠缺長遠深入思考，短視於短期效益 ・主管向下卸責、欠缺承擔	・服務熱情消退 ・轉爲消極、保守、應付的態度與行爲 ・績效作業流於形式、淪爲官樣文章
績效制度環境改變方向與期待	・形塑績效文化 ・發展適性評核 ・以授權和授能，重建文官自主性和主動性 ・建立共榮感 ・研考機關轉型爲協助式管考角色	・展現對機關同仁的信任 ・授能與自主 ・找回自我價值與成就感

資料來源：本研究。

　　不過，在與不同地方政府公務同仁們的對話與分享中可以深刻體認到，他們當初投身公門時，多是抱持爲民服務的熱忱，及高度管家精神而來。但無奈的是，在前述的績效管考制度及其所形成的公務環境下，心中的服務熱情逐漸消退，多轉爲自我限縮、消極保守的任事態度，對於績效管理作業大多應付以對，且主管人員亦也失去承擔精神，反習於向下卸責，且只願追求短期績效效果，而不願從事深度、前瞻的施政規劃與思考，從而使得整個績效管理制度流於形式化，淪爲另一種官樣文章。簡言之，多數公務同仁的服務熱情和管家精神，已被績效管理制度消磨殆盡，甚且，績效管考制度的形式化，早已成爲一種地方公務部門的普遍現象。

　　但是，面對這樣的制度環境景況，無論是地方機關首長，或是公務同仁，亦仍期盼能夠有所改變；而且彼此對於改變的方式和期待，亦有相近的共識。整體而言，期望能從建立地方局處自信心，以及從制度面及首長端，展現對於機關同仁們的信任開始，在此基礎上，打破過往一體適用的僵化形式，以適性評核的管理理念，充分理解和尊重不同業務屬性之機關特質，由此發展適合不同機關的評核機制，降低管考制度的不友善性，避免業務機關對管考制度的敵視態度，進而藉由授權和授能，賦予各機關、機關同仁們較大的自主空間，由其自身主導和展現其所欲表現的績效和特殊成果，從而建立一種健康、正面的新績效文化。更重要的是，要藉此重建官僚體系的自主性和主動性，建立機關首長和同仁們之間的共榮感，由此，讓公務同仁們找回其最初為民服務的熱忱，重振其管家精神，進而承擔起維繫政府機關日常運作與服務，是類看似不起眼，但卻與民攸關的重責大任。

第六章　結論與建議

立基於來自全國22個直轄市與縣（市）政府、四類機關（環保、工務／建設、衛生、警察）、68個局處、共計6,083份機關同仁的有效調查問卷，及不同地方政府之9位研考與業務機關首長之深度訪談資料，和6場次、24名不同地方政府正式與約聘僱人員之焦點團體座談資料，本研究嘗試以兼採量化與質化之多元研究方法及視角，針對所關心之研究問題，進行資料蒐集和分析，試圖剖析和回答對相關議題之關切。

本章先基於前述資料之分析結果，歸整本研究之主要發現，並嘗試提出本研究於理論層次和實務面向上的貢獻與意涵，再繼而說明本研究所面臨限制之處，以及對未來之後續研究提出參考建議。

第一節　主要研究發現

本研究係以我國地方政府組織成員為研究對象，嘗試結合郵寄問卷調查法、深度訪談法及焦點團體座談法，針對前文所提出之研究問題，進行研究資料之蒐集與分析。在此基礎上，可歸整獲致以下諸項主要研究發現：

一、地方公部門組織成員具備管家精神

無論從問卷調查結果之分析，抑或是機關同仁們於焦點團體座談的對話交流中，吾人可以明顯體察到，除部分抱持尋求一份穩定工作企圖的人員外，多數公部門組織成員之所以選擇投身公務機關，便是因為具有高度的為民服務熱忱，期盼能將自身所學與專長，貢獻於國家社會或是自己鄉里。同時，除具備高度管家精神之特質外，本研究也發現，受訪的地方公部門組織成員對於自身在業務工作上的能力具有高度的自我效能感，也能

充分認知到其所從事的業務或工作，對於社會大眾具有影響力，以及具有高度的公共服務動機。申言之，從受訪公務同仁的反應與回答結果來看，無論是問卷調查結果或是焦點團體座談的回應，渠等大多抱持高度管家精神一事應屬肯定。

尤其，本研究也發現，公務同仁們心中所抱持的管家精神，對於績效管理與評核制度的推行上，不僅能有效提升其於機關或長官一般性要求之外，額外付出積極性績效行為之意願和實際表現，以及能有效降低其責難規避的行為傾向外，更重要者，管家精神的存在與提振，更能明顯促進組織成員於機關績效資訊上的積極運用。由此顯見，地方公部門組織成員所具備的管家精神，對於績效管理制度之推行具有其正面意義和重要影響效果。

二、公部門組織成員任事態度具自我調節機制

除確認我國受訪地方公務機關組織成員多具有管家精神外，本研究也發現，總體而言，公務同仁們乃是藉由其自身之自我效能感，形成其任事態度之自我調節機制；亦即當受訪公務同仁的自我效能感越高時，其以管家精神積極任事的態度亦越高。雖然如是經由自我效能感影響管家精神的關係，在本研究所蒐集的環保局同仁資料中，未能獲得證實，但從整體資料，及其他各類型機關人員的資料分析中，多可獲得驗證；因此，吾人應可稱此一任事態度的自我調節機制，仍然存在多數受訪的公務機關同仁的個人認知中。而此結果亦也映證了自我調節機制之理論觀點（Bandura, 1986; Bandura, 1988; Wood & Bandura, 1989）。

三、績效管理與評核制度乃是代理人思維下之管理控制手段

無論是從與不同地方政府之研考或是業務機關首長們的訪談，或是由地方政府基層同仁們的經驗與感受來看，大多數的受訪者和與會者都認為，目前在各地方政府機關中所推行的績效管理與評核制度，便是一種由

上位者觀點，為監督各機關於施政運作上之進展，甚至為維持此一機關運作的「紀律」，所發展出來之管理控制手段（Ryan, 2011）。而且，受訪者和與會者咸多認為，這樣的管理手段運用或制度設計，便是基於委託代理理論觀點下，為確保官僚體系代理人能夠如實達成上位者的期待目標，而所設計發展的管理工具（Dubnick, 2005; Heinrich & Marschke, 2010; Moynihan, Pandey & Wright, 2012; Reck, 2001; Yang, 2008）。換言之，本研究之受訪者和與會者不否認、甚至承認，機關中的績效管理與考核制度，具有濃厚的代理人理論觀點的思維。

四、環境、認知、行為傾向層層相互影響

本研究透過階層迴歸分析，以及結構模型分析等方法，嘗試檢驗環境、個人認知，及行為反應與傾向等層面之間，是否具有影響關係。總體而言，本研究證實，公部門之特質及其外部政治環境，對於公務機關的組織管理途徑和制度環境，確實有所影響；而這些機關內部的管理做法選擇和所形塑出來的制度環境，亦將同時影響公部門組織成員的個人認知、任事態度，以及相關績效行為反應和傾向。而公務同仁們在此公務制度環境下所形成的認知與態度，同樣也會影響和牽引渠等的績效行為反應與傾向。此外，公部門之特質與所面臨的外部政治環境，同樣直接、或是間接地透過前述內部制度環境和個人認知程度，影響公部門組織成員在機關中的績效行為反應或傾向。

申言之，社會認知理論所昭示之環境、個人認知、行為（傾向）三者間的影響關係，在公務部門的系絡下，依然成立，不僅符合Bandura（1986）之社會認知理論之觀點，且有助於吾人分析和理解公部門組織成員心理認知和行為之解析和詮釋效果。

五、制度環境、任事態度與績效行為間之影響動態

關於本研究所關切，公部門制度環境、組織成員之任事態度，及其績效行為反應與傾向間的動態影響關係，當可從以下不同面向來加以剖析和討論。

第一，地方政府績效管理與評核制度已流於形式化。無論從全體的問卷調查結果，或是地方政府機關首長及公務同仁們的訪談與座談反應中，皆可看出，目前我國地方政府之績效管理與評核相關制度流於形式，已是普遍共識。不僅從量化問卷結果資料中可以看到，雖然受訪者對其所服務機關之績效制度有效性尚有中等評價，但仍普遍認為其機關之績效管考制度已高度流於形式化，且對於機關中的官樣文章程度感受亦深；由與機關首長們的訪談，及與公務同仁們的座談對話中，亦也發現，受訪者和與會者們對於現行績效管考制度之僵化、欠缺彈性、一套形式全體適用、講求形式主義等之運作模式，早已感到不耐（Long & Franklin, 2004）。紛紛表示在這樣只在意指標數據，忽略施政與策略目標實質意義和效果的績效管考制度下，僅是徒增額外的文書作業負擔及僵化的程序性控制，甚至將之視為科層體制中一種便宜行事的管理方式（Bouckaert & Halligan, 2008; Hood, 2001）。

而其結果是，在管理者端，機關首長未必在意其績效評核結果，甚至僅在乎短期績效或數據的呈現，形成短視近利、欠缺長遠深度思考的機關與施政運作規劃，反而形成主管人員逃避承擔、向下卸責的負面文化（Heinrich, Lynn & Milward, 2010）。在組織成員端，在此績效環境制度下，消磨了原本具有管家精神的公務同仁們之服務熱情，轉而以消極、保守、應付、自我退縮的態度和行為，來面對和處理相關的管考要求，甚至坐視績效管理制度的日益形式化。久而久之，績效管理制度形成另一種官樣文章、繁文縟節，已成地方政府的普遍態樣。

第二，管理控制手段乃因公部門之目標衝突性、外部政治環境，及目標模糊性所促成。前已述及，當前地方政府機關所採行的績效管理與評核制度，乃是一種基於代理人理論觀點所發展出來的管理控制手段。但，何

以如此？由本研究之迴歸分析結果中可以發現，公務機關之所以強化其對官僚體系之管理控制意圖，主要乃因政府部門的機關或單位間，常有被賦予之政策目標彼此發生相互衝突的情況，而此一目標衝突性將會顯著助長組織成員在發生負面事件後，刻意規避責難的意圖或行為；因此，從上位者的角度來看，為避免各單位間互踢皮球，且使責任歸屬和課責效果得以彰顯，故而傾向透過管理控制手法，甚至是訂下明確績效指標或主責機關或單位的方式，降低是類情形發生之可能。是以，此便成為公務機關傾向選擇管理控制手段之首要主因（Stazyk & Goerdel, 2011; Wright, 2004）。然，不幸的是，從本研究的結構模型分析結果來看，偏好以控制手段來管理官僚體系的結果，公務機關內責難規避的傾向或文化依然存在。

　　此外，機關所面臨來自如民意機關、媒體輿論、社會大眾之外部政治環境壓力，以及公部門本身的目標模糊性特質，亦是促使公務部門採行此種控制途徑，藉以強化管理者對官僚體系的掌控能力，以及做為回應外部政治壓力的策略選擇（Moynihan, 2008; Yang, 2011; Yang & Hsieh, 2007）。

　　第三，目標模糊性對管家精神具有極大傷害。從全體問卷調查結果的結構模型分析中，本研究發現，在組織內部管理途徑和制度環境中，官樣文章的存在對於組織成員的自我效能感和管家精神皆會造成顯著傷害，充分呼應前一點的研究發現。不過，若將觀察視角拉大，則可發現，嚴重戕傷公部門組織成員心中的管家精神、自我效能感、社會影響性認知及公共服務動機等重要個人認知的因素，乃是公務部門的目標模糊性特質。不僅如此，公部門的目標模糊性不但會助長組織內官樣文章的生成，更是組織成員管家精神的頭號殺手。申言之，行政機關為滿足不同政策利害關係人之政策目的，必須以模糊的組織目標來吸納各方的立場和利益，以維繫政府部門存在之正當性。惟在這樣高度目標模糊的環境下，組織成員容易產生「不知為何而戰」之感，若再加上機關所必須處理之衝突性目標和外部政治環境時，傾向以增加行政程序與官樣文章藉以自保，使得組織成員不得不耗費額外的心力來與這些繁文縟節周旋，自然侵害與消磨其服務熱忱和管家精神（Schepers et al, 2012）。

　　第四，公共服務動機、授能與自主空間，及績效制度運作之有效性可

提振組織成員的管家精神。由全體樣本的結構模型分析結果中，本研究發現，除自我效能感之外，影響公部門組織成員的管家精神最主要之三大因素，係其自身之公共服務動機、機關或主管所賦予之授能與自主空間，以及機關內績效制度運作落實程度。進言之，**驅動公部門組織成員心中管家精神之元素，最重要者還是來自其已身認知層次的為民服務動機**。這樣的實證結果亦與焦點團體座談中，與會者們所分享的心聲相一致。

　　其次，機關若能賦予公務同仁們更大的授權與授能空間，使其更能得以自主揮灑，亦將更能激發和提振渠等心中的管家精神和公共服務動機。事實上，此一問卷分析之結果，也與本研究中地方政府機關首長們及基層同仁們的感受和心聲相吻合。如前所述，無論是地方機關首長或是公務同仁，皆異口同聲地認為，若欲改變目前績效制度流於形式的現況，應授予地方機關及同仁們，更多的授能和自主空間，促其找回在公務部門服務的自我價值和成就感，由此，同仁們心中的管家精神和公共服務動機也才能夠獲得提振和回復（Fernandez & Moldogaziev, 2012; Wright, 2007）。此外，研究結果亦指出，授能與自主同樣對於組織成員的自我效能感及社會影響性認知具有正面影響效果，由此可見，授能自主一事對於公部門同仁的重要性。惟，由結構因素來看，機關內所能賦予的自主授能空間，仍受組織的目標模糊性特質所影響，換言之，機關的目標模糊性越高，可賦予同仁們的自主空間將越不樂觀；當然此一狀況更將連帶影響一連串的組織成員之個人認知、管家任事態度，及正面績效行為。

　　再者，前已述及，目前僵化、刻板、流於形式的績效管考制度，已普遍受到機關首長們和公務同仁們的詬病和批評，甚已影響渠等的任事態度和服務熱忱。故，由此研究結果可以看出，一套好的績效管理與評核制度，貴在能夠有效落實，而且，公務同仁們也期待能有這樣的制度出現。是以，若能翻轉當前績效管考制度的形式化現象，能夠有效落實績效評核與管考制度，將亦可使組織成員的自我效能感提升，連帶使得管家精神受到激勵。

　　第五，正面與負面績效行為，各有不同成因。從本研究全體樣本的結構模型中發現，納入分析之績效要求外行為和積極性績效資訊運用等兩

項正面績效行為，各有不同觸發成因。就績效外要求行為而言，主要乃受組織成員自身的公共服務動機和社會影響性認知等兩項個人認知因素所影響，再來才是組織中的授能自主環境。而積極性績效資訊運用則主要受到組織成員的管家精神所驅使，其次則是機關內績效制度的落實性，再次之為個人之公共服務動機。相對地，此兩項績效行為都會受到組織的目標模糊性所傷害。申言之，這兩項積極性績效行為主要皆受個人內心的認知和動機所驅導，而組織內部制度環境則次之。

　　至於組織成員之責難規避行為傾向，主要受到機關的目標衝突性、目標模糊性及官樣文章所誘發，而需倚靠組織成員內心的管家精神來加以克服。而績效管理形式化的現象與行為傾向，則是受到機關內的官樣文章、組織的目標模糊性，及外部政治環境所影響；唯有靠落實績效管理制度來改善。但由此可以發現，負面的績效行為傾向，多半受到來自公務機關的特質、制度環境，甚至外部政治環境等制度與環境面因素所影響，而非組織成員的認知層面。換言之，公務部門組織成員負面績效行為的生成，應是在進入機關後，受到制度環境的影響，進而改變其心態，嗣後調節其任事態度，再進而產生之。因而可見，公務機關中的制度環境與條件，對於組織成員的任事心態和行為，具有深遠之影響。

　　第六，管理控制和授能自主在公部門中，未必是互斥的管理途徑。從問卷調查資料及結構模型分析結果中，本研究發現，很有趣的是，內部官僚控制和授能自主兩項變項，對於受訪地方公務同仁的四項個人認知變項，尤其是自我效能感及管家精神，甚至是兩項正面績效行為，即績效要求外行為和積極性績效資訊運用，皆能產生正面的鼓舞作用；換句話說，在受訪公務同仁的認知裡，此二類管理途徑並非零和互斥的選項，而是可以相容並蓄的。

　　不過，若細究此二制度環境變項對相關因素的影響效果，則可以發現，授能自主此一變項所能發揮的作用和效果，遠高過於官僚控制。尤其從激發和提振管家精神的角度來看，授能與自主的效果仍大於層級控制。事實上，這樣的研究發現與結果，在與地方公務同仁的焦點團體座談中可以發現端倪。在座談過程中，數位與會者都談到，績效管理與評核制度雖

帶有濃厚的管理控制色彩，但是在組織中，仍有其必要性；但是，渠等所期待和渴望的是，在這績效體系下，能被賦予更多的授能與自主空間，容許彈性、具創意，且能凸顯實質和深度成果的評核重點或指標，俾使其找回自我價值和成就感。申言之，在公務同仁們的心中，尚能接受績效管考這類制度的基本精神和價值，唯獨期盼能夠打破僵化的制度框架，在此機制的運作上，賦予實際負責執行工作的公務同仁更多的自主發揮空間。

　　第七，過度強調成果導向績效文化可能帶來負面衝擊。從本研究全體樣本的結構模型分析中發現，成果導向的績效文化不僅會對組織成員的自我效能感及績效要求外行為，造成直接的負面影響，且若從整體結構模型及變項總效果來看，亦將對受訪地方公部門組織成員的績效要求外行為帶來顯著不利影響。類似的情況除發生在受訪的全體樣本模型上，亦顯現於正式人員、非正式人員、環保局人員、衛生局人員、警察局人員，及非主管人員等諸多模型上。甚者，在非正式人員及衛生局人員的模型中，一連影響了是類人員的自我效能感、管家精神、績效要求外行為，及績效資訊之積極運用行為。換句話說，此一結果指出，成果導向的績效文化可能會造成公部門組織成員在心理認知與行為層面的退縮，甚至進而削弱其管家精神，退而成為僅以「代理人」自居，而不願展現其社會性積極態度和行為。此一現象與當代各國所倡議的績效管理思維與潮流，無疑是大相逕庭。

　　何以產生這樣的結果？或許正如同受訪的地方政府機關首長所指出者，成果或結果導向的績效管理制度思維，到了我國以後，在實際執行上發生了濫用或扭曲。亦即在結果導向的績效管理原則下，僅接收了「結果導向」的表面概念，便大張旗鼓地要求普遍置入，但在實際進行施政規劃或在績效指標目標值的設定時，卻未能深入思索在該指標上的那一項「結果」，是要透過什麼樣的施政努力，或是要經過什麼樣的行動方案，需歷經什麼樣的執行歷程，方有可能達成，亦不思考機關施政推動或目標達成可能遭遇的爆發期、高原期或低潮期等可能的週期性現象；而卻僅機械式地、武斷地，將四年後的最終預期目標值，平均切割分配成當中每年度的目標值，未能顧及施政的實際動態現象。而這樣結果導向績效管理概念操

作的扭曲，從實際執行者的角度來看，無疑是一種「不食人間煙火」的「天方夜譚」，進而使得機關成員將之視為一種形式、文書作業，甚至反而鼓勵了機關隱藏數據、「養數據」的績效陋習；面對此種不講求實質意義的績效管考方式，也自然造成機關組織成員無意展現績效要求外行為，甚至亦不願積極運用績效資訊來改善自身業務（Bandura & Wood, 1989）。

第八，管家精神對於績效管理形式化未必具影響力，仍需靠績效制度的有效落實來改善。本研究的數據資料指出，受訪地方政府組織成員所抱持的管家精神，對於同仁們坐視績效管理制度形式化的現象，不具影響效果，需要仰賴機關內部積極推動和落實績效管理與評核制度，以及建立績效文化，才有可能改善。尤其，績效管理制度的有效落實一項，最具影響效果。換句話說，制度面產生的流弊，仍須倚靠制度面的落實和執行，才有可能阻卻（Taylor, 2011）。惟在公部門環境下，績效制度運作的有效性，仍受目標模糊性因素之牽絆。

第九，外部政治環境、官僚控制、授能自主、社會影響性認知、公共服務動機，皆是利弊互見之影響因子。從受訪全體資料的結構模型結果觀察，前述各個變項在某些影響關係上皆產生某些非預期的結果。例如外部政治環境之壓力雖然會造成組織成員責難規避及漠視績效管理形式化的結果，卻也能夠刺激組織成員展現績效要求外之行為，及積極運用機關之績效資訊。又如內部官僚控制和授能自主雖能驅使組織成員產生正面心理認知和績效行為，卻都也可能助長受訪組織成員之責難規避，及坐視績效管理形式化之行為傾向。再就社會影響性認知、公共服務動機兩項來看，都有可能鼓舞了機關內績效管理形式化的現象。甚至，機關內的官樣文章程度，在部分類型的樣本模型中（如環保局、衛生局、非主管人員），亦對受訪者之積極性績效資訊運用行為，甚或績效要求外行為，產生正面效果。

為何會有如此非預期的結果？其可能之解釋或許在於，有時公部門組織成員，為回應民意代表、媒體或是社會輿論的壓力或質疑時，便會更積極地運用機關之績效資訊，盡快改善機關業務上未盡完善之處，或是志願

性做出主動服務或協助，以期改善對外關係。又或者公務同仁遇到層層往來的程序要求或文書作業時，爲降低彼此在程序或文書上的困擾，而會願意主動預先多蒐集一些相關資訊或數據，做爲檢證附件資料，或是更願意積極從機關作業程序中，思考如何簡化以提升效率，因而成就正面績效行爲。相對於此，過度強調層級控制的組織，自然可能使組織成員不願承擔責任，以及放任管理制度淪爲形式主義；但前已述及，本研究所訝異者，在於官僚控制的管理手法亦能激發受訪公部門組織成員的心理認知和正面績效作爲。其可能的解釋在於，受訪者在進入公務部門之前，便已瞭解公家機關是一科層體制嚴密的組織，已有相當心理準備，因此對於部分管理或控制措施，較能接受和適應。但是另方面，若一組織給予成員過大的自主空間，甚至流於放任的話，當然亦有可能使得機關成員發展出推諉塞責，甚至操弄制度的負面文化。是以，授能自主空間之拿捏亦當是一門藝術和學問。

　　至於，何以組織成員的社會影響性認知和公共服務動機，可能助長機關內績效管理形式化的現象？本研究認爲，可能解釋在於，當組織成員認知或察覺到機關內的績效管理與考核制度，僅是一種空殼或僅具象徵意義，而不具任何有效改善組織運作或服務效能的實質意義時，越是具有社會影響性認知和公共服務動機的組織成員，越有可能摒棄這套管考機制於不顧，不希望這套制度變成渠等實際對民眾提供服務時的枷鎖，因此可能更希望這項制度能夠流於形式，甚至廢除，避免成爲機關同仁在業務處理或服務輸送上的絆腳石。若由此角度來觀察，此一結果尚稱可以理解。

六、不同屬性之公部門組織成員具有不同影響動態

　　從受訪地方政府組織成員之不同屬性來觀察，亦可發現不同的研究重點和變項間的影響動態。首先，若就地方公部門組織中之正式與非正式人員相比較，本研究發現，非正式人員的社會影響性認知和自我效能感較高，但是正式人員之責難規避，及坐視組織績效管理日益形式化之行爲傾向，則較非正式人員更高。此可能即如地方公務同仁於焦點團體座談中所

分享觀察者，機關中的正式人員因較爲在意個人的考績結果及期望最終能安穩退休，因此避險、求自保的傾向和意圖較濃，亦較傾向規避責難壓力，同時，正式人員亦受到機關內的層級節制影響和束縛較深，因而可能使其自我效能感受挫，亦進而影響其對自身工作之社會影響性的認知程度，也對績效管理制度形式化現象較具無力感。

此外，本研究也發現，若機關內特別強調需建立成果導向之績效文化，此將皆對正式與非正式人員於績效要求外行爲之展現帶來不利影響，不僅如此，對於組織內沒有太多制度保障的非正式人員而言，成果導向績效文化之強調，將使渠等之自我效能感、管家精神、積極性績效資訊運用行爲等，受到一連串的傷害，使其從「管家」退縮成爲「代理人」之傾向，比正式人員更爲明顯。此爲公共組織管理者必須細心留意之處。

其次，若就不同業務屬性之四類地方局處機關來比較，本研究發現，相較於來自環保、工務／建設，及警察機關之受訪者而言，受訪之衛生機關人員，在本研究四項個人認知層面之變項上，包括社會影響性認知、公共服務動機、自我效能感、管家精神等，皆屬認知和動機程度最高者，此一現象可能與衛生機關人員，大多爲醫學、藥學、護理、公共衛生等相關背景領域者有關，多具有高度照護他人的正面傾向。也因此，受訪之衛生機關人員更樂於展現其績效要求外行爲，及更積極地運用機關內之績效資訊以提升業務效能，且在程度上亦顯著高於其他三類機關之受訪者。另在責難規避一項上，受訪警察機關人員之行爲傾向則較其他三類機關人員明顯高出許多。

此外，在結構模型分析結果中，本研究發現，受訪地方環保機關人員之自我效能感，對其管家精神並不具有顯著影響關係，換言之，可能在受訪環保機關人員的心理認知中，並非透過此一機制來調節其任事態度，可能認爲機關所交付任務之難度無關緊要，凡事必將使命必達、全力完成。本研究另也發現，除工務／建設機關人員外，其他三類受訪機關人員所抱持之管家精神，乃受其內在的公共服務動機所驅使和引導。且前已述及，對受訪地方環保及衛生機關人員而言，若機關中過度強調成果導向的績效文化，將會扼殺渠等之管家精神及所期待之正面績效行爲，組織管理者不

可不慎。另一有趣發現，即儘管無論是受訪之地方政府機關首長，或是參與座談之公務同仁一致認為，地方政府中的績效管理制度已普遍流於形式，僅具象徵性意義，惟從問卷資料分析中發現，各類型機關中造成績效管理制度日趨形式化之主因或有不同；在環保和衛生機關可能主要受其兼具服務和管制性業務之組織目標模糊性影響，在講求穩定推進工程進度的工務／建設機關，則較為關切外部政治環境之侵害，而過多的官樣文章、繁文縟節，則可能是造成警察機關績效制度形式化的主因。

最後，由主管與非主管人員相比較發現，位居管理職之受訪地方政府主管人員，於社會影響性認知、公共服務動機、自我效能感，及管家精神等四項個人認知變項上，明顯皆較非主管人員具有更高的認知和動機；同時，受訪主管人員於績效要求外行為之展現，及機關績效資訊之積極運用程度，明顯皆更甚於非主管人員，但是在責難規避傾向一事上，不具管理權力之非主管人員則顯著高於受訪之主管人員。在結構模型結果中，本研究也發現，受訪地方政府主管人員可能較有機會面對或處理外部政治環境之相關事務，因此較能接受與平和看待政治環境的影響，相對於此，外部政治環境壓力對受訪非主管人員之心理認知層面，具有較高的負面衝擊。另一有趣發現是，或許是主管人員本身即為機關內相關績效管理制度之推動者或執行者，因此較為在意績效管理制度在機關中的落實程度，且也反映在渠等心理認知和績效行為相關層面之變項上；但相對地，受訪之地方政府非主管人員較為重視心理認知層次之管家精神，也因此管家精神對其績效行為之影響力更甚於主管人員。進而，若機關過度強調成果導向之績效文化，在其在意管家精神的前提下，可能造成非主管人員在自我效能感和績效要求外行為表現之退縮，轉而僅以代理人角色自居。

七、透過授能與自主，重振官僚體系主動管家精神

最後，本研究發現，在公務機關目前的制度環境下，組織成員們的服務熱忱和任事態度，甚至績效行為，確實受到影響、甚或是傷害，亦也帶來許多負面績效行為與傾向。很顯然的，這並非學術界與實務工作者們所

樂見的現象。但，重點是，我們應該從何著手，針對此一現象進行改變？

　　無論是從大規模的問卷調查所得資料，或是與地方機關首長們的訪談，亦或是與地方公務同仁們的座談對話交流中，皆可發現一項事實——渠等並未完全否定績效管理與評核制度的基本理念或價值，也期待能有一套得以充分有效落實的考核制度，讓努力付出的同仁們能被長官、民眾看見，獲得應有的激勵。但同時，更大的呼籲和渴望乃在於，渠等期盼這樣的績效管理制度，是能夠賦予他們更多的授權和自主空間，藉由授能自主激發公務同仁們的自我效能感及提振其管家精神，進而願意付出和展現更多積極性績效行為。換句話說，這些地方政府組織成員所期盼渴望的，是能夠從工作中找回自我價值與成就感，找回最初願意投身公門的那份初衷。

　　是以，在研究過程中獲得不少受訪機關首長所認同的「適性評核」理念，或許可以帶給我們一些啟發。申言之，我們需要一種新績效文化，而這種新績效文化未必是僵化地強調程序性的監控，或是武斷式的結果導向評比，更不是一套形式、一體適用的制式模式；相對地，這樣的新績效文化，必須能夠尊重不同機關部門的業務屬性與特質，進而在此基礎上，鼓勵和協助各機關發展出適合其自身的績效評核方式，建立各機關的自信心。從而在各機關中，賦予各部門或單位與同仁，更多的授權與自主空間，俾使其願意提出具有創意、具有施政實質意義、能夠彰顯機關同仁努力成果的評核架構和指標，令其從這過程中，重新認識機關的宗旨和價值，找回服公職的自我價值和成就感，如此才更能激發公部門組織成員對於其所設定績效目標的認同感，而全力以赴（Wright, 2007）。

　　最終，在此新績效文化的驅導下，從本研究之分析結果來看，應能有效提振公務同仁們的自我效能感和管家精神，進而激發渠等的自主性和主動性，樂於付出更多要求外或是角色外的積極行為，也願意在各自的崗位上，重視其所能掌握的績效資訊，並使其成為對機關有意義的決策和管理資訊。進而，對多屬第一線基層服務的地方機關而言，才能重新建立起渠等對日常為民服務的成就感和主動性；而此，才是公部門管家精神之最佳實踐。

第二節　理論與實務意涵

　　基於以上的主要研究發現，本節將進一步討論和說明本研究於理論研究層面及管理實務上，所分別具有之相關意涵。

一、理論意涵

　　奠基於前述之研究發現，本書期望在相關研究議題上能有以下之理論貢獻：首先，Bowman及West（2011）曾指出，公共行政的專業，其內涵之一便是管家精神（stewardship），亦即以公部門人員之專業，忠誠地扮演好其受託者的角色，為人民福祉服務。但弔詭的是，當前各國所推動的績效管理與評核制度，卻是以代理人理論為基礎，將官僚視為代理人，並將之列為最主要的改革對象（Moynihan, Pandey & Wright, 2012）。基此，本研究試圖翻轉過去的研究角度，嘗試改由管家理論之觀點，重新理解公部門組織成員的心理認知及績效行為，而確也發現，我國地方公部門組織成員的確具有高度的管家精神、公共服務動機及社會影響性之認知，確實是抱持著為民服務的熱忱而投身公部門來服務（Grant, 2008a; Rainey & Steinbauer, 1999），並且對此具有情感上的承諾（Meier & Hill, 2005）。

　　不僅如此，本研究也發現了，這群地方公部門組織成員心中所期盼的，無非就是獲得機關制度或首長對渠等之信任（Hernandez, 2012），而渴望能在業務執行和工作當中，能夠保有自主揮灑的空間，進而找到自我價值或自我實現，以及成就感（Bouillon et al., 2006; Davis, Schoorman & Donaldson, 1997），令其得以展現為民眾、為機關服務的熱情與初衷（Hernandez, 2012）。此正如同學者所言，具備管家精神者，必然講求其自主性、授能範圍，以及與組織相契合的感受程度（Schepers et al, 2012），而且更需令其深刻感受到渠等工作的價值和意義，使其願意奉獻角色外的努力給予組織和民眾（Moynihan, Pandey & Wright, 2012）。

　　此外，本研究也指出，在目前各地方政府中基於代理人觀點所設計，且儼然已淪為僵化、形式主義、官樣文章的績效管理與評核制度，完全澆

熄了公務同仁們前述的熱情和理念（Davis, Schoorman & Donaldson, 1997; Hernandez, 2012; Marvel & Marvel, 2009）。種種的現象表述和深層原因之探討，皆能符合管家理論中對於具有管家精神者之觀點與描述，以及該主張者對於代理人觀點下制度設計的批評。申言之，本研究認為，由管家理論或是從管家精神之角度來理解公部門組織成員之態度與行為，應具有其合適性與合理性（Bundt, 2000）；同時也應該能有更多的實證研究由此視角出發。

其次，本研究嘗試結合社會認知理論之觀點與架構（Bandura, 1986），從公部門所面臨之外部政治環境及其特質、內部管理和制度環境，以及組織成員之心理認知和行為表徵或傾向，試圖建構一套中程理論（middle-range theory）之概念架構，此一做法不僅呼應了學者們近年來的呼籲，應從官僚體系所面對的系絡環境和制度因素，來理解公部門組織成員的組織行為（Dubnick & Yang, 2011），更重要的是，本研究的實證結果，亦也證實了此一中程理論途徑，確實能夠擴大吾人對於公共行政研究的視野和瞭解。

復次，過往學者們曾嘗試由政府機關人員之社會影響性認知，來瞭解其對績效資訊運用行為的影響（Moynihan, Pandey & Wright, 2012）；不過，本研究更進一步以管家精神為中心，結合社會認知理論，將是類研究更向前推進，亦且更細緻地從量化與質化途徑探索更多影響因素和動態；同時，本研究也將公部門組織中可能出現的正面和負面績效行為反應與傾向，一併納入分析和討論，亦也擴大了討論的視野。尤其，本研究更也從此一嘗試中，驗證了管家理論與管家精神於績效管理，甚或是公共行政研究中的可行性及可能性。

最後，誠如Bowman和West（2011）二位學者所言，今日公共行政的挑戰乃在於，如何能使公共服務精神（public service ethos）、管家精神的範型，以及承擔受託的理念，得以在公共行政精神中獲得復興。是以，期望本研究之完成，能為學術界開啓另一扇觀察官僚體系之窗，同時也期盼能從此一研究視角，瞭解更多斲傷公部門組織成員管家精神之因，從而減少此些病因對文官之傷害，俾以重振我國公務同仁們之管家精神。

二、實務意涵

　　本研究之結果指出，目前我國各地方政府之績效管理與評核制度幾已普遍流於形式，而此根因在於各地方機關仍多仰賴甚爲僵化之績效管考形式與架構，要求各業務局處予以配合，且這樣的管考模式，已衍生出過多的文書作業負擔和繁文縟節，致使基層人員多以應付心態處理之（Long & Franklin, 2004）。儘管目前國發會已承諾未來政府部門的績效管考方式，將朝向簡化整併、自主管理的模式來進行改善，惟具體推行方式尚未明確。

　　是以，基於本研究之發現與結果，建議未來政府部門之績效管理制度，可考慮參採適性評核之理念，先仔細探究不同機關之業務屬性和特質，再進而研究不同機關特質下適合之評核模式，打破過往一套形式全體適用的便宜行事做法。此外，再搭配自主管理方式，授予各機關自主空間，鼓勵提出具有特色性、能彰顯或呈現機關實質績效成果之績效目標或指標內容，俾以降低過往績效評核方式的不友善性，同時激發機關同仁們的投入熱忱。且在此原則下，研考機關則需扮演輔助者之角色，協助各機關找出並發展前述具合適性之評價指標，同時幫助各機關進行指標資料與資訊的蒐集和彙整，且須對績效落後之機關，適時扮演提醒和「點燈者」的角色。

　　再者，本研究亦也發現，對某些類型之業務機關、或是公務同仁而言，過於強調結果導向的績效文化，可能損及組織成員的自我效能感、管家精神，甚至是積極性績效行爲。而前文也已分析討論，結果導向的績效評核概念可能在部分機關或業務領域中，已產生扭曲應用的情況，發生線性、機械式、武斷式的施政結果目標值的分配，而無法與機關實際施政動態相契合，因而造成機關成員們的排斥，甚是消極以對的態度與行爲。基此，建議各行政機關，無論中央或地方政府，在績效成果或目標值的界定和設定上，應能與執行機關密切討論與合作，深入思索該項績效目標之實質意義，以及在實際執行上，是否可能產生類似週期性的影響效果？進而以貼近政策場域眞實系絡的認識，來設定績效成果，以減少目標錯置的負面現象。

第三節　研究限制與後續研究建議

　　儘管本研究已在既有的研究設計下，盡力進行資料蒐集與分析工作，但仍有力有未逮之處，因此，本節便針對此些研究限制加以說明，並對未來之後續研究者提供參考建議。

一、研究限制

　　本書前已述及，由於本研究乃有別於以往之實證研究，嘗試將管家理論、社會認知理論、績效管理相關學理概念加以結合，並進行地方公務機關之資料蒐集和分析，故在定位上實屬一探索性研究。又，爲兼及量化與質化方法之可行性，本研究乃參考國外學者對於政府機關之分類，以立意取樣的方式針對我國地方政府之業務機關，擇定環保、工務／建設、衛生、警察等四類局處，做爲主要研究對象，且在未能取得各機關職員名錄之情況下，乃就各直轄市與縣（市）前述四類機關之局／處本部，進行普查。儘管如此，在前述的取樣方式下，接收到本研究調查問卷之公務同仁結構，可能仍與前述四類機關之全體同仁結構有所出入，並且在官方公務統計並無完全符合本研究取樣群體的公務人員母體資料之情況下，無法適切地進行樣本代表性檢定，勉爲檢定之結果亦無法符合期待。因此，本研究所得分析結果和研究發現，僅限於代表參與問卷調查之受訪公務同仁，且在相關理解和詮釋上，亦宜保守，不宜過度推論至此四類機關之全體同仁，或全體地方政府成員。此爲本研究的限制之一。

　　其次，因本研究於問卷調查之資料蒐集上，乃採自陳式問卷，易受同源偏誤之威脅。雖然本研究以哈門式單因子測試法進行事後檢驗，且本研究所採用之資料，亦也通過前述測試之檢驗，惟該法仍僅爲事後之檢測，非最佳避免方法。故對本研究中的因果關係結果與分析，仍可以稍微保留的態度看待之。此爲研究限制之二。

　　最後，儘管本研究已兼採問卷調查、深度訪談及焦點團體座談等方法，進行研究資料之蒐集，希冀能得以兼顧研究資料與分析之廣度、深度

與系絡性；惟在實際執行上仍皆屬單一時間點之橫斷式調查，對於地方公務同仁們的認知態度和績效行為，未能有長時間的資料蒐集和掌握，以致在相關變項間的因果關係判定上，或有產生解讀失真之可能，讀者亦需有所瞭解。此為研究限制之三。

二、後續研究建議

基於前述之研究限制，本書建議後續之研究者，可先嘗試與各縣市政府之人事單位取得各機關之職員名錄，以建立母體清冊和抽樣架構，並進行隨機抽樣。在確立樣本後，將調查問卷以分階段方式進行資料蒐集，避免受試者於單一時間填完全部題項，或是考慮加入客觀公務統計變項一併分析，以降低同源偏誤和共同方法變異之威脅。此外，亦可針對同群受試樣本，進行長時間追蹤調查，以蒐集貫時性資料。

除前述資料蒐集方法之建議外，由於本研究僅針對地方政府四類業務機關進行調查，後續研究者亦可參考本書所參採之政府機關類型架構，採取在同一類型架構中，多個業務機關之調查，以瞭解業務類型相近之機關同仁，於管家精神和相關變項態度上，是否具有相似之看法；抑或是同樣採取多類型架構、但選取有別於本研究之業務機關，進行調查，藉以再次檢證不同類型機關之同仁間，於相關看法和態度之差異性。此外，亦可參考前述架構，針對我國中央部會機關同仁進行問卷調查，以瞭解中央機關與地方政府公務同仁之看法是否存有差異。

最後，建議後續研究者亦可針對本研究中所納入探討之變項，考慮採取準實驗設計之方式，招募不同屬性之公務同仁，並在適當之實驗設計下，再次檢證本研究所得結果發現，並確認各重要變項間之因果關係。

附 錄

附錄一 各構面題項測量形式

測量構面	題項	測量形式
績效要求外行為	1.為了機關的整體績效,我願意承擔超出主管所明訂的工作內容	1＝從未發生 2＝極少發生 3＝很少發生 4＝偶爾如此 5＝經常如此 6＝總是如此
	2.即使已經超過長官們的一般期待,我仍會付出額外的心力將工作做好	
	3.即使無法納入績效考核中,我也會額外加班把工作做好	
	4.即使無法納入績效考核中,我也會付出額外的心力,只為將工作做好	
積極性績效資訊運用	5.我會運用機關的績效資訊來做推動業務的決策	1＝非常不同意 2＝不同意 3＝有點不同意 4＝有點同意 5＝同意 6＝非常同意
	6.我會運用機關的績效資訊來構思以新的方法執行既有的業務	
	7.我會運用機關的績效資訊來設定業務推動上的優先順序	
	8.我會運用機關的績效資訊來找出業務推動上需要被注意的問題	
責難規避	9.有人說:「在績效報告中盡可能將做得不好的地方隱藏起來,是行政機關處理方式的常態」。	1＝非常不同意 2＝不同意 3＝有點不同意 4＝有點同意 5＝同意 6＝非常同意
	10.有人說:「如果可能,在績效報告中找個有關的對象,將做得不好的責任推給他就好,是行政機關處理方式的常態」。	
	11.有人說:「在績效報告中盡可能避免點出受到施政影響而損害權益的對象,是行政機關處理方式的常態」。	
績效管理形式化	12.有人說:「績效評核與管理制度在公部門的推動已流於形式」。	1＝非常不同意 2＝不同意 3＝有點不同意 4＝有點同意 5＝同意 6＝非常同意

（接續前頁）

測量構面	題項	測量形式
	13.您認為「機關中，為推動績效評核與管理制度所衍生無謂的報表書面資料的工作量」是	1＝非常少 2＝很少 3＝有點少 4＝有點多 5＝很多 6＝非常多
管家精神	14.如果有必要的話，我願意將我工作內容的點點滴滴，鉅細靡遺地向我的主管報告	1＝非常不同意 2＝不同意 3＝有點不同意 4＝有點同意 5＝同意 6＝非常同意
	15.我會將機關的任務目標當作是自己的工作目標	
	16.若能達成本機關的集體利益，我願意犧牲我個人的權益	
	17.我非常樂於完成本機關交付給我的任務	
	18.我的工作滿足感來自於協助本機關順利推動業務	
自我效能感	19.對於目前職務中所交付給我的任何任務，我都有充分的信心能夠成功地完成	1＝非常不同意 2＝不同意 3＝有點不同意 4＝有點同意 5＝同意 6＝非常同意
	20.我認為我能夠完成我本分內的工作	
	21.我對於從事我這項工作的能力具有信心	
	22.我十分確信我具備從事目前工作內容的能力	
	23.我具備從事目前工作內容的專業技能	
社會影響性認知	24.我相信我的工作能為他人帶來正面的影響與改變	1＝非常不同意 2＝不同意 3＝有點不同意 4＝有點同意 5＝同意 6＝非常同意
	25.我很清楚認知到我的工作是有助於他人的	
	26.我能清楚感受到我的工作為他人所帶來的正面影響	
	27.我的工作經常能夠帶給他人正面影響	
公共服務動機	28.從事有意義的公共服務對我而言是相當重要的	1＝非常不同意 2＝不同意 3＝有點不同意 4＝有點同意 5＝同意 6＝非常同意
	29.我能深刻地意識到人們在社會中是相互依賴的	
	30.對我而言，為社會做出貢獻比獲得個人成就更有意義	
	31.為了社會公益，我願意犧牲自我的權益	
	32.即使會受人指指點點，我仍願意為了維護他人的權益挺身而出	
內部官僚控制	33.除非主管許可，不然我們無法決定任何行動	1＝非常不同意 2＝不同意 3＝有點不同意 4＝有點同意 5＝同意 6＝非常同意
	34.一般而言，機關同仁僅被授與極小的裁量空間	
	35.在機關中，即使是小小一件事，最後都還是要由主管來做決定	

（接續前頁）

測量構面	題項	測量形式
授能與自主	36.我有充分的自主空間可以決定要如何進行我的工作 37.我可以依照自己的想法從事我的工作 38.我有充分的機會，獨立且自由地進行我的工作 39.在機關中，我對自己的業務能有相當大的意見影響力 40.在機關中，我對自己的業務能有相當大的決定權 41.在機關中，我對自己的業務能有相當大的主導權	1＝非常不同意 2＝不同意 3＝有點不同意 4＝有點同意 5＝同意 6＝非常同意
成果導向績效文化	42.本機關對於績效表現不佳的員工，有既定的處理辦法與措施 43.本機關會對於績效表現優異的員工給予適當的獎酬 44.「論功行賞」是本機關一項非常明顯的文化 45.本機關十分強調，每位同仁須為自己的績效表現負起責任	1＝非常不同意 2＝不同意 3＝有點不同意 4＝有點同意 5＝同意 6＝非常同意
績效制度之運作	46.本機關所提出的績效評核成果是可被信任的 47.本機關的績效評核制度可幫助主管們做出更好的決策 48.本機關的績效評核制度可幫助我們與民選首長達成更好的溝通 49.本機關的績效評核制度對於預算規劃與決策很有幫助 50.本機關的績效評核指標能夠充分反映機關管理的品質 51.本機關的績效評核指標是可信賴的 52.本機關在績效管理層面上的努力和投入是值得的 53.本機關的績效評核制度對於機關的生產力提升是有幫助的 54.本機關的績效評核制度能對員工產生激勵效果 55.本機關的績效評核制度能刺激組織內部的學習 56.本機關次年度的施政計畫內容會依據本年度的績效評核成果來做調整	1＝非常不同意 2＝不同意 3＝有點不同意 4＝有點同意 5＝同意 6＝非常同意
外部政治環境	您認為您對下列事項的擔心程度為何？ 57.來自中央政府對本機關業務的壓力 58.來自議員對本機關業務的壓力 59.來自企業對本機關業務的壓力 60.來自所服務的民眾對本機關業務的壓力 61.來自民意對本機關業務的壓力 62.來自媒體對本機關業務的壓力	1＝非常不擔心 2＝不擔心 3＝有點不擔心 4＝有點擔心 5＝擔心 6＝非常擔心

（接續前頁）

測量構面	題項	測量形式
目標模糊性	63.本機關的使命對每位組織成員而言都是十分清楚的（R）	1＝非常不同意 2＝不同意 3＝有點不同意 4＝有點同意 5＝同意 6＝非常同意
	64.很容易對外面的人們說明本機關的目標（R）	
	65.本機關有界定十分清楚的組織目標（R）	
目標衝突性	66.在執行機關業務時，滿足部分民眾的同時，免不了也會讓部分民眾感到不滿意	1＝非常不同意 2＝不同意 3＝有點不同意 4＝有點同意 5＝同意 6＝非常同意
	67.本機關被賦予了目標相互衝突的施政項目	
	68.本機關有著不一致的業務目標	
	69.機關內部分單位的業務目標與其他部分單位相左	
官樣文章	70.若是將「官樣文章」定義為「會對組織績效產生負面影響的那些惱人的行政規則與程序」，請您判斷一下您所服務的機關的「官樣文章」程度如何？	0~10 0＝完全沒有官樣文章現象 10＝官樣文章的現象十分地嚴重

附錄二　正式人員焦點團體座談討論提綱

焦點團體座談討論提綱

（業務單位主管）

1. 可否請您先簡要地說明，當初您爲何決定投身公部門成爲一位公務人員？您的理由和想法是什麼？您當初對於自己的期待是什麼？

2. 您對目前您所服務機關的績效管理與評核制度的認知與評價爲何？（例如是屬於管理控制取向？或是成果及授能取向？）您爲何會給予該項制度這樣的評價呢？您的機關同仁呢？您覺得他們又是如何的看法？

3. 在您所服務的公務機關中，您如何看待您的工作以及您在機關中所扮演的角色？您認爲當初您進入公部門時，那些的理想與熱情以及對自我的期待是否依然存在？您是否認同您的工作其背後的價值？爲什麼？若您現在與當初的想法不同，您認爲是什麼原因造成您心境或想法觀念、甚至行爲上的轉變？與前述的績效管理與評核制度有關嗎？爲什麼？

附錄三 約聘僱人員焦點團體座談討論提綱

焦點團體座談討論提綱

（約聘僱人員及計畫型臨時人員）

1. 可否請您先簡要地說明，當初您爲何決定進入公部門服務？您的理由和想法是什麼？您當初對於自己的期待是什麼？

2. 您對目前您所服務機關的績效管理與評核制度的認知與評價爲何？（例如是屬於管理控制取向？或是成果及授能取向？）您爲何會給予該項制度這樣的評價呢？您的機關同仁呢？您覺得他們又是如何的看法？

3. 在您所服務的公務機關中，您如何看待您的工作以及您在機關中所扮演的角色？您認爲當初您進入公部門時，那些的理想與熱情以及對自我的期待是否依然存在？您是否認同您的工作其背後的價值？爲什麼？若您現在與當初的想法不同，您認爲是什麼原因造成您心境或想法觀念、甚至行爲上的轉變？與前述的績效管理與評核制度有關嗎？爲什麼？

附錄四　研考首長深度訪談提綱

訪談提綱

（研考首長）

1. 首先想請教您，貴市府／縣府現行對於各局處施政計畫的績效管理和
   評核制度的內容和做法爲何？這樣的制度內容與運作方式，是否有其
   特別的設計理念或內涵呢？目前在運作上是否順暢？或是否有窒礙難
   行之處？

2. 您對前述這套績效管理與評核制度的認知與評價爲何？（例如是屬於
   管理控制取向？或是成果及授能取向？）您爲何會給予該項制度這樣
   的評價呢？市府／縣府的所屬同仁呢？您覺得他們又是如何的看法？

3. 就您作爲一位研考機關首長的角度和立場，您認爲績效管理及評核制
   度與市府／縣府的所屬同仁之間，應該存在或是建立什麼樣的互動關
   係？以及應該發揮什麼樣的作用或效果？而就您的觀察與瞭解，目前
   這套績效管理及評核制度是否能夠達成這樣的作用或效果？爲什麼？

附錄五 業務機關首長深度訪談提綱

訪談提綱

（業務局處首長）

1. 首先想請教您，貴市府／縣府現行對於各局處施政計畫的績效管理和評核制度的內容和做法為何？這樣的制度內容與運作方式，是否有其特別的設計理念或內涵呢？目前在運作上是否順暢？或是否有窒礙難行之處？又，在貴局／處中，是否有機關自己的一套績效管理和評核制度？而其內容與設計理念又是如何呢？

2. 您對前述這套績效管理與評核制度的認知與評價為何？（例如是屬於管理控制取向？或是成果及授能取向？）您為何會給予該項制度這樣的評價呢？機關內的所屬同仁呢？您覺得他們又是如何的看法？

3. 就您作為一位業務機關首長的角度和立場，您認為績效管理及評核制度與機關同仁之間，應該存在或是建立什麼樣的互動關係？以及應該發揮什麼樣的作用或效果？而就您的觀察與瞭解，目前這套績效管理及評核制度是否能夠達成這樣的作用或效果？為什麼？

附錄六 各構面題項描述性統計資訊（含最終刪去之6題）

測量 構面	題項	個數	最小值	最大值	平均數 （M）	標準差 （SD）
績效要求外行為	1.為了機關的整體績效，我願意承擔超出主管所明訂的工作內容	6070	1	6	3.78	1.12
	2.即使已經超過長官們的一般期待，我仍會付出額外的心力將工作做好	6071	1	6	4.12	1.03
	3.即使無法納入績效考核中，我也會額外加班把工作做好	6069	1	6	4.24	1.05
	4.即使無法納入績效考核中，我也會付出額外的心力，只為將工作做好	6067	1	6	4.31	1.04
積極性績效資訊運用	5.我會運用機關的績效資訊來做推動業務的決策	6078	1	6	4.17	0.99
	6.我會運用機關的績效資訊來構思以新的方法執行既有的業務	6077	1	6	4.20	0.96
	7.我會運用機關的績效資訊來設定業務推動上的優先順序	6072	1	6	4.21	0.97
	8.我會運用機關的績效資訊來找出業務推動上需要被注意的問題	6076	1	6	4.25	0.95
責難規避	9.有人說：「在績效報告中盡可能將做得不好的地方隱藏起來，是行政機關處理方式的常態」。	6077	1	6	3.64	1.23
	10.有人說：「如果可能，在績效報告中找個有關的對象，將做得不好的責任推給他就好，是行政機關處理方式的常態」。	6073	1	6	3.22	1.29
	11.有人說：「在績效報告中盡可能避免點出受到施政影響而損害權益的對象，是行政機關處理方式的常態」。	6067	1	6	3.50	1.25
績效管理形式化	12.有人說：「績效評核與管理制度在公部門的推動已流於形式」。	6055	1	6	3.99	1.12
	13.您認為「機關中，為推動績效評核與管理制度所衍生無謂的報表書面資料的工作量」是	6057	1	6	4.55	1.02

（接續前頁）

測量構面	題項	個數	最小值	最大值	平均數（M）	標準差（SD）
管家精神	14.如果有必要的話，我願意將我工作內容的點點滴滴，鉅細靡遺地向我的主管報告	6072	1	6	4.22	1.18
	15.我會將機關的任務目標當作是自己的工作目標	6068	1	6	4.32	1.03
	16.若能達成本機關的集體利益，我願意犧牲我個人的權益	6068	1	6	3.88	1.16
	17.我非常樂於完成本機關交付給我的任務	6037	1	6	4.46	0.97
	18.我的工作滿足感來自於協助本機關順利推動業務	6035	1	6	4.41	1.04
自我效能感	19.對於目前職務中所交付給我的任何任務，我都有充分的信心能夠成功地完成	6075	1	6	4.38	0.94
	20.我認為我能夠完成我本分內的工作	6066	1	6	4.58	0.87
	21.我對於從事我這項工作的能力具有信心	6075	1	6	4.41	0.99
	22.我十分確信我具備從事目前工作內容的能力	6072	1	6	4.47	0.98
	23.我具備從事目前工作內容的專業技能	6067	1	6	4.43	0.96
社會影響性認知	24.我相信我的工作能為他人帶來正面的影響與改變	6071	1	6	4.38	0.99
	25.我很清楚認知到我的工作是有助於他人的	6072	1	6	4.49	0.95
	26.我能清楚感受到我的工作為他人所帶來的正面影響	6068	1	6	4.40	0.98
	27.我的工作經常能夠帶給他人正面影響	6070	1	6	4.31	1.01
公共服務動機	28.從事有意義的公共服務對我而言是相當重要的	6076	1	6	4.43	0.95
	29.我能深刻地意識到人們在社會中是相互依賴的	6078	1	6	4.59	0.92
	30.對我而言，為社會做出貢獻比獲得個人成就更有意義	6065	1	6	4.44	0.96
	31.為了社會公益，我願意犧牲自我的權益	6070	1	6	4.13	1.03
	32.即使會受人指指點點，我仍願意為了維護他人的權益挺身而出	6071	1	6	4.15	1.00

（接續前頁）

測量構面	題項	個數	最小值	最大值	平均數（M）	標準差（SD）
內部官僚控制	33.除非主管許可，不然我們無法決定任何行動	6080	1	6	4.02	1.15
	34.一般而言，機關同仁僅被授與極小的裁量空間	6074	1	6	4.03	1.09
	35.在機關中，即使是小小一件事，最後都還是要由主管來做決定	6074	1	6	3.90	1.22
授能與自主	36.我有充分的自主空間可以決定要如何進行我的工作	6066	1	6	4.12	1.06
	37.我可以依照自己的想法從事我的工作	6067	1	6	3.91	1.10
	38.我有充分的機會，獨立且自由地進行我的工作	6067	1	6	3.96	1.10
	39.在機關中，我對自己的業務能有相當大的意見影響力	6069	1	6	3.62	1.18
	40.在機關中，我對自己的業務能有相當大的決定權	6061	1	6	3.36	1.21
	41.在機關中，我對自己的業務能有相當大的主導權	6058	1	6	3.36	1.23
成果導向績效文化	42.本機關對於績效表現不佳的員工，有既定的處理辦法與措施	6070	1	6	3.68	1.23
	43.本機關會對於績效表現優異的員工給予適當的獎酬	6068	1	6	3.83	1.22
	44.「論功行賞」是本機關一項非常明顯的文化	6069	1	6	3.63	1.24
	45.本機關十分強調，每位同仁須為自己的績效表現負起責任	6071	1	6	3.96	1.15
績效制度之運作	46.本機關所提出的績效評核成果是可被信任的	6074	1	6	3.85	1.07
	47.本機關的績效評核制度可幫助主管們做出更好的決策	6074	1	6	3.85	1.07
	48.本機關的績效評核制度可幫助我們與民選首長達成更好的溝通	6069	1	6	3.83	1.08
	49.本機關的績效評核制度對於預算規劃與決策很有幫助	6070	1	6	3.83	1.08
	50.本機關的績效評核指標能夠充分反映機關管理的品質	6069	1	6	3.83	1.09

（接續前頁）

測量構面	題項	個數	最小值	最大值	平均數（M）	標準差（SD）
績效制度之運作	51.本機關的績效評核指標是可信賴的	6066	1	6	3.87	1.08
	52.本機關在績效管理層面上的努力和投入是值得的	6062	1	6	3.92	1.07
	53.本機關的績效評核制度對於機關的生產力提升是有幫助的	6070	1	6	3.88	1.07
	54.本機關的績效評核制度能對員工產生激勵效果	6068	1	6	3.75	1.14
	55.本機關的績效評核制度能刺激組織內部的學習	6068	1	6	3.76	1.14
	56.本機關次年度的施政計畫內容會依據本年度的績效評核成果來做調整	5949	1	6	3.90	1.07
外部政治環境	您認為您對下列事項的擔心程度為何？57.來自中央政府對本機關業務的壓力	6065	1	6	3.93	1.28
	58.來自議員對本機關業務的壓力	6066	1	6	4.43	1.28
	59.來自企業對本機關業務的壓力	6062	1	6	3.44	1.30
	60.來自所服務的民眾對本機關業務的壓力	6066	1	6	4.10	1.22
	61.來自民意對本機關業務的壓力	6070	1	6	4.26	1.23
	62.來自媒體對本機關業務的壓力	6068	1	6	4.39	1.28
目標模糊性	63.本機關的使命對每位組織成員而言都是十分清楚的（R，已重新編碼）	6060	1	6	3.01	1.14
	64.很容易對外面的人們說明本機關的目標（R，已重新編碼）	6068	1	6	2.92	1.08
	65.本機關有界定十分清楚的組織目標（R，已重新編碼）	6050	1	6	2.84	1.07
目標衝突性	66.在執行機關業務時，滿足部分民眾的同時，免不了也會讓部分民眾感到不滿意	6030	1	6	4.62	1.00
	67.本機關被賦予了目標相互衝突的施政項目	6014	1	6	3.82	1.15
	68.本機關有著不一致的業務目標	6023	1	6	3.52	1.19
	69.機關內部分單位的業務目標與其他部分單位相左	6054	1	6	3.50	1.15

（接續前頁）

測量 構面	題項	個數	最小值	最大值	平均數 （M）	標準差 （SD）
官樣文章	70.若是將「官樣文章」定義爲「會對組織績效產生負面影響的那些惱人的行政規則與程序」，請您判斷一下您所服務的機關的「官樣文章」程度如何？	4256	0	10	6.07	2.26

註：「R」表示爲反向題。

參考文獻

一、中文部分

行政院研究發展考核委員會（2004），《地方政府施政績效管理作業手冊》，臺北：行政院研究發展考核委員會。

吳毓瑩（1996），〈量表奇偶點數的效度議題〉，《調查研究》，2期，頁5-34。

李武育、易文生（2007），〈政府機關施政績效評估之現況與展望〉，《研考雙月刊》，31卷2期，頁3-12。

邱皓政（2007），《量化研究與統計分析》，臺北：五南圖書。

施能傑（2008），〈政府業務終結的分析架構〉，《公共行政學報》，28期，頁85-113。

胡龍騰、曾冠球、王文君（2013），〈臺北市政府年度施政計畫績效評核推動之研究〉，臺北市政府研考會委託之專題研究成果報告（市政專題研究報告第391輯）。

張四明（2003），《績效衡量與政府預算之研究》，臺北：時英。

張四明（2008），〈政府實施績效管理的困境與突破〉，《T & D飛訊季刊》，7期，頁14-25。

張四明（2009），〈行政院施政績效評估制度之運作經驗與改革方向〉，《研考雙月刊》，33卷5期，頁45-58。

張四明（2010），〈政府施政績效評估制度之實證分析〉，《研考雙月刊》，34卷3期，頁12-23。

張四明、施能傑、胡龍騰（2013），〈我國政府績效管理制度檢討與創新之研究〉，行政研考會委託之專題研究成果報告（RDEC-RES-101-003）。

張偉豪、鄭時宜（2012），《與結構方程式模型共舞：曙光初現》，新北市：前程文化。

陳海雄（2008），〈政府績效管理資訊整合問題之探討〉，《研考雙月刊》，32卷2期，頁90-100。

陳敦源（2002），〈績效制度設計的資訊問題：訊號、機制設計與代理成本〉，《行政暨政策學報》，35期，頁45-69。

陳敦源、林靜美（2005），〈有限理性下的不完全契約：公部門績效管理制度的反

　　思〉，《考銓季刊》，43期，頁96-121。

彭台光、高月慈、林鉦棽（2006），〈管理研究中的共同方法變異：問題本質、影
　　響、測試和補救〉，《管理學報》，23卷1期，頁77-98。

黃朝盟（2003），〈績效管理的困境與轉機〉，《海巡》，3期，頁24-29。

黃榮源（2012），〈地方政府施政績效評估機制之研究〉，行政院研究發展考核委
　　員會委託研究報告（RDEC-RES-100-009）。

蘇偉業（2009），〈公共部門事前定向績效管理：反思與回應〉，《公共行政學
　　報》，30期，頁105-130。

二、英文部分

Allison, G. T. (1980). Public and private management: Are they fundamentally alike in all unimportant respects? *Proceedings of the Public Management Research Conference*, November 19-20, 1979. Washington, D.C.: Office of Personnel Management, OPM Document 127-53-1, pp. 27-38.

Andersen, L. B. (2009). What determines the behaviour and performance of health professionals? Public service motivation, professional norms and/or economic incentives. *International Review of Administrative Sciences, 75*(1): 79-97.

Anderson, E. S., Winett, R. A., & Wojcik, J. R. (2007). Self-regulation, self-efficacy, outcome expectations, and social support: Social cognitive theory and nutrition behavior. *Annals of Behavioral Medicine, 34*(3): 304-312.

Aristigueta, M. P., & Zarook, F. N. (2011). Managing for results in six states: A decade of progress demonstrates that leadership matters. *Public Performance & Management Review, 35*(1): 177-201.

Bandura, A. (1978). Reflections on self-efficacy. *Advances in Behavior Research and Therapy, 7:* 237-269.

Bandura, A. (1986). *Social foundations of thought and action: A social cognitive theory*. Englewood Cliffs, NJ: Prentice-Hall.

Bandura, A. (1988). Organizational applications of social cognitive theory. *Australian Journal of Management, 13*(2): 275-302.

Bandura, A., & Wood, R. (1989). Effect of perceived controllability and performance standards on self-regulation of complex decision making. *Journal of Personality and Social Psychology, 56*(5): 805-814.

Barney, J. B. & Hesterly, W. S. (1996). Organizational economics: Understanding the relationship between organizations and economic analysis. In S. R. Clegg & C. Hardy

& W. R. Nord (Eds.), *Handbook of organization studies* (pp. 115-147). Thousand Oaks, CA: Sage Publications.

Bazerman, M. H., & Tenbrunsel, A. (1998). The role of social context on decisions: Integrating social cognition and behavioral decision research. *Basic and Applied Social Psychology*, 20(1): 87-91.

Belle, N. (2012). Experimental evidence on the relationship between public service motivation and job performance. *Public Administration Review, 73*(1): 143-153.

Belle, N. (2014). Leading to make a difference: A field experiment on the performance effects of transformational leadership, perceived social impact, and public service motivation. *Journal of Public Administration Research and Theory, 24*(1): 109-136.

Bevan, G., & Hood, C. (2006). What's measured is what matters: Targets and gaming in the English public health care system. *Public Administration, 84*(3): 517-538.

Blader, S. L., & Tyler, T. R. (2009). Testing and extending the group engagement model: Linkages between social identity, procedural justice, economic outcomes, and extrarole behavior. *Journal of Applied Psychology, 94*(2): 445-464.

Bouckaert, G, & Halligan, J. (2008). *Managing performance: International comparisons*. London: Routledge.

Bouillon, M. L., Ferrier, G. D., Stuebs Jr., M. T., & West, T. D. (2006). The economic benefit of goal congruence and implications for management control systems. *Journal of Accounting and Public Policy, 25*: 265-298.

Bowman, J. S., & West, J. P. (2011). The profession of public administration: Promise, problems, and prospects. In D. C. Menzel & H. L. White (ed.), *The state of public administration: Issues, challenges, and opportunities* (pp. 25-35). Armonk, NY: M.E. Sharpe.

Boyne, G. A., & Chen, A. A. (2007). Performance targets and public service improvement. *Journal of Public Administration Research and Theory, 17*(3): 455-477.

Boyne, G., Gould-Williams, J., Law, J., & Walker, R. (2002). Plans, performance information and accountability: The case of Best Value. *Public Administration, 80*(4): 691-710.

Bozeman, B. (1993). A theory of government "red tape." *Journal of Public Administration Research and Theory, 3*(3): 273-303.

Bozeman, B. (2000). *Bureaucracy and red tape*. Upper Saddle River, NJ: Prentice Hall.

Bozeman, B., & Feeney, M. K. (2011). *Rules and red tape*. Armonk, NY: M.E. Sharpe.

Bozeman, B., & Kingsley, G. (1998). Risk culture in public and private organizations. *Public Administration Review, 58*(2): 109-118.

Bozeman, B., & Ponomariov, B. (2009). Sector switching from a business to a government job: Fast-track career or fast track to nowhere? *Public Administration Review, 69*(1): 77-91.

Bozeman, B., & Su, X. (2015). Public service motivation concepts and theory: A critique. *Public Administration Review, 75*(5): 700-710.

Brewer, G. A., & Walker, R. M. (2010). The impact of red tape on governmental performance: An empirical analysis. *Journal of Public Administration Research and Theory*, 20(1): 233-257.

Brief, A. P., & Motowidlo, S. J. (1986). Prosocial organizational behaviors. *Academy of Management Review*, 11(4): 710-725.

Bright, L. (2007). Does person-organization fit mediate the relationship between public service motivation and the job performance of public employees? *Review of Public Personnel Administration, 27*(4): 361-379.

Brudney, J. L., & Hebert, F. T. (1987). State agencies and their Environments: Examining the influence of important external actors. J*ournal of Politics, 49*(1): 186-206.

Bundt, J. (2000). Strategic stewards: Managing accountability, building trust. *Journal of Public Administration Research and Theory, 10*(4): 757-777.

Camilleri, E., & van der Heijden, B. I.J.M. (2007). Organizational commitment, public service motivation, and performance within the public sector. *Public Performance & Management Review, 31*(2): 241-274.

Cavalluzzo, K. S., & Ittner, C. D. (2004). Implementing performance measurement innovations: Evidence from government. *Accounting Organizations and Society*, 29(3/4): 243-267.

Charbonneau, E., & Bellavance, F. (2012). Blame avoidance in public reporting: Evidence from a provincially mandated municipal performance measurement regime. *Public Performance & Management Review, 35*(3): 399-421.

Chun, Y. H., & Rainey, H. G. (2005a). Goal ambiguity and organizational performance in U.S. federal agencies. *Journal of Public Administration Research and Theory*, 15(1): 1-30.

Chun, Y. H., & Rainey, H. G. (2005b). Goal ambiguity and organizational performance in U.S. federal agencies. *Journal of Public Administration Research and Theory*, 15(4): 529-557.

Davis, J. H., Schoorman, F. D., & Donaldson, L. (1997). Toward a stewardship theory of management. *Academy of Management Review*, 22(1): 20-47.

de Lancer Julnes, P. (2004). The utilization of performance measurement information:

Adopting, implementing, and sustaining. In M. Holzer & S.-H. Lee (eds.), *Public productivity handbook* (2nd ed.) (pp. 353-375). New York: Marcel Dekker.

de Lancer Julnes, P., & Holzer, M. (2001). Promoting the utilization of performance measures in public organizations: An empirical study of factors affecting adoption and implementation. *Public Administration Review*, 61(6): 693-708.

Deckop, J. R., Mangel, R., & Cirka, C. C. (1999). Getting more than you pay for: Organizational citizenship behavior and pay-for-performance plans. *Academy of Management Journal, 42*(4): 420-428.

DeHart-Davis, L., & Pandey, S. K. (2005). Red tape and public employees: Does perceived rule dysfunction alienate managers? *Journal of Public Administration Research and Theory, 15*: 133-148.

Dubnick, M. J. (2005). Accountability and the promise of performance: In search of the mechanisms. *Public Performance & Management Review, 28*(3): 376-417.

Dubnick, M. J., & Yang, K. (2011). The pursuit of accountability: Promises, problems, and prospects. In D. C. Menzel & H. L. White (ed.), *The state of public administration: Issues, challenges, and opportunities* (pp. 171-186). Armonk, NY: M.E. Sharpe.

Eisenhardt, K. M. (1989). Agency theory: An assessment and review. *Academy of Management Review*, 14(1): 57-74.

Fernandez, S., & Moldogaziev, T. (2012). Using employee empowerment to encourage innovative behavior in the public sector. *Journal of Public Administration Research and Theory*, 23: 155-187.

Franklin, A. (2000). An examination of bureaucratic reaction to institutional controls. *Public Performance & Management Review*, 24(1): 8-21.

Gill, D. (2011). *The iron cage recreated: The performance management of state organizations in New Zealand*. Wellington, New Zealand: Institute of Policy Studies.

Gist, M. E., & Mitchell, T. B. (1992). Self-efficacy: A theoretical analysis of its determinants and malleability. *Academy of Management Review, 17*(2): 183-211.

Grant, A. M. (2008a). Employees without a cause: The motivational effects of prosocial impact in public service. *International Public Management Journal, 11*(1): 48-66.

Grant, A. M. (2008b). Does intrinsic motivation fuel the prosocial fire? Motivational synergy in predicting persistence, performance, and productivity. *Journal of Applied Psychology, 93*(1): 48-58.

Grant, A. M., & Campbell, E. M. (2007). Doing good, doing harm, being well and burning out: The interactions of perceived prosocial and antisocial impact in service work. *Journal of Occupational and Organizational Psychology, 80*: 665-691.

Grant, A. M., & Sonnentag, S. (2010). Doing good buffers against feeling bad: Prosocial impact compensates for negative task and self-evaluations. *Organizational Behavior and Human Decision Processes, 111*: 13-22.

Heinrich, C. J., & Marschke, G. (2010). Incentives and their dynamics in public sector performance management systems. *Journal of Policy Analysis and Management, 29*(1): 183-208.

Heinrich, C. J., Lynn Jr., L. E., & Milward, H. B. (2010). A state of agents? Sharpening the debate and evidence over the extent and impact of the transformation of governance. *Journal of Public Administration Research and Theory, 20*(S1): i3-i19.

Hernandez, M. (2012). Toward an understanding of the psychology of stewardship. *Academy of Management Review, 37*(2): 172-193.

Hood, C. (2001). Public service managerialism: Onwards and upwards, or "Trobriand cricket" again? *Political Quarterly*, 72(3): 300-309.

Hood, C. (2011). *The blame game: Spin, bureaucracy, and self-preservation in government*. Princeton: Princeton University Press.

Hvidman, U., & Andersen, S. C. (2014). Impact of performance management in public and private organizations. *Journal of Public Administration Research and Theory, 24*(1): 35-58.

Jakobsen, M., & Jensen, R. (2015). Common method bias in public management studies. *International Public Management Journal, 18*(1): 3-30.

James, O., & John, P. (2006). Public management at the ballot box: Performance information and electoral support for incumbent English local governments. *Journal of Public Administration Research and Theory, 17*(4): 567-580.

Jensen, M. & Meckling, W. (1976). The theory of the firm: Managerial behavior, agency costs, and ownership structure. *Journal of Financial Economics*, 3, 305-360.

Kiesler, S., & Sproull, L. (1982). Managerial response to changing environments: Perspectives on problem sensing from social cognition. *Administrative Science Quarterly, 27*(4): 548-570.

Kim, S. (2005). Individual-level factors and organizational performance in government organizations. *Journal of Public Administration Research and Theory, 15*(2): 245-261.

Kroll, A. (2015). Drivers of performance information use: Systematic literature review and directions for future research. *Public Performance & Management Review, 38*(3): 459-486.

Leisink, P., & Steijn, B. (2009). Public service motivation and job performance of public sector employees in the Netherlands. *International Review of Administrative Sciences*, 75(1): 35-52.

Lin, C.-P. (2010). Learning virtual community loyalty behavior from a perspective of social cognitive theory. *International Journal of Human-Computer Interaction, 26*(4): 345-360.

Long, E., & Franklin, A. L. (2004). The paradox of implementing the Government Performance and Results Act: Top-down direction for bottom-up implementation. *Public Administration Review*, 64(3): 309-319.

Lonti, Z., & Gregory, R. (2007). Accountability or Countability? Performance Measurement in the New Zealand Public Service, 1992-2002. *Australian Journal of Public Administration*, 66(4):468-484.

Marvel, M. K., & Marvel, H. P. (2009). Shaping the provision of outsourced public service: Incentive efficacy and service delivery. *Public Performance & Management Review, 33*(2): 183-213.

Meier, K. J., & Hill, G. C. (2005). Bureaucracy in the twenty-first century. In E. Ferlie, L. E. Lynn, Jr., & C. Pollitt (eds.) (2005), *The Oxford handbook of public management* (pp. 51-71). Oxford: Oxford University Press.

Melkers, J. & Willoughby, K. (2005). Models of performance-measurement use in local governments: Understanding budgeting, communication, and lasting effects. *Public Administration Review*, 65(2): 180-190.

Milakovich, M. E. (2006). Comparing Bush-Cheney and Clinton-Gore performance management strategies: Are they more alike than different? *Public Administration, 84*(2): 461-478.

Moe, T. M. (1984). The new economics of organization. *American Journal of Political Science, 28*(4), 739-777.

Mosher, F. C. (1982). *Democracy and the public service*. New York: Oxford University Press.

Moussavi, F., & Ashbaugh, D. L. (1995). Perceptual effects of participative, goal-oriented performance appraisal: A field study in public agencies. *Journal of Public Administration Research and Theory, 5*(3): 331-343.

Moynihan, D. P. (2005a). Why and how do state governments adopt and implement "managing for results" reforms? *Journal of Public Administration Research and Theory, 15*(2): 219-243.

Moynihan, D. P. (2005b). Goal-based learning and the future of performance management. *Public Administration Review*, 65(2): 203-216.

Moynihan, D. P. (2008). *The dynamics of performance management: Constructing information and reform*. Washington, DC: Georgetown University Press.

Moynihan, D. P. (2012). Extra-network organizational reputation and blame avoidance in networks: The Hurricane Katrina example. *Governance, 25*(4): 567-588.

Moynihan, D. P., & Hawes, D. P. (2012). Responsiveness to reform values: The influence of the environment on performance information use. *Public Administration Review, 72*(S1): S95-S105.

Moynihan, D. P., & Ingraham, P. W. (2003). Look for the silver lining: When performance-based accountability systems work. *Journal of Public Administration Research and Theory, 13*(4): 469-490.

Moynihan, D. P., & Landuyt, N. (2009). How do public organizations learn? Bridging cultural and structural perspectives. *Public Administration Review, 69*(6): 1097-1105.

Moynihan, D. P., & Lavertu, S. (2012). Does involvement in performance management routines encourage performance information use? Evaluating GPRA and PART. *Public Administration Review, 72*(4): 592-602.

Moynihan, D. P., & Pandey, S. K. (2005). Testing a model of public sector performance: How does management matter? *Journal of Public Administration Research and Theory, 15*(3): 421-439.

Moynihan, D. P., & Pandey, S. K. (2010). The big question for performance management: Why do managers use performance information? *Journal of Public Administration Research and Theory*, 20(4): 849-866.

Moynihan, D. P., Pandey, S. K., & Wright, B. E. (2012). Prosocial values and performance management theory: Linking perceived social impact and performance information use. *Governance, 25*(3): 463-483.

Naff, K. C., & Crum, J. (1999). Working for America: Does public service motivation make a difference? *Review of Public Personnel Administration, 19*(4): 5-15.

Newcomer, K. E. (2007). *Measuring government performance. International Journal of Public Administration, 30*: 307-329.

Nicholson-Crotty, S., Theobald, N. A., & Nicholson-Crotty, J. (2006). Disparate measures: Public managers and performance-measurement strategies. *Public Administration Review*, 66(1): 101-113.

Nielsen, P. A., & Baekgaard, M. (2013). Performance information, blame avoidance, and politicians' attitudes to spending and reform: Evidence from an experiment. *Jour-*

nal of Public Administration Research and Theory, doi:10.1093: 1-25.

Nutt, P. C. (2006). Comparing public and private sector decision-making practices. *Journal of Public Administration Research and Theory, 16*(2): 289-318.

Paarlberg, L. E., & Lavigna, B. (2010). Transformational leadership and public service motivation: Driving individual and organizational performance. *Public Administration Review, 70*(5): 710-718.

Pandey, S. K., Coursey, D. H., & Moynihan, D. P. (2007). Organizational effectiveness and bureaucratic red tape: A multimethod study. *Public Performance & Management Review, 30*(3): 398-425.

Pandey, S. K., & Kingsley, G. A. (2000). Examining red tape in public and private organizations: Alternative explanations from a social psychological model. *Journal of Public Administration Research and Theory, 10*(4): 779-799.

Pandey, S. K., & Wright, B. E. (2006). Connecting the dots in public management: Political environment, organizational goal ambiguity, and the public manager's role ambiguity. *Journal of Public Administration Research and Theory*, 16(4): 511-532.

Park, S. M. (2010). The effects of personnel reform systems on Georgia state employees' attitudes: An empirical analysis from a principal-agent theoretical perspective. *Public Management Review*, 12(3): 403-437.

Pearce, J. L., & Gregersen, H. B. (1991). Task interdependence and extrarole behavior: A test of the mediating effects of felt responsibility. *Journal of Applied Psychology, 76*(6): 838-844.

Perry, J. L. (1996). Measuring Public Service Motivation: An Assessment of Construct Reliability and Validity. *Journal of Public Administration Research and Theory*, 6(1): 5-22.

Perry, J. L., & Hondeghem, A. (2008). Building theory and empirical evidence about public service motivation. *International Public Management Journal, 11*(1): 3-12.

Perry, J. L., Hondeghem, A., & Wise, L. R. (2010). Revisiting the motivational bases of public service: Twenty years of research and an agenda for the future. *Public Administration Review, 70*(5): 681-690.

Perry, J., & Wise, L. R. (1990). The motivational bases of public service. *Public Administration Review, 50*(3): 367-373.

Rainey, H. G., & Steinbauer, P. (1999). Galloping elephants: Developing elements of a theory of effective government organizations. *Journal of Public Administration Research and Theory, 9*(1): 1-32.

Rainey, H. G., Pandey, S., & Bozeman, B. (1995). Public and private managers' perceptions of red tape. *Public Administration Review*, 55(6): 567-574.

Reck, J. L. (2001). The usefulness of financial and nonfinancial performance information in resource allocation decisions. *Journal of Accounting and Public Policy*, 20(1): 45-71.

Ritz, A. (2009). Public service motivation and organizational performance in Swiss federal government. *International Review of Administrative Sciences*, 75(1): 53-78.

Ross, S. A. (1973). The economic theory of agency: The principal's problem. *American Economic Review, 63*(2): 134-139.

Rothschild, M. & Stiglitz, J. E. (1976). Equilibrium in competitive insurance markets. *Quarterly Journal of Economics, 90*: 629-650.

Ryan, B. (2011). Getting in the road: Why outcome-oriented performance monitoring is underdeveloped in New Zealand? In D. Gill (ed.), *The iron cage recreated: The performance management of state organizations in New Zealand* (pp. 447-469). Wellington, New Zealand: Institute of Policy Studies.

Schepers, J., Falk, T., de Ruyter, K., de Jong, A., & Hammerschmidt, M. (2012). Principles and principals: Do customer stewardship and agency control compete or complement when shaping frontline employee behavior. *Journal of Marketing, 76(6)*: 1-20.

Spreitzer, G. M. (1995). Psychological empowerment in the workplace: Dimensions, measurement, and validation. *Academy of Management Journal, 38*(5): 1442-1465.

Stajkovic, A. D., & Luthans, F. (1998). Self-efficacy and work-related performance: A meta-analysis. *Psychological Bulletin, 124*(2): 240-61.

Stazyk, E. C., & Goerdel, H. T. (2011). The benefits of bureaucracy: Public managers' perception of political support, goal ambiguity, and organizational effectiveness. *Journal of Public Administration Research and Theory, 21*(4): 645-672.

Stiglitz, J. E. & Weiss, A. (1981). Credit rationing in markets with imperfect information. *American Economic Review, 71*(3): 393-410.

Streib, G. D. & Poister, T. H. (1999). Assessing the validity, legitimacy and functionality of performance measurement systems in municipal governments. *American Review of Public Administration, 29*(2): 107-123.

Taylor, J. (2008). Organizational influences, public service motivation and work outcomes: An Australian study. *International Public Management Journal, 11*(1): 67-88.

Taylor, J. (2011). Factors influencing the use of performance information for decision making in Australian state agencies. *Public Administration, 89*(4): 1316-1334.

Taylor, J. (2014). Organizational culture and the paradox of performance management. *Public Performance & Management Review, 38*(1): 7-22.

Thompson, J. R. (2000). Reinvention as reform: Assessing the National Performance Review. *Public Administration Review, 60*(6): 508-521.

Van de Walle, S., & Van Dooren, W. (Eds). (2008). *Performance information in the public sector: How it is used.* Houndmills, UK: Palgrave.

Van Dooren, W. (2008). Nothing new under the sun? Change and continuity in twentieth century performance movements. In Steven Van de Walle and Wouter Van Dooren (eds.), *Performance information in the public sector: How it is used* (pp. 11-23). Houndmills, UK: Palgrave.

Van Dooren, W., Bouckaert, G., Halligan, J. (2010). *Performance management in the public sector.* Oxon: Routledge.

Van Slyke, D. M. (2006). Agents or stewards: Using theory to understand the government-nonprofit social service contracting relationships. *Journal of Public Administration Research and Theory, 17*: 157-187.

van Thiel, S., & Leeuw, F. L. (2002). The performance paradox in the public sector. *Public Performance & Management Review, 25*(3): 267-281.

Vandenabeele, W. (2009). The mediating effect of job satisfaction and organizational commitment on self-reported performance: More robust evidence of the PSM-performance relationship. *International Review of Administrative Sciences 75*(1): 11-34.

Wallace, L. S., Buckworth, J., Kirby, T. E., Sherman, W. M. (2000). Characteristics of exercise behavior among college students: Application of social cognitive theory to predicting stage of change. *Preventive Medicine, 31*: 494-505.

Walshe, K., Harvey, G, & Jas, P. (Eds). (2010). *Connecting knowledge and performance in public services.* Cambridge: Cambridge University Press.

Wang, S.-L., & Lin, S. S. (2007). The application of social cognitive theory to web-based learning through NetPorts. *British Journal of Educational Technology*, 38(4): 600-612.

Weaver, R. K. (1986). The politics of blame avoidance. *Journal of Public Policy, 6*(4): 371-398.

Witt, L. A., & Silver, N. C. (1994). The effects of social responsibility and satisfaction on extrarole behaviors. *Basic and Applied Social Psychology*, 15(3): 329-338.

Wood, R., & Bandura, A. (1989). Social cognitive theory of organizational management. *Academy of Management Review, 14*(3): 361-384.

Wright, B. E. (2004). The role of work context in work motivation: A public sector application of goal and social cognitive theories. *Journal of Public Administration Research and Theory, 14*(1): 59-78.

Wright, B. E. (2007). Public service and motivation: Does mission matter? *Public Administration Review, 67*(1): 54-64.

Yang, K. (2007). Making performance measurement relevant? Administrators' attitudes and structural orientation. *Public Administration Quarterly*, 31(3): 342-383.

Yang, K. (2008). Examining perceived honest performance reporting by public organizations: Bureaucratic politics and organizational *practice. Journal of Public Administration Research and Theory, 19:* 81-105.

Yang, K. (2011). The Sisyphean fate of government-wide performance accountability reforms: Federal performance management efforts and employees' daily work 2002~2008. *Public Performance & Management Review, 35*(1): 148-176.

Yang, K., & Hsieh, J. Y. (2007). Managerial effectiveness of government performance measurement: Testing a middle-range model. *Public Administration Review*, 67(5): 861-879.

Yang, K., & Pandey, S. K. (2008). How do perceived political environment and administrative reform affect employee commitment? *Journal of Public Administration Research and Theory*, 19(2): 335-360.

國家圖書館出版品預行編目資料

公僕管家心：制度環境、任事態度與績效行為
／胡龍騰著. ――初版.――臺北市：五南
圖書出版股份有限公司, 2017.1
面；　公分

ISBN 978-957-11-8953-6（平裝）

1.公共行政　2.公務人員　3.績效管理

573.9　　　　　　　　　105022934

1PTX

公僕管家心：制度環境、 任事態度與績效行為

作　　者 ― 胡龍騰(171.3)

發 行 人 ― 楊榮川

總 經 理 ― 楊士清

總 編 輯 ― 楊秀麗

副總編輯 ― 劉靜芬

責任編輯 ― 張若婕

封面設計 ― P.Design視覺企劃、陳亭瑋

出 版 者 ― 五南圖書出版股份有限公司

地　　址：106台北市大安區和平東路二段339號4樓

電　　話：(02)2705-5066　　傳　　真：(02)2706-6100

網　　址：https://www.wunan.com.tw

電子郵件：wunan@wunan.com.tw

劃撥帳號：01068953

戶　　名：五南圖書出版股份有限公司

法律顧問　林勝安律師

出版日期　2017年1月初版一刷
　　　　　2023年7月初版二刷

定　　價　新臺幣320元

經典永恆・名著常在

五十週年的獻禮——經典名著文庫

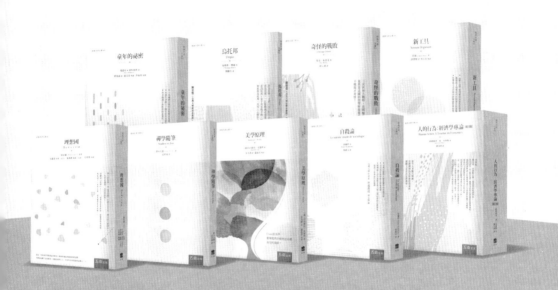

五南，五十年了，半個世紀，人生旅程的一大半，走過來了。

思索著，邁向百年的未來歷程，能為知識界、文化學術界作些什麼？

在速食文化的生態下，有什麼值得讓人雋永品味的？

歷代經典・當今名著，經過時間的洗禮，千錘百鍊，流傳至今，光芒耀人；

不僅使我們能領悟前人的智慧，同時也增深加廣我們思考的深度與視野。

我們決心投入巨資，有計畫的系統梳選，成立「經典名著文庫」，

希望收入古今中外思想性的、充滿睿智與獨見的經典、名著。

這是一項理想性的、永續性的巨大出版工程。

不在意讀者的眾寡，只考慮它的學術價值，力求完整展現先哲思想的軌跡；

為知識界開啟一片智慧之窗，營造一座百花綻放的世界文明公園，

任君遨遊、取菁吸蜜、嘉惠學子！